AF892395

Alle Doppelseiten zum Erwerben neuer Kompetenzen haben diesen Aufbau.

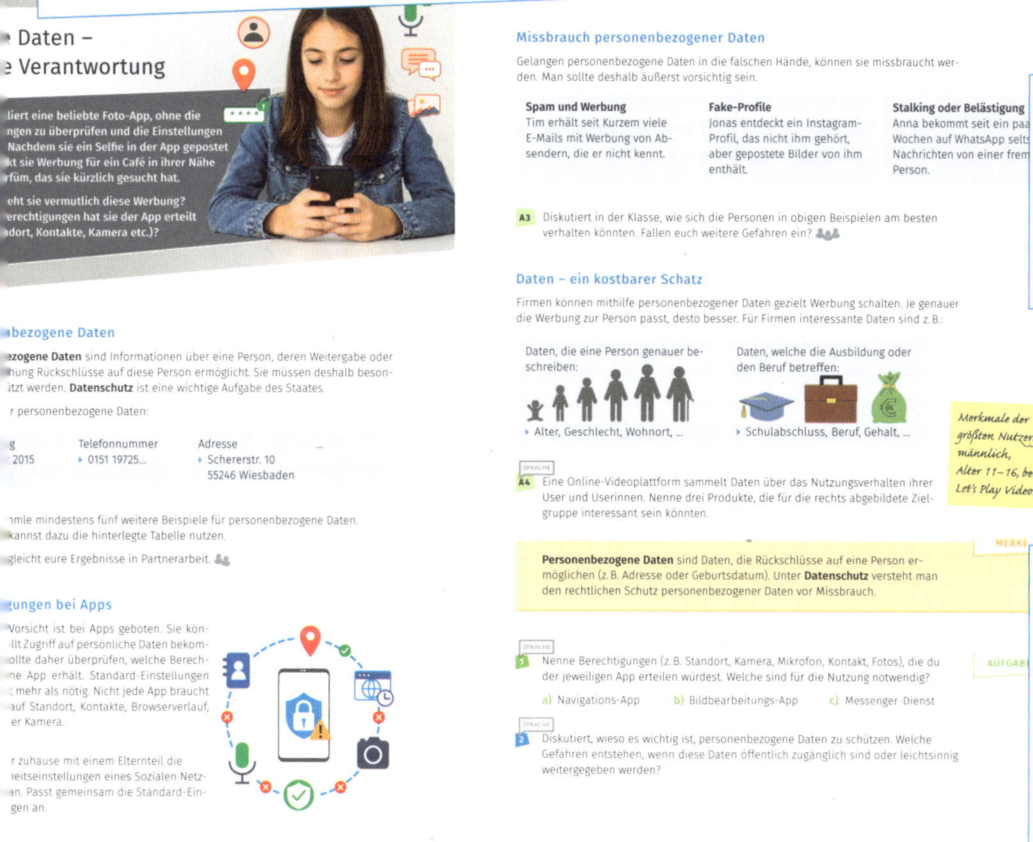

Digitale Anbindung

Mediencodes liefern zusätzliche Materialien, interaktive Aufgaben oder Links zu externen Inhalten

Merke

das Wichtigste in Kürze

Übungsaufgaben

- leichte und anspruchsvolle Aufgaben zu den Inhalten dieser Doppelseite
- Symbole kennzeichnen Arbeit mit einem Endgerät, Partner- und Gruppenarbeiten.

Üben und Vertiefen

- paralleldifferenzierte und vernetzende Aufgaben zu den Themen des gesamten Kapitels
- leichte und anspruchsvolle Aufgaben

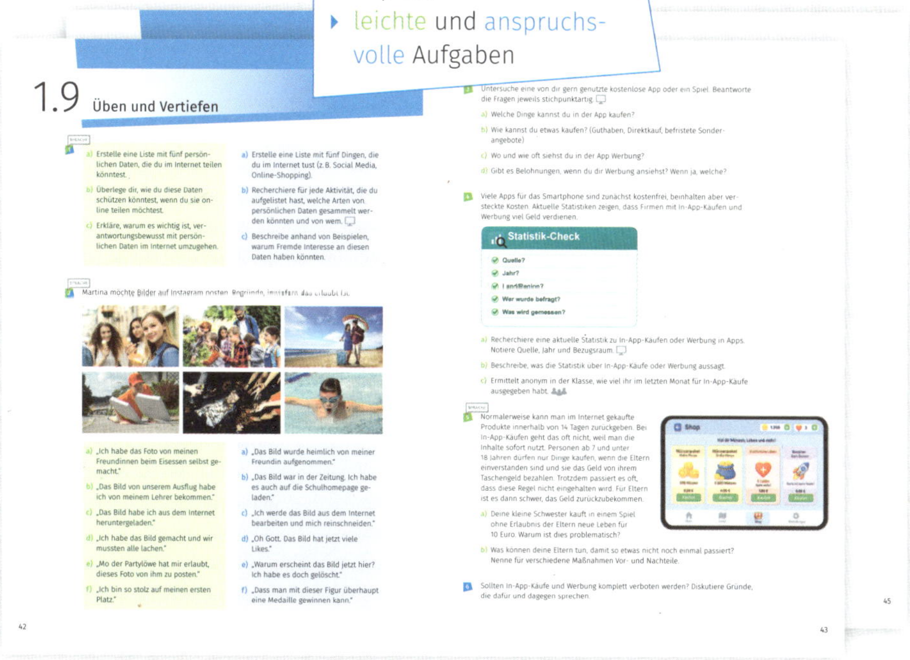

Außerdem gibt es spannende **Projekte** zum Vertiefen und Anwenden der Inhalte.

5/6 Digitale Welt

Bearbeitet von Maria Kilbinger, René Marschall,
Markus Mauch, Lena Ott, Thomas Prill, Nico Tormo,
Britta Seelinger, Swantje Stein-Hellmann und
Sebastian Suhl

C.C.Buchner

Digitale Welt – Hessen – Ausgabe ab 2026

Digitale Welt 5/6

Bearbeitet von Maria Kilbinger, René Marschall, Markus Mauch, Lena Ott, Thomas Prill, Nico Tormo, Britta Seelinger, Swantje Stein-Hellmann und Sebastian Suhl

Zu diesem Lehrwerk sind erhältlich:
- Digitales Schulbuch click & study, Einzellizenz, WEB-Bestell-Nr. 383151
- Digitales Lehrermaterial click & teach Einzellizenz, WEB-Bestell-Nr. 383211

Weitere Lizenzformen (Einzellizenz flex, Kollegiumslizenz) und Materialien unter www.ccbuchner.de.

1. Auflage, 1. Druck 2026
Alle Drucke dieser Auflage sind, weil untereinander unverändert, nebeneinander benutzbar.

Dieses Lehrwerk folgt den aktuellen Regelungen für Rechtschreibung und Zeichensetzung. Ausnahmen bilden Texte, bei denen künstlerische, philologische oder lizenzrechtliche Gründe einer Änderung entgegenstehen. Teile des Lehrwerks wurden mithilfe gängiger Large Language Models erstellt oder bearbeitet. Sämtliche Inhalte wurden anschließend redaktionell geprüft, überarbeitet und verantwortet. Weitere Informationen finden Sie auf www.ccbuchner.de/ki-leitlinie

Auf verschiedenen Seiten dieses Buches finden sich Mediencodes. Sie verweisen auf optionale Unterrichtsmaterialien und Internetadressen (Links), die der Verlag in eigener Verantwortung zur Verfügung stellt. Haftungshinweis: Trotz sorgfältiger inhaltlicher Kontrolle wird die Haftung für die Inhalte externer Seiten ausgeschlossen.

produktsicherheit@ccbuchner.de

Layout und Satz: tiff.any GmbH & Co. KG, Berlin
Druck und Bindung: mgo360 GmbH & Co. KG, Bamberg

www.ccbuchner.de

ISBN 978-3-661-**38315**-6

Inhaltsverzeichnis

Inhaltsverzeichnis

Sprachförderung
Für ausgewählte Aufgaben dieses Buches gibt es ein Angebot für sprachliche Hilfen. Dieses lässt sich über folgenden QR-Code abrufen:

38315-002

Eine Aufgabe zur Sprachförderung wird mit folgendem Symbol gekennzeichnet: SPRACHE

Digitales Material
Über QR- und Mediencodes könnt ihr in den Kapiteln auf Zusatzmaterial zugreifen. Um das digitale Material abzurufen, kann der **QR-Code** gescannt oder der **Mediencode** unter www.ccbuchner.de eingegeben werden.

Die Computertastatur und die Computermaus

Escape-Taste zum Beenden eines Befehls

Feststelltaste zum dauerhaften Großschreiben

Funktionstasten (siehe Information am Seitenende)

Eingabe-Taste (auch Enter- oder Return-Taste genannt) zum Bestätigen eines Befehls oder neue Zeile

Umschalttaste (auch Shift genannt) zum Schreiben von Großbuchstaben oder Erreichen der oberen Zeichen auf einer Taste (z. B. ! oder ?)

Rücklöschtaste (auch Rücktaste oder Backspacetaste genannt) löscht Zeichen links vom Cursor oder Markiertes

Steuerungstaste aktiviert gemeinsam mit einer anderen Taste eine Zusatzfunktion

Alt-Taste aktiviert gemeinsam mit einer anderen Taste eine Zusatzfunktion

Umschalttaste (auch Shift genannt) zum Schreiben von Großbuchstaben

Entfernentaste löscht einzelne Zeichen rechts des Cursors oder Markiertes

Zusatzinformation: Die **Funktionstasten** (F-Tasten) sind sehr nützlich und erfüllen häufig mehrere Funktionen, wenn sie gemeinsam mit Zusatztasten, wie der **Strg-** oder **Alt-Taste** gedrückt werden. Welche Funktion sich hinter welcher F-Taste verbirgt, ist allerdings nicht bei jeder Tastatur gleich.

Kabel oder kein Kabel?
Es gibt Mäuse, die über ein Kabel und einen USB-Anschluss mit dem Computer verbunden sind. Heutzutage sind viele Mäuse kabellos (z. B. über Bluetooth) mit dem Rechner verbunden.

Linke Maustaste zum Ausführen eines „normalen Klicks".
Beispiele: Auswahl eines Icons auf dem Desktop, Platzierung des Cursors in einem Textverarbeitungsprogramm oder Klicken auf einen Link.

Linke Maustaste zweimal schnell hintereinander zum Ausführen eines „Doppelklicks".
Beispiele: Starten eines Programms auf dem Desktop oder Öffnen einer Datei im Dateimanager.

Bewegen der Maus auf dem Schreibtisch zum Bewegen des Cursors über den Bildschirm.
Bewegt man die Maus auf dem Tisch nach vorne, hinten, links oder rechts, so bewegt sich dadurch der Cursor nach oben, unten, links oder rechts auf dem Bildschirm.

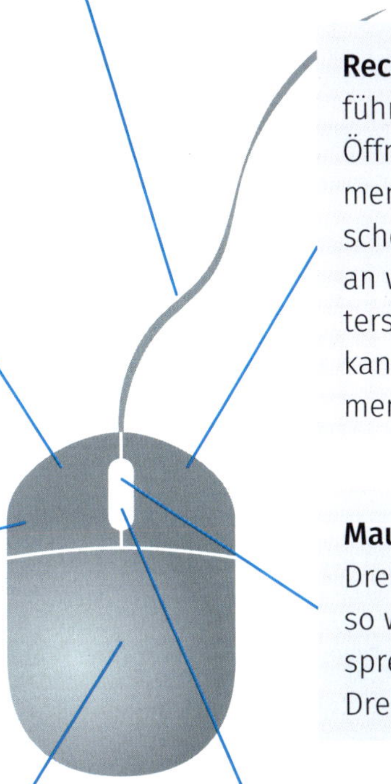

Rechte Maustaste zum Ausführen eines „Rechtsklicks".
Öffnet das sogenannte Kontextmenü – eine Auswahlliste erscheint. Diese sieht, je nachdem an welcher Stelle man klickt, unterschiedlich aus. Per Linksklick kann man aus diesem Kontextmenü auswählen.

Mausrad drehen zum „Scrollen".
Dreht man das Rad nach vorne, so wird nach oben gescrollt. Entsprechend nach unten durch Drehung in die andere Richtung.

Mausrad klicken zum Ausführen eines „Mittelklicks".
Danach kann man nach oben und unten, teilweise auch nach links und rechts scrollen, indem man die Maus in die jeweilige Richtung bewegt.

Zusätzliche Tasten (meist an der Seite der Maus) haben oft unterschiedliche Funktionen, die sogar selbst in den Einstellungen gewählt werden können. Nützliche Funktionen sind z. B. „vor" und „zurück" im Browser.

Richtig sitzen vor dem Bildschirm

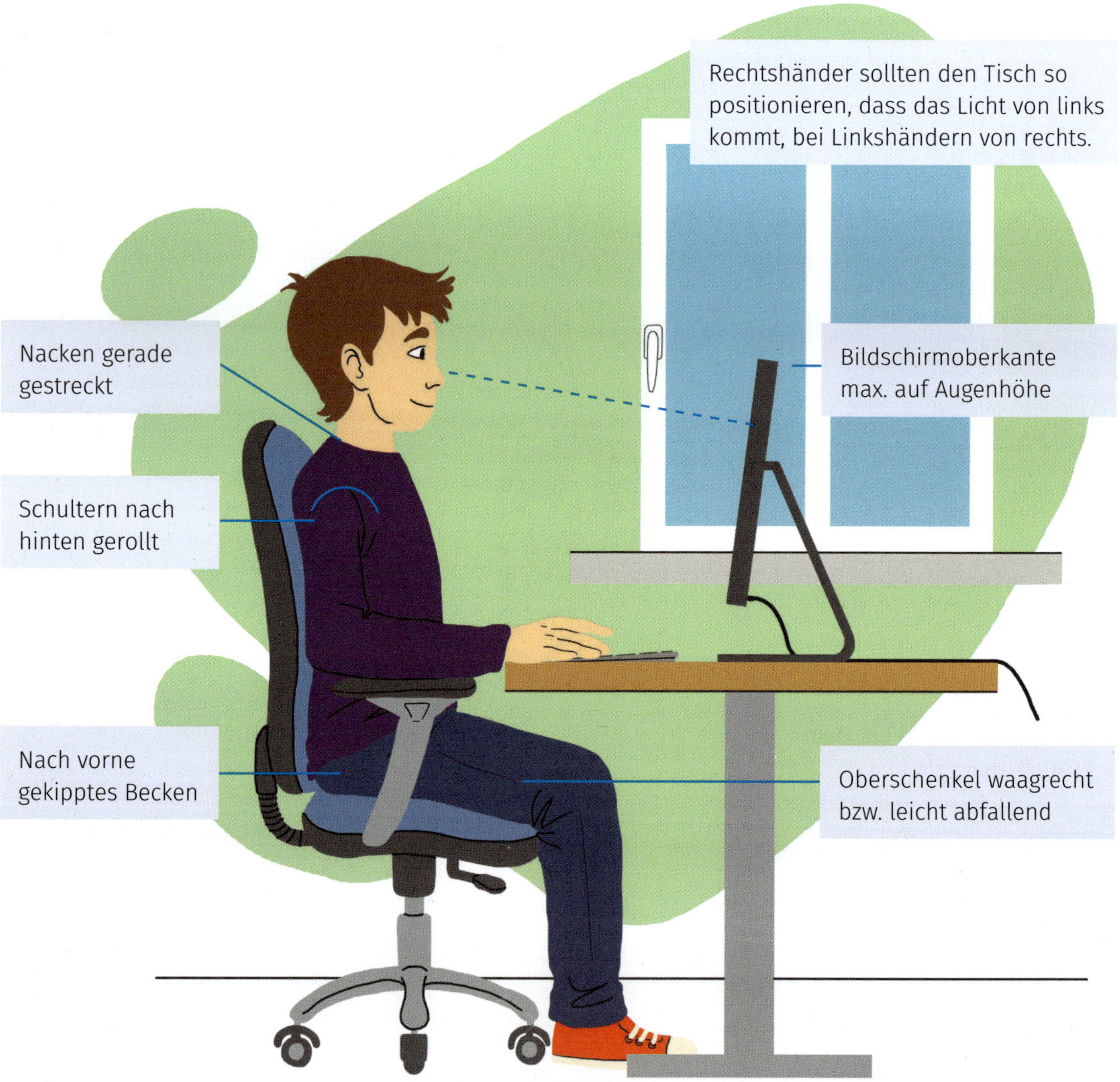

Darüber hinaus solltest du ein paar Dinge beachten:

- Dynamisches Sitzen: Du solltest nicht zu lange in derselben Position sitzen bleiben. Veränderst du die Sitzposition immer mal wieder leicht, so ist das gut für die Durchblutung.
- Stehe beim längeren Arbeiten am PC zwischendurch auf und bewege dich kurz. Mittlerweile gibt es sogar höhenverstellbare Schreibtische, die ein Arbeiten im Stehen ermöglichen.
- Achte auf deine Bildschirmzeit. In deinem Alter solltest du nicht länger als etwa 90 Minuten pro Tag vor dem Bildschirm verbringen.
- Mache immer wieder Pausen, deine Augen und dein Rücken werden es dir danken.
- Arbeite nicht im Dunkeln.

Hallo! Ich bin Robby. Willkommen in meiner Welt der Medien! In diesem Vorkurs zeige ich dir, wie du geschickt am Computer arbeitest und dich sicher im Internet bewegst. Los geht's!

0 Vorkurs Medienbildung

Einstieg

Ein neues Fach steht auf dem Stundenplan: Informatik. Hanna, Selim und Eva sind dafür zum ersten Mal im Computerraum.

- Stelle Vermutungen an, was sie in den ersten Stunden lernen könnten und welche Probleme es dabei vielleicht gibt.

Am Ende dieses Kapitels hast du gelernt, ...

- welche digitalen Endgeräte es gibt und wie du mit ihnen umgehst.
- mit Maus und Tastatur umzugehen.
- mit dem Datei-Explorer und der Zwischenablage zu arbeiten und Dateien zu benennen.
- einen Text mit einem Textverarbeitungsprogramm übersichtlich zu gestalten.
- wie du im Internet die richtigen Informationen findest.
- eine eigene Präsentation zu erstellen.

0.1 Fachbegriffe und Regeln am Computer

Wir sind heute zum ersten Mal im Computerraum – ich bin schon richtig gespannt, was wir machen!

Bearbeite jetzt das Online-Modul

38315-003

WISSENSCHECK

SPRACHE

1 Welches Gerät wird jeweils beschrieben? Notiere ins Heft.

a) Auf ihm siehst du, was am Computer passiert.

b) Alle deine Eingaben werden hier verarbeitet und berechnet.

c) Ihn verwendest du, wenn du deine Arbeit auf Papier in der Hand haben willst.

d) Mit ihr gibst du Zahlen und Buchstaben ein und gibst dem Computer Befehle.

e) Mit ihr steuerst du den Computer. Auf deinem Bildschirm siehst du sie als Pfeil.

SPRACHE

2 Erstelle eine kurze Beschreibung der Geräte, wie in Aufgabe 1.

a) Laptop

b) Smartwatch

c) Kopfhörer

d) Smartphone

Regeln im Informatikraum

3 Ordnet in Partnerarbeit den Bildern die richtigen Aussagen zu. Zu einem Bild können mehrere Aussagen gehören und eine Aussage kann zu mehreren Bildern passen.

①

②

③

④

⑤

⑥

Ⓐ Ich bleibe an meinem eigenen Rechner – es sei denn, wir sollen zusammen arbeiten. Am Computer meines Nachbarn stelle und drücke ich nicht herum.

Ⓑ Ins Internet gehe ich nur mit Erlaubnis.

Ⓒ Ich wasche mir die Hände, bevor ich an den Computer gehe.

Ⓓ Jacke und Schultasche räume ich aus dem Weg.

Ⓔ An der Verkabelung darf ich nichts ändern. Das macht meine Lehrkraft.

Ⓕ Essen und Trinken sind im Computerraum verboten.

Ⓖ Ich räume meinen Platz ordentlich auf, bevor ich den Raum wieder verlasse. Immerhin möchte ich ihn ja auch ordentlich vorfinden.

Ⓗ Ich drucke nur, was unbedingt nötig ist.

Ⓘ Ich gehe sorgsam mit dem Computer und seinem Zubehör um.

Ⓙ Ich habe ein Problem! Besser ich melde mich.

Ⓚ Programme schließe ich, wenn ich meine Arbeit beende und bevor ich meinen Platz verlasse. Muss der Computer heruntergefahren werden?

Ⓛ Ich speichere lieber noch einmal ab. Sicher ist sicher.

0.2 Maus und Tastatur für Profis

Wie fit bist du im Umgang mit Tastatur und Maus? Hier kannst du beides üben.

Bearbeite jetzt das Online-Modul

38315-004

WISSENSCHECK

SPRACHE

1 Wozu benutzt du überwiegend die Maus und wozu überwiegend die Tastatur? Übertrage die Tabelle ins Heft und ordne zu. Vergleicht eure Ergebnisse in Partnerarbeit.

Maus	Tastatur
...	...

Du möchtest

a) einen Text abschreiben;

b) ein Programm starten oder beenden;

c) dich am Schulcomputer mit deinem Benutzernamen und deinem Passwort anmelden;

d) im Internet nach einem Begriff suchen;

e) einen Vorgang abbrechen;

f) eine Datei öffnen;

g) auf einer Internetseite nach unten scrollen;

h) ein Video starten;

i) einen Text korrigieren.

Tastatur

2 Schildere einer Partnerin oder einem Partner eine Situation, in der du diese Tasten nutzt. Wenn du dir nicht sicher bist, kannst du auch auf den Seiten aus dem ➥ **Kapitel Grundlagen** zu Beginn dieses Buches nachlesen.

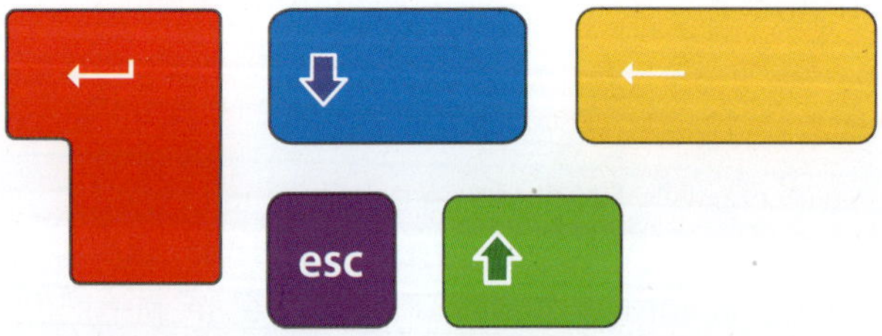

10-Finger-System

3 Auf der hinterlegten Seite kannst du das Schreiben mit zehn Fingern schrittweise lernen und üben. Um zu prüfen, was du schon kannst, tippe die Zeichenfolgen ab und schaue dabei

38315-005
10-Finger-System

a) auf Tastatur und Bildschirm;

b) nur auf den Bildschirm;

c) weder auf die Tastatur noch auf den Bildschirm.

① **f a l k ö d a j s ö a**

② **d f r i o l w p q ö ü z a t**

③ **m a z y b c ö n t c , p x .**

④ **1 b 7 4 0 l ß 3 6 a 8 k 9 ,**

⑤ **Q o R m ö „ p ? G § j K)**

⑥ **^{2} Z } g @ 8 € Ü : / { 0 R] ~**

Maus

4 Öffne die hinterlegte Datei mit einem Zeichenprogramm und zeichne jede Figur zweimal ab. Benutze dabei einmal

38315-006
Figuren

a) nur den Stift;

b) die im Programm angebotenen Formen.

①

②

③

④

⑤
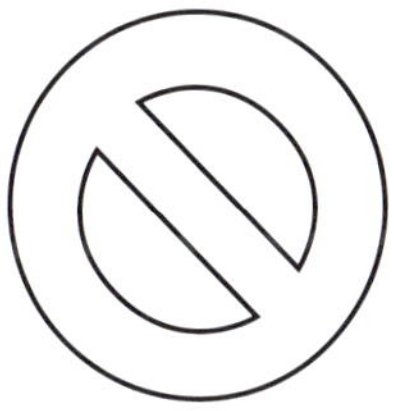

⑥
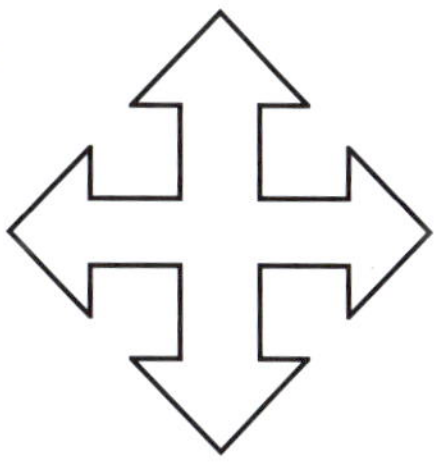

5 Schildere einer Partnerin oder einem Partner, wie du die Maus in diesen Situationen nutzt. Wenn du nicht sicher bist, kannst du auch auf den Seiten aus dem ➥ **Kapitel Grundlagen** zu Beginn dieses Buches nachlesen.

a) Du verschiebst eine Bilddatei in einen Ordner.

b) Du möchtest wissen, wann du eine Datei zuletzt geändert hast.

c) Du möchtest vom unteren Ende einer Internetseite zum oberen Ende.

d) Du möchtest eine Datei öffnen.

e) Du möchtest den Mauszeiger über den Bildschirm bewegen.

0.3 Wie arbeite ich am Computer?

Ich habe mich mit meinem Bruder gestritten und deshalb hat er peinliche Mails von meinem Account aus verschickt – mein Passwort „Selim“ war wohl zu leicht zu knacken ...

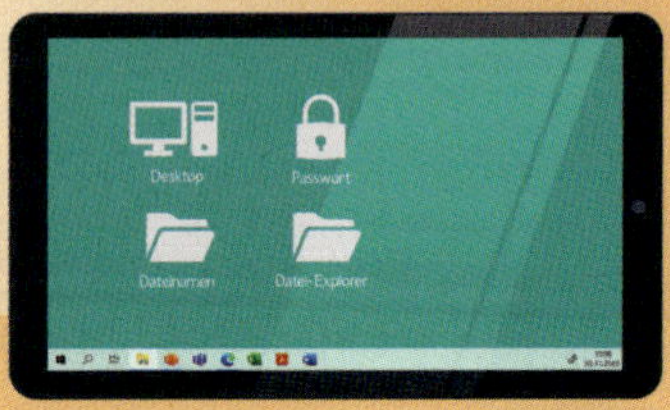

Bearbeite jetzt das Online-Modul

38315-007

WISSENSCHECK

SPRACHE

1 **a)** Übertrage die angefangene Mindmap und ergänze sie sinnvoll mit den vorgegebenen Begriffen.

b) Vergleicht eure Lösung in Partnerarbeit. Besprecht eure Zuordnung und diskutiert, ob es verschiedene Möglichkeiten gibt.

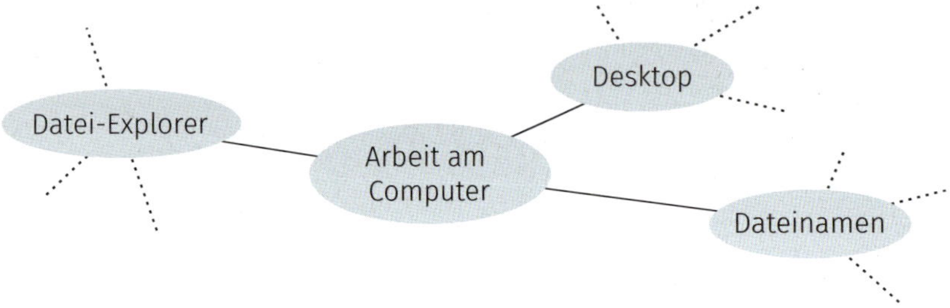

Startmenü | auf Inhalt der Datei bezogen | Ordner anlegen | Taskleiste | nicht zu lang | Dateien öffnen und schließen | keine Sonderzeichen | Infobereich | Dateien in andere Ordner ziehen | nach Dateien suchen | Desktophintergrund | Dateien kopieren oder ausschneiden

Datei-Explorer

SPRACHE

2 Mache dich mit dem Datei-Explorer vertraut:

1. Öffne den Datei-Explorer.
2. Sieh im Downloadordner nach, wann die letzte Datei heruntergeladen wurde.
3. Lege irgendwo im Datei-Explorer einen neuen Ordner an und benenne ihn mit deinem Namen.
4. Suche dir eine Datei aus dem Downloadordner aus, öffne sie und speichere sie unter einem neuen Namen in deinem persönlichen Ordner.
5. Schließe den Datei-Explorer und öffne ihn erneut. Suche mit dem Suchfenster nach deiner eben gespeicherten Datei.
6. Lösche den angelegten Ordner und die gespeicherte Datei wieder.
7. Verkleinere nun das Fenster, das den Datei-Explorer zeigt und schließe es.

Dateinamen

3 Lade die hinterlegten Bilder herunter und benenne sie sinnvoll nach den Regeln, die du im Online-Modul gelernt hast. Besprecht eure Lösungen in Partnerarbeit.

Dateinamen

38315-008
Bilder

Zwischenablage

SPRACHE

4 Wenn du Dateien, Texte oder Bilder ausschneidest oder kopierst, speichert der Computer sie in der Zwischenablage und ruft sie von dort wieder ab, wenn du sie irgendwo einfügst.

a) Bringe die einzelnen Schritte in deinem Heft in die richtige Reihenfolge.

Ⓐ Der Computer ruft die Datei aus dem Zwischenspeicher ab und fügt sie in den gewünschten Ordner ein.

Ⓑ Du fügst die Datei im Datei-Explorer in einen anderen Ordner ein.

Ⓒ Die Datei wird zum Verschieben markiert. Beim Einfügen wird sie in den Zielordner verschoben und aus dem ursprünglichen Ordner entfernt.

Ⓓ Du schneidest eine Datei aus einem Ordner des Datei-Explorers aus.

b) Probiere aus, was passiert, wenn du die Datei kopierst, anstatt sie auszuschneiden und verändere die Schritte von a) so, dass sie zur neuen Situation passen.

c) Öffne das Textdokument und schneide eines der Wörter aus. Schneide dann ein weiteres Wort aus und probiere aus, welches der beiden Wörter erscheint, wenn du auf „Einfügen" klickst. Ergänze dann im Heft den Merksatz mit den geeigneten Begriffen:

38315-009
Textdokument

überschrieben | gelöscht | ergänzt

erweitert | kopiert | noch ein | ein weiterer

nur ein | Inhalt | Bild | Text | Spiel

Wenn eine neue Datei, ein neuer Text oder ein neues Bild in die Zwischenablage eingefügt wird, wird der bisherige Inhalt ____.
In der Zwischenablage kann also ____ ____ gespeichert werden.

Aufpassen: Die Inhalte der Zwischenablage gehen beim Herunterfahren des Computers verloren.

0.4 Arbeit mit dem Textverarbeitungsprogramm

Ich würde so gerne am Basketballcamp teilnehmen! Aber dafür muss man einen Steckbrief schreiben – das habe ich am Computer noch nie gemacht ...

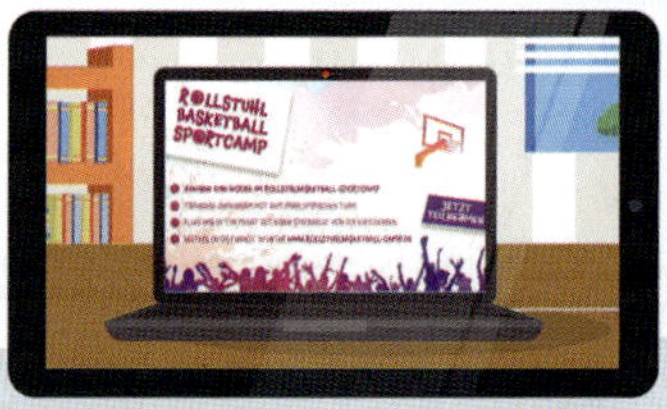

Bearbeite jetzt das Online-Modul

38315-010

WISSENSCHECK

SPRACHE

1 Notiere im Heft, welche Funktion sich hinter den folgenden Buttons verbirgt.

a) A b) U c) 11 d) e)

f) Calibri (Textk g) ¶ h) F i) j)

Text formatieren

38315-011
Textdatei

SPRACHE

2 Öffne die hinterlegte Datei und speichere sie auf deinem Computer ab. Sie enthält sechsmal denselben Text. Suche dir nun für jeden dieser Texte eine der Aufgaben unten aus und führe sie aus.

Ändere die Schriftfarbe zu rot.

Ändere die Schriftgröße auf 20.

Schreibe den Text fett.

Ändere die Schriftart zu Times New Roman.

Beginne nach dem ersten Satz eine neue Zeile.

Beginne jeden Satz mit einem Aufzählungszeichen.

3 Tippe den folgenden Text ab und übernimm dabei die Formatierungen.

Wenn du einen Text *übersichtlich* formatieren willst, hast du verschiedene Möglichkeiten. Du kannst zum Beispiel

- Teile des Textes **fett** oder *kursiv* schreiben oder auch unterstreichen.
- Damit ein Satz oder ein Wort sofort auffällt, kann auch eine andere Schriftfarbe helfen. Verwende aber nicht zu viele verschiedene Farben, sonst wird dein Text unübersichtlich.

Mit der Textverarbeitung kann ich jetzt umgehen, aber was gehört zu einem Steckbrief? Und wie sieht er gut aus?

Bearbeite jetzt das Online-Modul

38315-012

Steckbrief

SPRACHE

4 Auch Selim hat einen Steckbrief erstellt:

38315-013
Selims Steckbrief

Mein Steckbrief

Persönliche Angaben

Name: Selim

Alter: 11 Jahre

Adresse: Am Sportplatz 3, Mediatown

Hobbys:	Lieblingsessen:	Vorbilder:
Fußball	Eis	Cristiano Ronaldo
Freunde	Pizza	Lionel Messi
Mein Hund	Nudeln	Manuel Neuer

a) Besprecht in Partnerarbeit, was Selim bei der Überschrift, bei den persönlichen Angaben, bei den Hobbys und beim Bild jeweils gut gelungen ist und was er noch verbessern kann. Haltet eure Ergebnisse übersichtlich fest.

Überschrift:
Das ist gut gelungen:
– ...
Das kann noch verbessert werden:
– ...

b) Ladet Selims Steckbrief herunter und speichert ihn ab. Setzt dann die Tipps aus Aufgabe 3 um und verbessert den Steckbrief.

c) Sieh dir nun deinen eigenen Steckbrief noch einmal an und beurteile, was dir bei der Überschrift, den persönlichen Angaben, den Hobbys und dem Bild gut gelungen ist und was du noch verbessern kannst. Verbessere dann auch deinen eigenen Steckbrief.

d) Betrachtet eure Steckbriefe auf einem Gallery Walk. Druckt sie dazu so aus, dass unter dem Steckbrief Platz für Anmerkungen ist. Seht euch dann die Steckbriefe an und notiert darunter Lob und Tipps zur Verbesserung.

0.5 Wie finde ich im Internet die richtigen Infos?

Bearbeite jetzt das Online-Modul

38315-014

Wir sollten etwas über den Autor unserer Deutschlektüre herausfinden und ich habe einfach mal im Internet gesucht und den ersten Treffer gelesen. Am nächsten Tag hat sich herausgestellt, dass einiges falsch war – voll peinlich!

WISSENSCHECK

SPRACHE

1 Entscheidet, ob die folgenden Aussagen wahr oder falsch sind. Verbessert gemeinsam falsche Aussagen im Heft.

1. Das oberste Suchergebnis ist immer am besten.
2. Wenn du einen Begriff in eine Suchmaschine eingibst, sucht sie im gesamten Internet danach.
3. Suchmaschinen nutzen Algorithmen, um die Reihenfolge der Ergebnisse zu bestimmen.
4. Suchmaschinen durchsuchen ständig das World Wide Web.
5. Suchmaschinen für Erwachsene zeigen sehr viele Ergebnisse an. Ob die Seite glaubwürdig und passend ist, muss man selbst entscheiden.
6. Auch bei Suchmaschinen für Kinder muss man selbst entscheiden, ob die Seite vertrauenswürdig ist.
7. Alle Suchmaschinen zeigen oft Werbung an.

Suchmaschinen nutzen

Zur Bearbeitung könnt ihr die hinterlegten Suchmaschinen verwenden:

38315-015
Suchmaschinen

38315-016
Tabelle zu Aufgabe 2

2 In den folgenden Behauptungen hat sich jeweils ein Fehler versteckt. Korrigiert die Fehler. Bildet dazu Kleingruppen und teilt euch die Arbeit auf. Geht dabei in diesen Schritten vor:

- Notiert pro Behauptung geeignete Suchbegriffe.
- Verbessert die Behauptung.
- Füllt anschließend gemeinsam die hinterlegte Tabelle aus.

Faultiere müssen nur einmal im Monat aufs Klo.

Manuel Neuer hat schon einmal bei Borussia Dortmund gespielt.

Die Strahlung eines Handys ist stark genug, um ein Ei zu kochen.

Die Fußballerin des Jahres 2020 heißt Gunilla Harter.

Malawi gehört zu Amerika.

Wenn man über 18 Jahre alt ist, muss man für die Nutzung von YouTube 5 Euro im Monat zahlen.

Der erste Hund im Weltall hieß Lulu.

„Hallo" heißt auf Spanisch „hossa".

Eulen können ihren Kopf um 360 Grad drehen.

Pommes frites wurden in Österreich erfunden.

Suchmaschinen vergleichen

SPRACHE

3 Wähle eine weitere Behauptung von Aufgabe 2 aus und überprüfe sie mit jeder der Suchmaschinen, die du hinterlegt findest. Diskutiert in der Klasse, welche davon für euch am geeignetsten ist. Diese Kriterien können euch dabei helfen:

Aufbau der Seite | Übersichtlichkeit | Anzahl der Informationen

Werbung | Verständlichkeit der Texte | Gute Suchergebnisse

Checkliste für Internetseiten

SPRACHE

4 Selims Beispiel hat gezeigt, dass man Internetseiten nicht blind vertrauen sollte. Manchmal sind es nur falsche Informationen, oft wollen Internetseiten aber auch deine Meinung beeinflussen oder Geld an dir verdienen. Diese Checkliste hilft dir herauszufinden, ob eine Website vertrauenswürdig ist:

Robbys Webchecker

- Ist die Seite übersichtlich gestaltet?
- Ist Werbung auf der Seite gekennzeichnet?
- Sind die Autorinnen und Autoren der Texte genannt?
- Sind Quellenangaben zu den Medien auf der Seite vorhanden?
- Gibt es eine Kommentarfunktion auf der Seite?
  Sind die Kommentare glaubwürdig?
- Gibt es ein Impressum und ist das Impressum glaubwürdig?

Je mehr dieser Fragen du mit „Ja" beantworten kannst, desto vertrauenswürdiger ist die Internetseite.

Ein Impressum enthält Angaben zum Betreiber einer Internetseite. Dazu gehören unter anderem Name, Adresse, Kontaktmöglichkeit und auch weitere rechtliche Informationen.

a) Überprüfe mithilfe der Checkliste, ob die hinterlegten Internetseiten vertrauenswürdig sind. Lege dazu in deinem Heft eine Tabelle an. Vergleicht eure Ergebnisse in Partnerarbeit.

38315-017
Internetseiten zu a)

Internetseite	**1**	**2**	**3**	**4**
übersichtlich?	...	...	...	...
Werbung gekennzeichnet?	...	...	...	...
Autorinnen und Autoren genannt?	...	...	...	...
Quellenangaben vorhanden?	...	...	...	...
Kommentare vorhanden und glaubwürdig?	...	...	...	...
Impressum vorhanden und glaubwürdig?	...	...	...	...

b) Um einschätzen zu können, ob eine Internetseite vertrauenswürdig ist, hilft es häufig, ihr Ziel zu kennen. Besprecht in Partnerarbeit, ob die hinterlegten Internetseiten informieren, etwas verkaufen, deine Meinung beeinflussen oder unterhalten wollen. Es können mehrere Antworten richtig sein.

38315-018
Internetseiten zu b)

0.6 Wie erstelle ich eine gute Präsentation?

Ich finde Hunde sooo toll! Deswegen habe ich eine Präsentation über sie erstellt. Du willst wissen, wie das geht? Dann los!

Bearbeite jetzt das Online-Modul

38315-019

WISSENSCHECK

SPRACHE

1 Notiere, unter welchem Reiter du die folgenden Aktionen findest und zeichne den Button, mit dem du sie auslöst.

Beispiel: Texte fett formatieren → Reiter: Start; Button: **F**

Ⓐ Design auswählen
Ⓑ Textfarbe ändern
Ⓒ Bilder einfügen
Ⓓ Textfelder einfügen
Ⓔ Stichpunkte nacheinander erscheinen lassen
Ⓕ Bildschirmpräsentation von Beginn an starten
Ⓖ Schriftgröße ändern
Ⓗ Tabelle einfügen

Weitere Folien für deine Präsentation

2 Füge die in den Teilaufgaben beschriebenen Folien deiner Präsentation hinzu.

a) Sieh dir den hinterlegten Steckbrief an. Füge dann deiner Präsentation eine passende Folie mit den Informationen hinzu. Denke dabei an eine Überschrift und füge ein Bild ein.

38315-020
Steckbrief

b) Viele Tiere kann man den Kategorien Säugetiere, Vögel, Amphibien, Reptilien und Fische zuordnen:

Säugetiere	Vögel	Amphibien	Reptilien	Fische
Affe	Spatz	…	…	…
Blauwal	…	…	…	…
…	…	…	…	…

Füge auf einer neuen Folie eine Tabelle ein und nenne darin für jede Kategorie drei Beispiele. Gestalte deine Tabelle farblich ansprechend und formatiere dein Lieblingstier darin so, dass man es auf den ersten Blick sieht.

c) Erstelle zum Abschluss deiner Präsentation eine weitere Folie mit Fotos von deinem Lieblingstier. Suche dazu im Internet nach passenden Bildern und speichere sie auf deinem Computer ab. Lasse die Seiten, auf denen du die Bilder gefunden hast, geöffnet.

d) Wenn du deine Präsentation anderen Personen zeigen möchtest, solltest du immer angeben, wo du die Bilder gefunden hast. Das nennt man Quellenangabe:

https://www.link-zu-einer-seite.de/Bild1	**(Stand: 11.07.2024)**
Link zum gezeigten Bild	Datum, an dem das Bild zuletzt aufgerufen wurde

Füge deiner Präsentation eine Folie mit dem Titel „Bildquellen" hinzu und gib darauf die Quellen deiner Fotos wie oben an.

Checkliste für Präsentationen

3 Überprüfe die Gestaltung deiner Präsentation anhand der Tipps.

Tipps für eine gelungene Gestaltung:

- Überschriften sollten groß und gut lesbar sein.
- Der Folienhintergrund sollte möglichst keine Muster haben und nicht zu grell sein.
- Farben sollten sparsam eingesetzt werden. Wähle maximal drei unterschiedliche Farben für deine Präsentation aus, um keine zu große Unruhe zu schaffen.
- Die Schriftart sollte gut lesbar sein. Schreibschrift sieht zwar schön aus, ist aber oft schwerer lesbar.
- Bilder können den Text gut verdeutlichen und bleiben im Gedächtnis.

4 Hanna soll in der Schule ein Referat über Wölfe halten und hat dazu eine Präsentation erstellt. Sie hat aber Schwierigkeiten mit der Gestaltung.

a) Hinterlegt findest du Hannas Präsentation. Formatiere sie so, dass sie gut aussieht. Beachte dazu die Tipps aus Aufgabe 3.

b) Notiere in deinem Heft Tipps für Hanna: Was könnte sie das nächste Mal besser machen?

38315-021
Hannas Präsentation

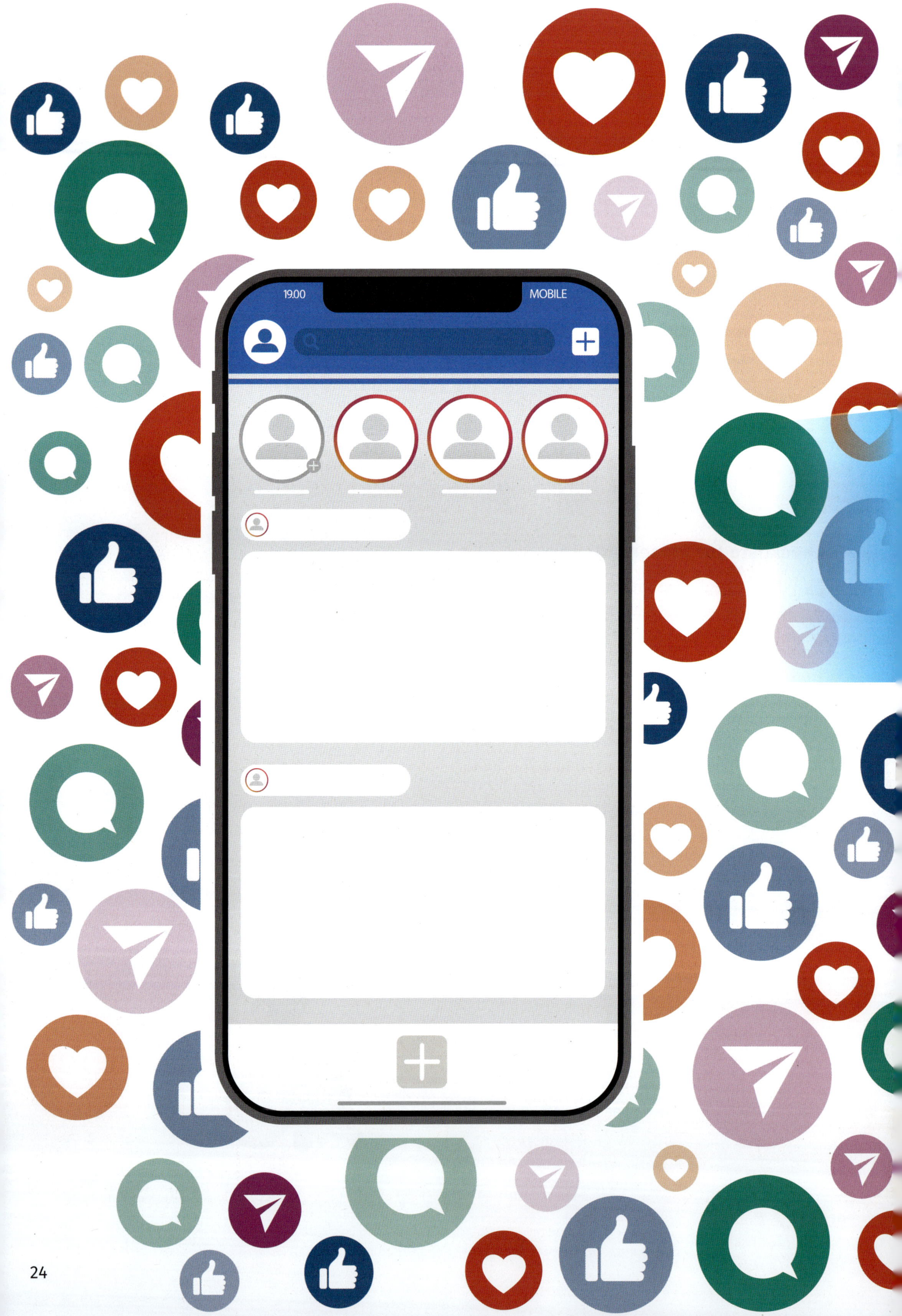
19.00
MOBILE

1 Fit für Soziale Medien

Einstieg

Heutzutage steht das Internet nahezu jedem und jeder offen. Menschen verbringen dabei viel Zeit in Sozialen Medien.

- Beschreibe deine Erfahrungen mit Sozialen Medien.
- Welche Social-Media-Dienste nutzt du?
- Was sind für dich Soziale Medien? Welche nutzen deine Geschwister bzw. Eltern?

Am Ende dieses Kapitels hast du gelernt, …

- was Soziale Medien sind.
- wie du mit Fotos in Sozialen Netzwerken umgehst.
- was personenbezogene Daten sind und warum diese geschützt werden müssen.
- mit personalisierten Inhalten und In-App-Käufen umzugehen.
- welche Gefahren im Internet lauern und wie man sich davor schützen kann.
- Regeln in (Gruppen-)Chats einzuhalten.

1.1 Umgang mit Sozialen Medien

Selim und seine Schwester Nesrin planen eine kleine Überraschungsparty für ihre Freundin Lena. Kerim ist neu bei Social Media. Er postet eine Nachricht im öffentlichen Bereich. Als die Party beginnt, stehen viele fremde Personen vor der Tür und wollen mitfeiern.

- **Was ist hier schiefgelaufen?**
- **Was sollte Kerim zukünftig anders machen?**

ERARBEITUNG

Soziale Medien

Social Media (engl.): Soziale Medien

posts (engl.): Beiträge

to like sth. (engl.): etw. mögen

Soziale Medien (auch: **Soziale Netzwerke**) sind digitale Plattformen, auf denen kommuniziert werden kann. Eigene Gedanken, Bilder, Videos oder Links können so mit anderen geteilt werden. Bestimmte Plattformen sind bei Jugendlichen sehr beliebt. Man kann sich darauf selbst darstellen, indem man Fotos und Videos von sich postet. Andere Personen können Feedback in Form von Likes und Kommentaren geben.

SPRACHE

A1 Recherchiere im Internet.

a) Gib die aktuell drei größten Social-Media-Dienste an.

b) Gib an, ob und wie oft du diese nutzt. Vergleiche mit einer Partnerin oder einem Partner.

c) Mit einem Like oder Dislike zeigen Nutzende von Sozialen Medien, was ihnen gefällt oder nicht. Recherchiere, woher das Daumensymbol kommt.

to dislike sth. (engl.): etw. nicht mögen

Profile

In den meisten Sozialen Medien erstellen Nutzende ein persönliches **Profil** über sich. Es ist sehr verlockend, möglichst viele persönliche Informationen mit anderen zu teilen. Man sollte jedoch darauf achten, persönliche Daten zu schützen. Je mehr Angaben man macht, desto einfacher ist man erkennbar – auch für fremde Personen. Mithilfe der **Privatsphäre-Einstellungen** kann man steuern, wer welche Inhalte sehen kann.

38315-022
Selims Profil

A2 Sieh dir das hinterlegte Social-Media-Profil von Selim an. Sammle alle Angaben, die aus deiner Sicht zu persönlich oder problematisch sind. Erstelle ein alternatives Profil für Selim.

Vorsicht im Umgang mit Kontaktanfragen

Viele Menschen nutzen Soziale Medien, um mit Freunden in Kontakt zu bleiben und neue Freunde zu finden. Bei der Annahme von **Kontaktanfragen** ist jedoch Vorsicht geboten.

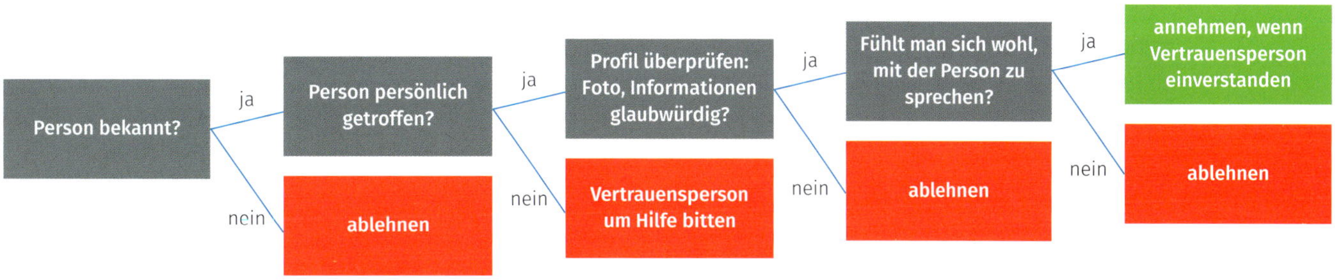

Unbekannte Personen können böswillige Gründe haben, sich mit anderen anzufreunden. Einige Gründe werden in diesem Buch noch genauer thematisiert.

Cybergrooming, Cybermobbing (➥ 1.8)
Verbreitung von Fake News (➥ 3.4)

SPRACHE

A3 Hanna hat zwei Kontaktanfragen über ein Soziales Netzwerk erhalten. Sie weiß nicht, wie sie reagieren soll. Gib ihr jeweils einen Ratschlag.

a) Hey Hanna, kennst du mich noch? Ich war in der Grundschule in deiner Parallelklasse. Ich bin eben auf dein Profil gestoßen und dachte, ich schreibe dir mal.

b) Sag mal, wo genau wohnst du eigentlich nochmal?

Challenges in Sozialen Netzwerken

Eine **Challenge** ist ein Wettbewerb oder eine Mutprobe. Personen sollen dafür bestimmte Aufgaben erfüllen (z. B. Tanzvideo aufnehmen, Foto posten). Andere Personen können dann die gleiche Aufgabe nachmachen und ihre Ergebnisse teilen. Viele Challenges zielen darauf ab, Spaß zu haben und die Kreativität der Teilnehmenden zu fördern. Es gibt aber auch riskante oder (lebens)gefährliche Challenges.

challenge (engl.) = Herausforderung

SPRACHE

A4 Beurteile die hinterlegten Challenges. Ordne sie auf einer Skala von „harmlos" bis „gefährlich" ein. Begründe deine Auswahl.

38315-023
Challenges

MERKE

In **Sozialen Medien** oder **Netzwerken** können Nutzende Informationen, Meinungen, Bilder und Videos austauschen. Persönliche Informationen sollen in **Profilen** möglichst sparsam verwendet werden. Bei **Challenges** sollen Nutzende eine bestimmte Herausforderung erfüllen und ihre Ergebnisse mit anderen teilen.

AUFGABEN

1 Wähle eines der hinterlegten Profile (Max oder Lena). Sieh dir die Beiträge genau an. Deine Aufgabe ist es, alle Posts auf Lenas bzw. Max' Profil zu bewerten.

38315-024
Profile von Max und Lena

2 a) Nenne mindestens drei Challenges, die du kennst. Wieso sind Challenges so interessant? Nenne mögliche Gründe.

b) Beschreibe die Gefühle von Kindern, die eine Challenge geschafft bzw. nicht geschafft haben.

1.2 Bilder in Sozialen Medien

Tugsem macht mit ihrer Freundin Lara ein Selfie im Park. Lara bittet ihre Freundin, das Bild nicht zu posten. Tugsem bearbeitet es trotzdem und teilt es auf Instagram.

- **Finde Gründe, warum Lara nicht möchte, dass das Bild gepostet wird.**
- **Am nächsten Tag sieht Lara das Bild online und fühlt sich unwohl. Was kann sie tun?**

ERARBEITUNG

Das Recht am eigenen Bild

Personen, die auf einem Bild zu sehen sind, werden durch das **Recht am eigenen Bild** geschützt. Es besagt, dass jeder Mensch grundsätzlich selbst darüber bestimmen darf, ob und in welchem Zusammenhang Bilder von ihm veröffentlicht werden. Dennoch gibt es folgende Ausnahmen, in denen die Betroffenen nicht gefragt werden müssen:

- Bilder der Zeitgeschichte
- Bilder, bei denen Personen nur Beiwerk sind
- Bilder von Versammlungen

0–7 Jahre	8–17 Jahre	ab 18 Jahre
Es entscheiden alleine die Eltern.	Je nach Entwicklung und der erreichten Einsichtsfähigkeit des Minderjährigen entscheiden die Eltern alleine oder mit ihm gemeinsam.	Der Abgebildete entscheidet selbst.

Im Zweifel sollte immer die betroffene Person um Erlaubnis gefragt werden.

38315-025
interaktive Übung zu A1

SPRACHE

A1 Öffne die hinterlegte Übung und entscheide, ob die Bilder jeweils ohne Zustimmung der Personen veröffentlicht werden dürfen.

Privates sollte privat bleiben

Um solche sogenannten personenbezogenen Daten geht es in ➥ **Kapitel 1.3**.

Wenn man ein Foto oder Video online stellt, kann es von vielen Menschen gesehen und sogar gespeichert werden. Auch von Leuten, die man gar nicht kennt.

Das sollte niemals zu erkennen sein:	Das sollte man niemals teilen:
Name	Ausweis oder Reisepass
Adresse	Autokennzeichen
Telefonnummer	Foto von deinem Zuhause oder deiner Schule
...	...

38315-026
Tabelle zu A2

A2 Vervollständige die Tabelle mit weiteren Beispielen.

Das Internet vergisst nichts

Beim Hochladen von Fotos in Sozialen Netzwerken sollte immer überlegt werden, wer auf die Bilder Zugriff hat und was damit geschehen könnte. Bilder, die man heute lustig findet, sind später vielleicht peinlich oder können sogar Probleme bereiten.

SPRACHE

A3 a) Ricardo findet ein Bild seines Kindergeburtstags inzwischen peinlich. Er hat es deshalb in seinem Social-Media-Account gelöscht. Das Bild taucht jedoch in seinem Feed wieder auf. Begründe, wie das passieren kann.

Feed: Inhalte, die man meist als Erstes sieht, wenn man auf einer Social-Media-Plattform ist.

b) „Das Internet vergisst nichts." Diskutiert diese Aussage im Zweierteam.

Der Druck durch bearbeitete Bilder und seine Folgen

9 von 10 Kindern und Jugendlichen teilen regelmäßig eigene Fotos im Internet.

Einige Kinder und Jugendliche posten sogar jede Woche mehr als zehn Bilder.

Die beliebtesten Apps zum Teilen von Fotos sind WhatsApp, Snapchat, Instagram und TikTok.

Auf vielen Plattformen werden Fotos bearbeitet und mit Filtern verschönert. Man hofft so, mehr Likes zu erhalten. Menschen erscheinen in Sozialen Medien deshalb oft perfekt.

2 von 3 Jugendlichen fühlen sich durch den Druck, in Sozialen Medien perfekt auszusehen, gestresst.

3 von 10 Kindern und Jugendlichen fühlen sich verletzt, wenn ihre Fotos nicht genug Likes bekommen oder jemand gemeine Kommentare schreibt.

Ergebnisse aus einer Studie der Initiative „saferinternet.at" aus dem Jahr 2022

SPRACHE

A4 a) Finde heraus, welche Altersbeschränkungen für Soziale Netzwerke gelten.

z. B. Snapchat, Instagram, TikTok

b) Nenne gesundheitliche Folgen, die durch Druck in Sozialen Netzwerken entstehen können. Recherchiere, wenn nötig.

c) Wählt Fragen für eine Umfrage zu diesem Thema. Führt anschließend die Umfrage mit einem Umfrage-Tool durch und diskutiert die Ergebnisse.

Eure Lehrkraft kann euch bei den Fragen und den Tools unterstützen.

MERKE

Das **Recht am eigenen Bild** regelt, welche Fotos im Internet veröffentlicht werden dürfen. Hochgeladene Inhalte sind oft für immer im Internet zu finden. **Bearbeitete Bilder** in Sozialen Medien erzeugen oft falsche Ideale und Stress.

AUFGABEN

1 Das Teilen von Bildern mit Freunden ist alltäglich geworden. So bleibt man auf dem Laufenden, auch wenn man mal nicht dabei ist. Formuliert in der Klasse sieben bis zehn Regeln für das Teilen von Bildern und Videos.

2 Führt zu folgender Frage eine Diskussion in der Klasse durch: Sollte die Nutzung von Sozialen Medien für Kinder und Jugendliche verboten werden?

1.3 Meine Daten – meine Verantwortung

Lena installiert eine beliebte Foto-App, ohne die Berechtigungen zu überprüfen und die Einstellungen zu ändern. Nachdem sie ein Selfie in der App gepostet hat, bemerkt sie Werbung für ein Café in ihrer Nähe und ein Parfüm, das sie kürzlich gesucht hat.

- **Warum sieht sie vermutlich diese Werbung?**
- **Welche Berechtigungen hat sie der App erteilt (z. B. Standort, Kontakte, Kamera etc.)?**

ERARBEITUNG

Personenbezogene Daten

Personenbezogene Daten sind Informationen über eine Person, deren Weitergabe oder Veröffentlichung Rückschlüsse auf diese Person ermöglicht. Sie müssen deshalb besonders geschützt werden. **Datenschutz** ist eine wichtige Aufgabe des Staates.

Beispiele für personenbezogene Daten:

Geburtstag	Telefonnummer	Adresse	...
19. März 2015	0151 19725...	Scharerstr. 10 55246 Wiesbaden	

38315-027
Tabelle für A1

A1 **a)** Sammle mindestens fünf weitere Beispiele für personenbezogene Daten. Du kannst dazu die hinterlegte Tabelle nutzen.

b) Vergleicht eure Ergebnisse in Partnerarbeit.

Berechtigungen bei Apps

Besondere Vorsicht ist bei Apps geboten. Sie können ungewollt Zugriff auf persönliche Daten bekommen. Man sollte daher überprüfen, welche Berechtigungen eine App erhält. Standard-Einstellungen erlauben oft mehr als nötig. Nicht jede App braucht z. B. Zugriff auf Standort, Kontakte, Browserverlauf, Mikrofon oder Kamera.

SPRACHE
A2 Sieh dir zuhause mit einem Elternteil die Sicherheitseinstellungen eines Sozialen Netzwerks an. Passt gemeinsam die Standard-Einstellungen an.

Missbrauch personenbezogener Daten

Gelangen personenbezogene Daten in die falschen Hände, können sie missbraucht werden. Man sollte deshalb äußerst vorsichtig sein.

Spam und Werbung
Tim erhält seit Kurzem viele E-Mails mit Werbung von Absendern, die er nicht kennt.

Fake-Profile
Jonas entdeckt ein Instagram-Profil, das nicht ihm gehört, aber gepostete Bilder von ihm enthält.

Stalking oder Belästigung
Anna bekommt seit ein paar Wochen auf WhatsApp seltsame Nachrichten von einer fremden Person.

A3 Diskutiert in der Klasse, wie sich die Personen in obigen Beispielen am besten verhalten könnten. Fallen euch weitere Gefahren ein?

Daten – ein kostbarer Schatz

Firmen können mithilfe personenbezogener Daten gezielt Werbung schalten. Je genauer die Werbung zur Person passt, desto besser. Für Firmen interessante Daten sind z. B.:

Daten, die eine Person genauer beschreiben:

▸ Alter, Geschlecht, Wohnort, ...

Daten, welche die Ausbildung oder den Beruf betreffen:

▸ Schulabschluss, Beruf, Gehalt, ...

SPRACHE
A4 Eine Online-Videoplattform sammelt Daten über das Nutzungsverhalten ihrer User und Userinnen. Nenne drei Produkte, die für die rechts abgebildete Zielgruppe interessant sein könnten.

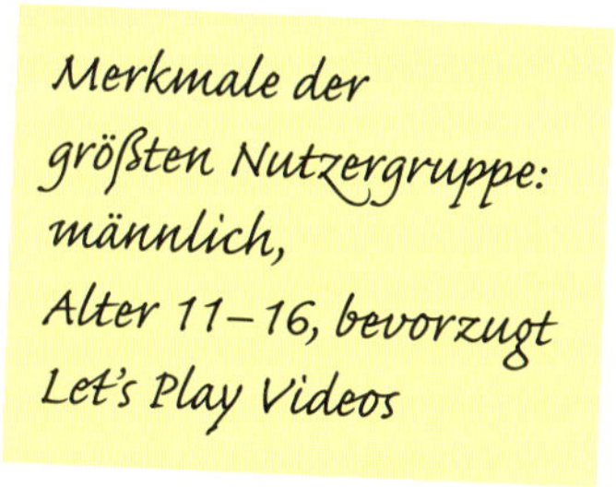

MERKE

Personenbezogene Daten sind Daten, die Rückschlüsse auf eine Person ermöglichen (z. B. Adresse oder Geburtsdatum). Unter **Datenschutz** versteht man den rechtlichen Schutz personenbezogener Daten vor Missbrauch.

AUFGABEN

SPRACHE
1 Nenne Berechtigungen (z. B. Standort, Kamera, Mikrofon, Kontakt, Fotos), die du der jeweiligen App erteilen würdest. Welche sind für die Nutzung notwendig?

a) Navigations-App **b)** Bildbearbeitungs-App **c)** Messenger-Dienst

SPRACHE
2 Diskutiert, wieso es wichtig ist, personenbezogene Daten zu schützen. Welche Gefahren entstehen, wenn diese Daten öffentlich zugänglich sind oder leichtsinnig weitergegeben werden?

1.4 Personalisierte Inhalte und Filterblasen

Toni surft zuhause gerne im Internet. Er hat auch bereits einige Kanäle zum Thema Fußball auf verschiedenen Plattformen abonniert. Seine Geschwister Alex und Sam sollen für eine Hausaufgabe etwas über Pferde recherchieren. Dabei fällt ihnen auf, dass immer wieder Vorschläge zum Thema Fußball gemacht werden.

- **Erkläre den Sachverhalt.**
- **Berichte von ähnlichen Erfahrungen.**

ERARBEITUNG

Der digitale Fußabdruck

Metadaten: Zusatzdaten, die mehr über eine Nutzung oder Datei verraten.

Immer, wenn man sich im Internet bewegt, hinterlässt man aktiv oder passiv Spuren in Form von Daten. Diese gesammelten Daten nennt man **digitalen Fußabdruck**. Aus den gesammelten Daten lassen sich **Metadaten** ableiten, z. B. wann, wie oft und welche Webseiten besucht wurden.

A1 Welche Daten können jeweils über eine Person gesammelt werden, die das folgende Verhalten im Internet zeigt? Beschreibe ein mögliches Profil.

- Einkauf einer blauen Badehose in Größe L unter Verwendung von Vorteilskarten
- Kauf von Torwarthandschuhen und Fan-Artikeln des Fußballvereins Borussia Dortmund
- Besuch von Webseiten zum Thema Gaming

Digitale Datensammlung – Tracking

Zum Schutz der Privatsphäre ist es wichtig, Cookies gezielt zu verwalten und deren Speicherung einzuschränken.

Tracking: Nutzerverfolgung im Internet

Cookies können für Tracking-Zwecke genutzt werden. Cookies sind kleine Dateien, die auf dem PC oder dem Smartphone gespeichert werden, wenn man eine Internetseite besucht.

Notwendige Cookies

- für das Funktionieren der Webseite nötig
- speichern (z. B. Login oder Warenkorb)
- keine Nutzung für Werbung

Nicht notwendige Cookies

- z. B. für Statistik oder Marketing
- können Surfverhalten auswerten
- ermöglichen personalisierte Werbung

A2 Toni möchte sich bei einem Social-Media-Kanal anmelden. Um die App herunterzuladen, öffnet er die Webseite. Ein Fenster ploppt auf: „Die Verwendung von Cookies ...“. Ohne zu lesen klickt Toni auf „Alle Cookies akzeptieren“.

a) Öffne die hinterlegte Datei. Gib an, welchen Cookies Toni zugestimmt hat und beurteile die Auswahl.

b) Notiere mindestens drei Gründe, warum Instagram Cookies verwendet.

c) Formuliere Tipps, wie sich Toni in Zukunft verhalten sollte.

38315-028
Bild zu Cookie-Einstellungen

Filterblasen und Echokammern

Betreiber von Sozialen Medien erstellen aus all den gesammelten Informationen ein Profil. Dadurch wissen sie, was eine Person denkt, mag, fühlt und sich wünscht. Basierend darauf wird jede Person dann genau mit zu ihren Interessen passenden Informationen und Angeboten versorgt. Man spricht von einer sogenannten **Filterblase**.

Filterblasen haben Vor- und Nachteile. Einer der Nachteile ist, dass dadurch Meinungen und das Denken von Menschen beeinflusst werden. Wenn Menschen sich ausschließlich in ihrer Social-Media-Gruppe austauschen und sich ihre Meinung immer stärker verfestigt, spricht man von einer **Echokammer**. Wie ein Echo werden Meinungen innerhalb einer Gruppe immer wieder zurückgegeben.

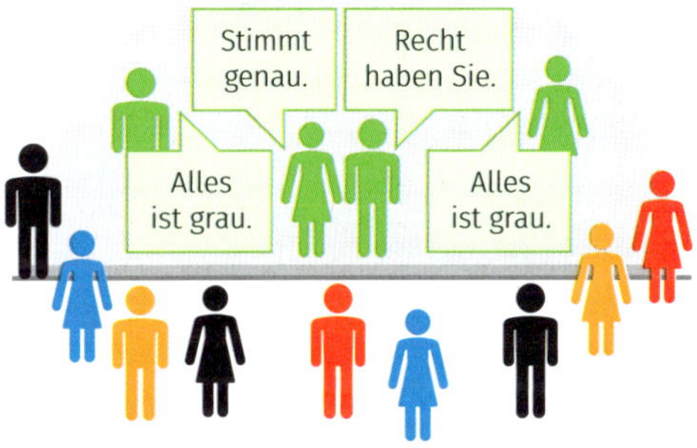

A3 a) Erläutere den Unterschied zwischen einer Filterblase und einer Echokammer. Nenne Auswirkungen, die Filterblasen auf dein Leben haben könnten.

b) Überlege, was man tun könnte, um Filterblasen zu vermeiden.

c) Nenne Probleme, die aus einer Echokammer entstehen können.

MERKE

Unter einem **digitalen Fußabdruck** versteht man persönliche Daten, die bei der Internetnutzung gespeichert werden. **Cookies** speichern z. B. Daten über das Surfverhalten einer Person. Wenn nur noch gefilterte Informationen zum Nutzer gelangen, nennt man das eine **Filterblase**. In **Echokammern** sind nur Menschen mit gleichen Ansichten.

AUFGABEN

1 Nimm Stellung zu der Aussage: „Eine Filterblase ist etwas Technisches, wohingegen eine Echokammer etwas Soziales ist.“

1.5 Werbung und In-App-Käufe

Rayed spielt ein Spiel auf seinem Smartphone. Er hat gerade ein schwieriges Level erreicht, aber ihm gehen die Leben aus. Nun kann er entweder 30 Minuten warten oder für 1,99 € sofort neue Leben kaufen.

- **Gib Rayed einen Ratschlag.**
- **Beschreibe Folgen, die es haben könnte, wenn er immer wieder neue Leben kauft.**

ERARBEITUNG

In-App-Käufe und Werbung

Während der Nutzung von Apps kann man häufig sogenannte **In-App-Käufe** durchführen.

zusätzliche Leben, Booster oder das Verkürzen von Wartezeiten in Spielen

neue Outfits, Skins oder Accessoires für Spielfiguren

werbefreie Nutzung oder exklusive Inhalte

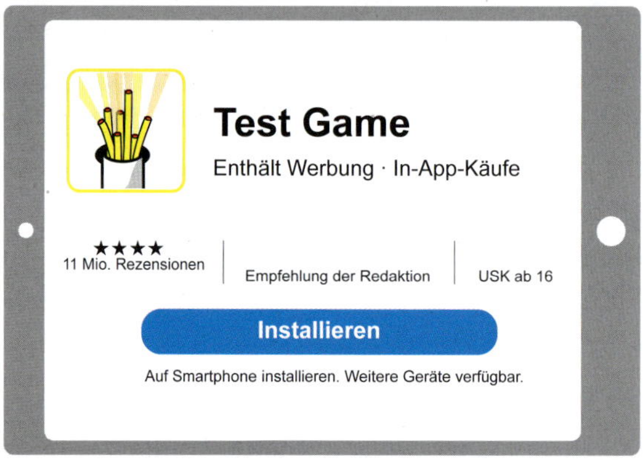

virtuelle Währungen für Einkäufe in der App

erweiterte Funktionen in Kreativ- oder Lern-Apps

Viele Apps sind zunächst gratis, damit sie möglichst viele Personen erreichen. Um trotzdem Geld zu verdienen, bieten Entwickler Extras gegen Bezahlung an. Besonders in Spielen kann das verlockend sein. Deshalb sollte man sich gut überlegen, ob ein Kauf wirklich nötig ist. Werbung wird ebenfalls von App-Entwicklern genutzt, um Geld zu verdienen.

SPRACHE

A1 Erkläre, wie In-App-Käufe dabei helfen, die Entwicklung von Spielen und Apps zu finanzieren. Warum werden die Spiele nicht direkt verkauft?

Gefahren von In-App-Käufen

Viele App-Hersteller verwenden psychologische Tricks, um Menschen zu In-App-Käufen zu bringen. Zwei Beispiele sind:

Angst, etwas zu verpassen
Angebote oder spezielle Inhalte, die nur für kurze Zeit erhältlich sind → Druck, schnell Geld auszugeben

Freemium-Spiele
zunächst kostenlose Spiele, bei denen ab einem gewissen Punkt das Weiterkommen im Spiel extrem schwer ist, wenn man keine zusätzlichen Inhalte kauft

fear of missing out (engl.): Angst, etwas zu verpassen

freemium (engl.): Kunstwort zusammengesetzt aus: free (engl.): (kosten)frei premium (engl.): von bester Qualität

Freemium-Spiele werden auch Free-to-Play-Spiele genannt.

SPRACHE

A2 Kinder und Jugendliche können durch solche Tricks die Kontrolle über ihre Ausgaben verlieren.

a) Nenne und erkläre weitere psychologische Tricks. Lasse dir dabei von einem Chatbot deiner Wahl helfen.

b) Diskutiert in der Klasse, warum besonders Kinder und Jugendliche anfällig für psychologische Tricks in Spielen sind.

Verbraucherschutz bei In-App-Käufen

Kinder unter sieben Jahren können rechtlich gesehen ohne ihre Eltern nichts kaufen. Kinder und Jugendliche ab sieben Jahren sollten sich vor unerwarteten Kosten schützen. Es gibt folgende Möglichkeiten:

Aktivierung von Passwörtern oder Sperren für Käufe auf Endgeräten der Kinder (Kauf nur nach Bestätigung der Eltern möglich)

Deaktivierung von In-App-Käufen über den Store

unter bestimmten Bedingungen: Rückerstattung versehentlich getätigter Käufe

SPRACHE

A3 Findet gemeinsam heraus, wie man im Store In-App-Käufe generell deaktivieren kann. Diskutiert, ob eine solche Deaktivierung sinnvoll ist.

MERKE

In-App-Käufe sind Extras, die man in einer App kaufen kann – auch wenn die App selbst kostenlos ist. Viele App-Hersteller verdienen auch mit **Werbung** Geld. Beides kann gefährlich sein: Kinder und Jugendliche geben manchmal ungewollt Geld aus oder lassen sich von Werbung ablenken.

AUFGABEN

1 Hinterlegt findest du die Ergebnisse einer Studie in Österreich (2024) dargestellt. Beantworte dazu folgende Fragen:

a) Wie viele Prozent der befragten Personen haben bereits Spiele gespielt, in denen man In-App-Käufe machen kann?

b) Wie viele Prozent der Befragten haben tatsächlich Geld für In-App-Käufe ausgegeben?

c) Gibt es Unterschiede zwischen Jungen und Mädchen?

d) Welche Informationen deuten auf Probleme von In-App-Käufen hin? Notiere diese und gib Gründe für deine Einschätzung an.

38315-029
Studie zu Aufgabe 1

2 Ein Spielehersteller verwendet zusätzlich zu In-App-Käufen auch noch Werbung. Diskutiere mögliche Gründe für diese Entscheidung.

1.6 Cybermobbing

Nele hat seit Tagen Panik, in die Schule zu gehen. Sie fühlt sich hilflos und ist wie gelähmt. In der Nacht kann sie nicht schlafen und tagsüber hat sie kaum noch Appetit. Ihre Mutter merkt, dass etwas nicht stimmt, doch Nele wird stumm, sobald die Mutter mit ihr reden möchte.

- **Was könnte passiert sein?**
- **Wem sollte sie sich anvertrauen?**

ERARBEITUNG

to mob (engl.): anpöbeln

anonym (lat.): unerkannt, versteckt handeln

Werden Fotos veröffentlicht, kann das nur schwer rückgängig gemacht werden.

Cybermobbing

Mobbing kann auf viele Arten geschehen. Die Aktionen sind geplant – das Opfer soll gezielt fertiggemacht werden.
Findet dieses Mobbing im Internet statt, spricht man von **Cybermobbing**. Wenn die Täter anonym sind, ist es für die Opfer oft besonders belastend. Beispiel: Oft werden die Opfer rund um die Uhr verfolgt. Peinliche Fotos und Gerüchte werden weitergegeben und erreichen so viele Menschen.

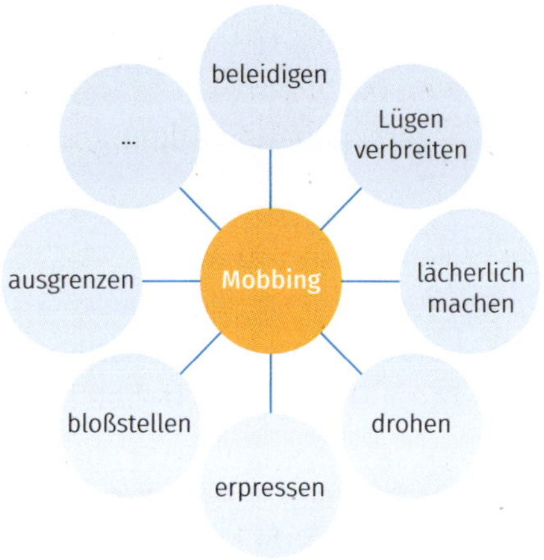

Mobbing geschieht fast immer in der Gruppe. Es lassen sich **Täter**, **Mitläufer**, **Zuschauer** und **Opfer** unterscheiden.

Täter	Mitläufer	Zuschauer	Opfer
bewusste Schädigung	nimmt Schädigung in Kauf	nimmt Schädigung in Kauf	erlebt Schädigung unmittelbar und überall
handelt im Schutz der Mitläufer	handelt oft aus Angst selbst Opfer zu werden	traut sich nicht einzugreifen	kann Täter und Mitläufer nicht unterscheiden
fühlt sich bestätigt und motiviert durch die Mitläufer	fühlt sich in der Gruppe der Mitläufer sicher	möchte nicht mit hineingezogen werden	Hilflosigkeit

SPRACHE

A1 a) Nenne Anzeichen, die es für Cybermobbing geben kann.

b) Sammelt eure Ergebnisse in der Klasse.

Was tun gegen Mobbing?

(Cyber-)Mobbing hört nicht von selbst auf. Opfer brauchen daher **Hilfe**. Von sich aus hören Täter nur auf, wenn der Schutz der Mitläufer wegfällt oder die Möglichmacher helfend eingreifen. So können Täter isoliert werden.

38315-030
Hilfe gegen Mobbing

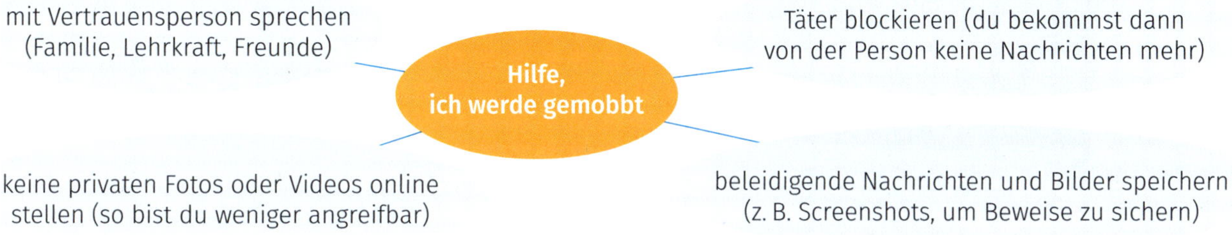

Cybermobbing ist strafbar. In schlimmen Fällen sollte man zur Polizei gehen.

SPRACHE

A2 Sprecht in der Klasse über eure Erfahrung mit Cybermobbing. Beantwortet dabei folgende Fragen:

- Kennt ihr jemanden, der gemobbt wurde oder sogar noch gemobbt wird?
- Was kannst du tun, wenn du Mobbing beobachtest?

Legt gemeinsam ein Helfersystem fest, in dem geregelt ist, was zu tun ist und wer alles informiert werden muss.

MERKE

Unter **Cybermobbing** werden bewusste Beleidigungen, Bedrohungen oder Belästigungen von Menschen im Internet verstanden. **Täter** handeln im Schutz von **Mitläufern**. **Zuschauer** halten sich raus und fühlen sich nicht verantwortlich. Sie machen Mobbing damit möglich. **Opfer** brauchen Hilfe, da Mobbing nicht von selbst aufhört.

AUFGABEN

SPRACHE

1 Wähle eine der hinterlegten Geschichten.

a) Halte das Geschehen in Stichpunkten fest.

b) Gib Täter, Opfer, Zuschauer und Mitläufer an.

c) Notiere die Gedanken und Gefühle des Opfers in einem kurzen Tagebucheintrag.

38315-031
Cybermobbing-Geschichten zu Aufgabe 1

SPRACHE

2 Sucht gemeinsam nach einem Ausweg aus den Situationen in Aufgabe 1.

a) Spielt die Lösung als Rollenspiel in der Klasse vor.

b) Diskutiert im Anschluss, wie sich die Personen gefühlt haben und ob die Hilfe erfolgreich war.

1.7 Kommunikation und Regeln im Chat

Kai hat mal wieder vergessen, sich die Hausaufgaben zu notieren. Deshalb greift er zum Smartphone und schreibt in den Klassenchat. Anschließend ist Kai verwirrt. Warum reagiert sein Klassenkamerad denn nur so genervt? Er hat doch bloß eine Frage gestellt.

- **Erkläre Elias Reaktion.**
- **Hast du schon einmal ähnliche Erfahrungen gemacht? Berichte davon.**

ERARBEITUNG

Face-to-Face: eine Gesprächssituation, bei der sich die Gesprächspartner direkt gegenüberstehen

Kommunikation

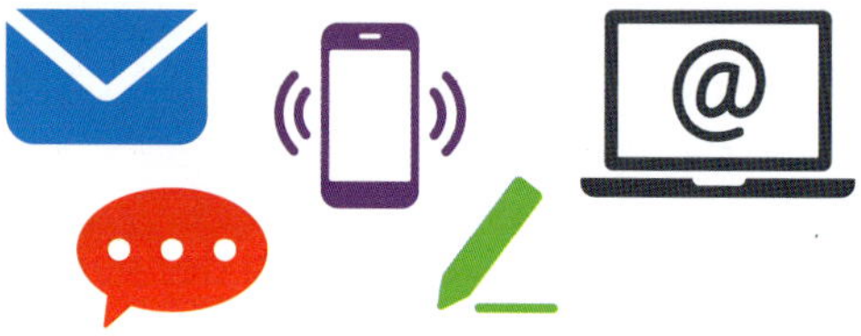

Menschen haben das Bedürfnis, sich mit anderen Menschen über Erlebnisse, Sorgen und Gedanken auszutauschen. Außerdem möchten sie Wissen und Informationen weitergeben. Die Verständigung durch Zeichen und Sprache nennt man **Kommunikation**. Dabei unterscheidet man zwischen mündlicher (z. B. Face-to-Face) und schriftlicher (z. B. Brief) Kommunikation.

A1 **a)** Betrachte mündliche und schriftliche Kommunikation. Finde jeweils Merkmale, um beides voneinander abzugrenzen.

b) Nenne Vor- und Nachteile von mündlicher und schriftlicher Kommunikation.

Kommunikationsplattformen

Unter einer Kommunikationsplattform versteht man ein Programm zum weltweiten Austausch von Informationen und Meinungen. Moderne Kommunikationsplattformen nutzen dazu das immer schneller werdende Internet.

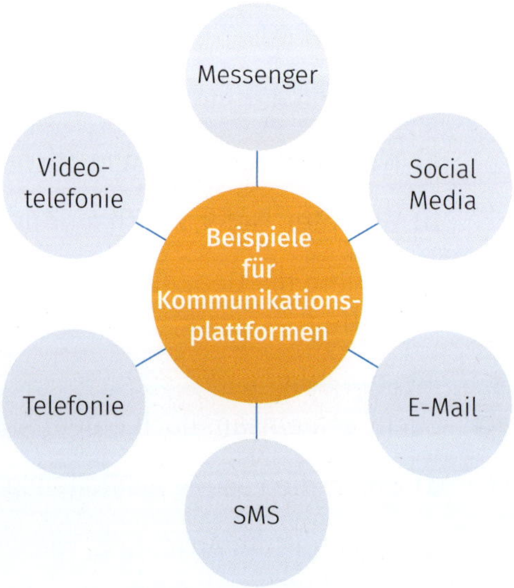

A2 **a)** Erstelle eine Liste mit allen dir bekannten Kommunikationsplattformen.

b) Kennzeichne die Dienste, die du auf deinem Smartphone verwendest.

c) Vergleiche mithilfe deiner Ergebnisse aus a) und b) die mündliche Kommunikation mit der auf modernen Kommunikationsplattformen.

Chat-Profi werden

In Chats bekommt man häufig eine Antwort, die man sich nicht gewünscht hat. Manchmal handelt es sich jedoch nur um ein Missverständnis. Das passiert leicht, da man den anderen Personen nicht direkt gegenübersteht. In **Gruppenchats** schreiben darüber hinaus gleich mehrere Personen miteinander.

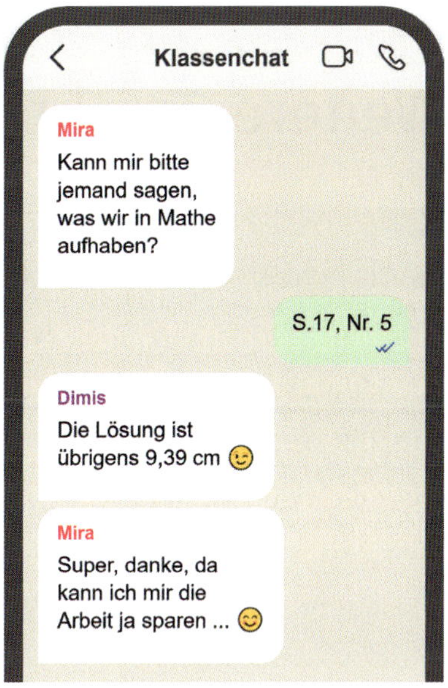

38315-032
Chatverläufe

A3 Sieh dir die hinterlegten Chatverläufe an.

a) Benenne jeweils Fehler, die den Beteiligten bei der Nutzung unterlaufen sind.

b) Leite aus a) Tipps ab, um es besser zu machen.

Chat-Etikette

Im Internet kennt man die Chat-Partner oft nicht persönlich. Dann ist es umso wichtiger, sich an verbindliche Verhaltensregeln zu halten **(Netiquette)**. Man sollte sich immer so verhalten, wie man von anderen auch behandelt werden möchte.
In vielen Sozialen Netzwerken passiert leider oft das Gegenteil – es kommt zur sogenannten **Hatespeech**. Dazu zählen Beschimpfungen und Beleidigungen und menschenverachtende Kommentare.

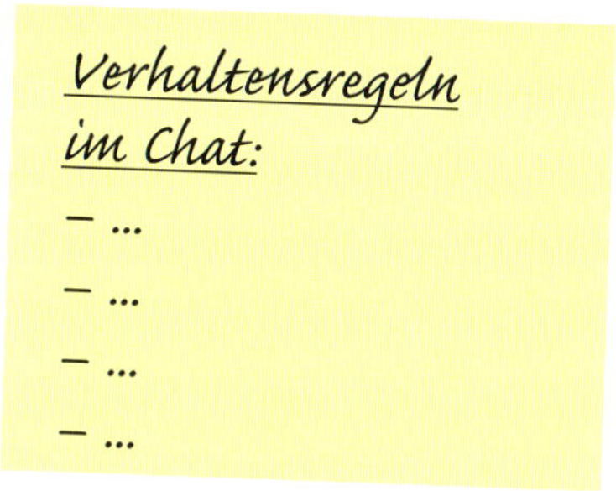

hatespeech (engl.): Hassrede

A4 Klassen- und Schulregeln sorgen dafür, dass sich Schülerinnen und Schüler an einer Schule wohlfühlen. Auch beim Chatten soll sich niemand unwohl fühlen.

a) Formuliert gemeinsam in der Klasse verbindliche Verhaltensregeln für den Umgang miteinander im Internet.

b) Gestaltet in Gruppen einen Flyer mit wichtigen Verhaltensregeln beim Chatten.

MERKE

Kommunikation ist ein Grundbedürfnis von Menschen. **Kommunikationsplattformen** sind digitale Einrichtungen zur weltweiten Verbreitung von Informationen, Daten und Meinungen. Zum Schutz aller sollten dabei verbindliche Verhaltensregeln **(Netiquette)** eingehalten werden.

AUFGABEN

SPRACHE

1 Diskutiert in Kleingruppen, ob man wegen häufiger Missverständnisse und Streitereien nicht lieber auf Klassenchats verzichten sollte.

1.8 Weitere Gefahren im Netz

Adam ist gerne im Internet unterwegs. Dort chattet er mit seinen Freunden, lädt Bilder hoch und spielt Online-Spiele. Er verhält sich dabei jedoch oft leichtsinnig. Manchmal gerät er dadurch in unangenehme Situationen.

- **Diskutiert, was mit „unangenehmen Situationen“ gemeint sein könnte. Fallen euch Beispiele ein?**
- **Hast du schon einmal eine schlechte Erfahrung im Internet gemacht? Berichte.**

ERARBEITUNG

Die Risiken des Internets

Menschen auf der ganzen Welt werden durch das Internet miteinander vernetzt. Es gibt dadurch unzählige Chancen, man darf jedoch die Risiken nicht unterschätzen. Unter dem Begriff **Cyberkriminalität** lassen sich verschiedene Gefahren zusammenfassen.

 Cybergrooming	 Cybermobbing	 Hatespeech	 Identitätsdiebstahl
‣ Form des sexuellen Missbrauchs im Internet: gezieltes Ansprechen von Kindern mit sexuellen Absichten ‣ Oft geben sich ältere Menschen zunächst als Freund aus, um Vertrauen zu gewinnen. StGB § 176a, § 176b	‣ gezieltes Bloßstellen, Beleidigen und Bedrohen im Internet, z. B. in Sozialen Medien, Videoplattformen, Chats, … StGB § 185, § 187, § 201a, § 240, § 241	‣ menschenverachtende Aussagen im Internet zum Abwerten anderer, z. B. Angriffe hinsichtlich Hautfarbe, Geschlecht, Religion, Herkunft, …	‣ Täter geben sich als eine andere Person aus oder übernehmen fremde Accounts, um in deren Namen zu handeln.

A1 Malware, Viren oder Hackerangriffe stellen weitere Gefahren dar. Recherchiere diese Begriffe im Internet und erstelle eine Tabelle, in der die Unterschiede deutlich werden.

Datendiebstahl

Phishing ist eine weitere Gefahr im Internet. Dabei versucht eine fremde Person, private Daten (z. B. Passwörter, PINs oder Kontonummern) zu stehlen. Kriminelle können dadurch zum Beispiel Waren auf Kosten anderer bestellen. Wenn jemand sich im Internet als eine andere Person ausgibt, spricht man von einer **gefälschten virtuellen Identität**.

virtuelle Identität: Nutzerprofil im Internet, das einer realen Person zugeordnet ist

SPRACHE

A2 Auf der hinterlegten Webseite findest du Beispiele für Phishing-Angriffe.

a) Betrachtet zu zweit eine solche Phishing-E-Mail. Erklärt, woran man sie erkennen kann.

b) Nennt Daten, die dabei „abgefischt" werden sollen.

38315-033
aktuelle Beispiele: Phishing-Mails

Cybergrooming

Cybergrooming ist eine Form des sexuellen Missbrauchs von Kindern im Internet. Hierbei werden Kinder (z. B. in Chats) gezielt von oft älteren Menschen angesprochen. Meist ist nicht klar, wer sich mit welchen Absichten wirklich hinter einem **Nicknamen** verbirgt.

Nicks (Nicknamen) sind selbstgewählte Spitznamen, die im Internet genutzt werden.

Beispiel: Adam spielt gerne Online-Spiele wie Fortnite. Er möchte unbedingt einem Clan beitreten, aber der Clan-Leader fordert von ihm Bilder ohne T-Shirt. Er verspricht ihm dafür u. a. teure Skins. Adam schickt die Fotos, aber sein Chat-Partner will immer mehr ...

Chat

Du bist dir unsicher?

Du fühlst dich unwohl?

Du wirst nach privaten Details oder Fotos gefragt?

Chat sofort abbrechen!

Frag im Zweifel bei Vertrauenspersonen (Eltern, Lehrer) nach.

38315-034
Hilfe gegen Cybergrooming

A3 Besprecht Adams Fall aus obigem Beispiel gemeinsam in der Klasse.

§§ 176a und 176b StGB

a) Beurteilt das Verhalten des Clan-Leaders sowie Adams Reaktion.

b) Erläutert, woran Adam das Cybergrooming hätte erkennen können.

c) Sammelt Ideen, wie Adam sich verhalten sollte.

MERKE

Mit dem Internet sind nicht nur Chancen, sondern auch Risiken verbunden. Zu den Gefahren zählen u. a. **Cybergrooming**, **Cybermobbing**, **Hatespeech** oder **Identitätsdiebstahl**.

AUFGABEN

1 Diskutiert in der Klasse, warum einmal im Internet hochgeladene Daten (z. B. Fotos) nur schwer wieder zu löschen sind.

1.9 Üben und Vertiefen

SPRACHE

1

a) Erstelle eine Liste mit fünf persönlichen Daten, die du im Internet teilen könntest.

b) Überlege dir, wie du diese Daten schützen könntest, wenn du sie online teilen möchtest.

c) Erkläre, warum es wichtig ist, verantwortungsbewusst mit persönlichen Daten im Internet umzugehen.

a) Erstelle eine Liste mit fünf Dingen, die du im Internet tust (z. B. Social Media, Online-Shopping).

b) Recherchiere für jede Aktivität, die du aufgelistet hast, welche Arten von persönlichen Daten gesammelt werden könnten und von wem.

c) Beschreibe anhand von Beispielen, warum Fremde Interesse an diesen Daten haben könnten.

SPRACHE

2 Martina möchte Bilder auf Instagram posten. Begründe, inwiefern das erlaubt ist.

a) „Ich habe das Foto von meinen Freundinnen beim Eisessen selbst gemacht."

b) „Das Bild von unserem Ausflug habe ich von meinem Lehrer bekommen."

c) „Das Bild habe ich aus dem Internet heruntergeladen."

d) „Ich habe das Bild gemacht und wir mussten alle lachen."

e) „Mo der Partylöwe hat mir erlaubt, dieses Foto von ihm zu posten."

f) „Ich bin so stolz auf meinen ersten Platz."

a) „Das Bild wurde heimlich von meiner Freundin aufgenommen."

b) „Das Bild war in der Zeitung. Ich habe es auch auf die Schulhomepage geladen."

c) „Ich werde das Bild aus dem Internet bearbeiten und mich reinschneiden."

d) „Oh Gott. Das Bild hat jetzt viele Likes."

e) „Warum erscheint das Bild jetzt hier? Ich habe es doch gelöscht."

f) „Dass man mit dieser Figur überhaupt eine Medaille gewinnen kann."

SPRACHE

3 Untersuche eine von dir gern genutzte kostenlose App oder ein Spiel. Beantworte die Fragen jeweils stichpunktartig.

a) Welche Dinge kannst du in der App kaufen?

b) Wie kannst du etwas kaufen? (Guthaben, Direktkauf, befristete Sonderangebote)

c) Wo und wie oft siehst du in der App Werbung?

d) Gibt es Belohnungen, wenn du dir Werbung ansiehst? Wenn ja, welche?

4 Viele Apps für das Smartphone sind zunächst kostenfrei, beinhalten aber versteckte Kosten. Aktuelle Statistiken zeigen, dass Firmen mit In-App-Käufen und Werbung viel Geld verdienen.

Statistik-Check

- Quelle?
- Jahr?
- Land/Region?
- Wer wurde befragt?
- Was wird gemessen?

a) Recherchiere eine aktuelle Statistik zu In-App-Käufen oder Werbung in Apps. Notiere Quelle, Jahr und Bezugsraum.

b) Beschreibe, was die Statistik über In-App-Käufe oder Werbung aussagt.

c) Ermittelt anonym in der Klasse, wie viel ihr im letzten Monat für In-App-Käufe ausgegeben habt.

SPRACHE

5 Normalerweise kann man im Internet gekaufte Produkte innerhalb von 14 Tagen zurückgeben. Bei In-App-Käufen geht das oft nicht, weil man die Inhalte sofort nutzt. Personen ab 7 und unter 18 Jahren dürfen nur Dinge kaufen, wenn die Eltern einverstanden sind und sie das Geld von ihrem Taschengeld bezahlen. Trotzdem passiert es oft, dass diese Regel nicht eingehalten wird. Für Eltern ist es dann schwer, das Geld zurückzubekommen.

a) Deine kleine Schwester kauft in einem Spiel ohne Erlaubnis der Eltern neue Leben für 10 Euro. Warum ist dies problematisch?

b) Was können deine Eltern tun, damit so etwas nicht noch einmal passiert? Nenne für verschiedene Maßnahmen Vor- und Nachteile.

6 Sollten In-App-Käufe und Werbung komplett verboten werden? Diskutiere Gründe, die dafür und dagegen sprechen.

1.9 Üben und Vertiefen

SPRACHE

7 Digitale Kommunikationsmittel dürfen nicht dazu genutzt werden, andere zu belästigen, bloßzustellen oder zu bedrohen. Solches Verhalten kann gegen Gesetze verstoßen und ernste Folgen haben.

> §
> StGB § 185, Beleidigung
> StGB § 186, Üble Nachrede
> StGB § 187, Verleumdung
> StGB § 240 und § 241, Nötigung und Bedrohung
> KUG/KunstUrhG § 22, Recht am eigenen Bild

38315-035
Gesetze im Internet

Bearbeite die folgenden Aufgaben mit einem Partner oder einer Partnerin.

a) Erstellt ein Plakat mit den Inhalten der Gesetze und den Folgen der Straftaten. Recherchiert dazu im Internet.

b) Ordnet die Fallbeispiele den passenden Paragrafen zu.

Fall 1: Yasemin hat auf ihrer Geburtstagsfeier viel Alkohol getrunken und musste sich mitten auf der Tanzfläche übergeben. Florian droht ihr, die Fotos ins Internet zu stellen.

Fall 2: Lukas erstellt auf TikTok ein Video und behauptet, dass der Vater von Lena drogenabhängig ist, ohne es beweisen zu können.

Fall 3: Im Unterricht nimmt Mirali heimlich die Lehrerin auf und postet das Foto auf einer Social-Media-Plattform.

Fall 4: Seyit und Noah machen zusammen Fotos mit Seyits neuem Smartphone. Am Abend sieht Noah die Fotos auf Social Media.

Fall 5: Sarah kommentiert auf Instagram Michaels Foto: „Du hässlicher Vogel!"

c) Erstellt ein eigenes Fallbeispiel, passend zu einem Paragrafen eurer Wahl.

d) Diskutiert in der Klasse, welche Schwierigkeiten bei der Strafverfolgung auftreten könnten.

Sphäre (gr.): ursprünglich Kugel, hier Bereich

38315-036
H5P-Übung zu Aufgabe 8

8 Es gibt extrem private (= intime), private und öffentliche Daten zu einer Person. Dies bildet das sogenannte **Sphärenmodell** ab.

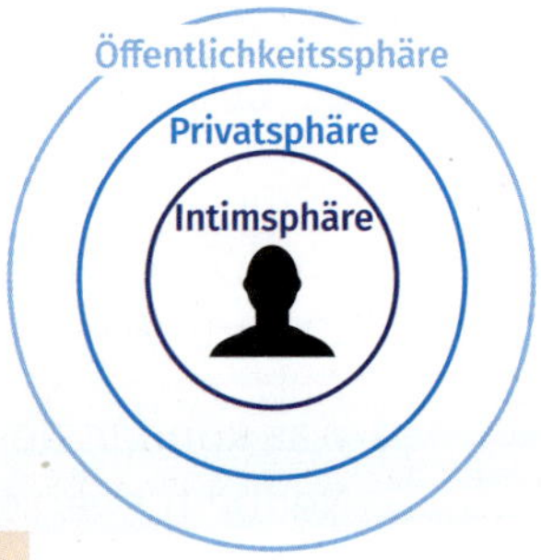

a) Beschreibe das Sphärenmodell in eigenen Worten.

b) Ordne die Begriffe dem Sphärenmodell zu. Du kannst diese Aufgabe auch interaktiv bearbeiten.

Leserbrief | Kontostand | Restaurantreservierung | Parlamentsrede | Kassenbon | Urlaubsfotos | Adresse | Lebenslauf | Gesundheitszustand | Bankverbindung | Wohnort | Ärztliches Attest

SPRACHE

9 Viele Kinder und Jugendliche geben heute eine Vielzahl von persönlichen Informationen im Internet preis. Früher wurden diese oft nur Freunden, Eltern oder dem Tagebuch anvertraut.

a) Sieh dir nebenstehende Liste an. Gib jeweils an, ob die Daten öffentlich oder privat sind.

b) Begründe, warum deine privaten Daten schützenswert sind.

c) Diskutiert in der Klasse die Frage, ob auch die öffentlichen Daten zu einem Problem für dich werden können.

Daten, die eine 14-jährige Person im Internet häufig veröffentlicht:

- Name
- Alter
- Wohnort
- Profilbilder
- Beiträge und Kommentare
- Hobbys und Interessen
- Sportteams und -veranstaltungen
- Lieblingsmusik und -filme
- Infos über gespielte Spiele und Erfolge
- Chats und Nachrichten
- Selfies und Videos

d) Beurteilt, wer Interesse an den Daten haben könnte und warum.

SPRACHE

10 Dein bester Freund hat einen Internetfreund gefunden. Sie tauschen sich im Chat auch über persönliche Interessen und Erlebnisse aus. Im wirklichen Leben haben sie sich aber noch nie gesehen. Seine Mutter hat ihm nun den Kontakt untersagt.

a) Überlegt im Zweierteam Gründe für das Kontaktverbot der Mutter.

b) Schildert Gefahren, die dem Freund drohen können.

c) Diskutiert, wie man sich vor diesen Gefahren schützen kann.

11 Schreibe eine Fortsetzung der Geschichten aus → **Kapitel 1.6/Aufgabe 1 und 2**. Versuche dabei, dass jemand erfolgreich die Rolle eines Helfenden einnimmt.

SPRACHE

12 Normalerweise sollte man personenbezogene Daten nicht weitergeben. Nur in wenigen Situationen ist dies notwendig.

beim Arzt | Eröffnung eines Kontos bei einer Bank

Abschließen einer Mitgliedschaft in einem Sportverein

Finde weitere Situationen aus deinem Alltag, in denen die Weitergabe personenbezogener Daten notwendig ist.

1.10 Alles im Blick

Das Recht am eigenen Bild ➥ 1.2

Normalerweise dürfen keine Bilder ohne Einwilligung der abgebildeten Personen veröffentlicht werden. Ausnahmen sind Bilder der Zeitgeschichte, Bilder, bei denen Personen nur Beiwerk sind und Bilder von Versammlungen.

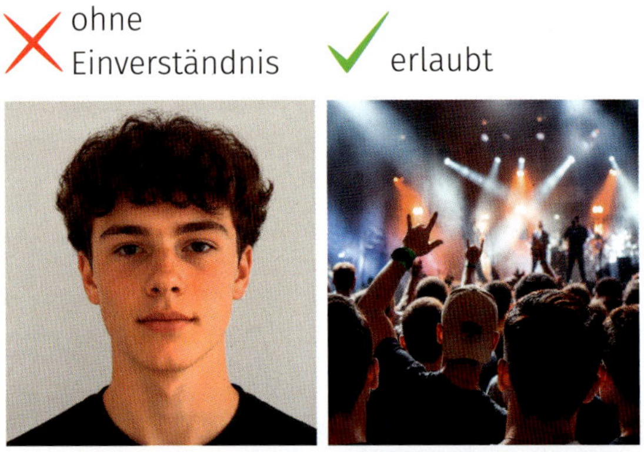

Meine Daten – meine Verantwortung ➥ 1.3

Personenbezogene Daten, die Rückschlüsse auf eine Person ermöglichen, sind besonders geschützt. Gleichzeitig wollen viele Unternehmen diese Daten gezielt sammeln und auswerten, um daraus Gewinne zu erzielen.

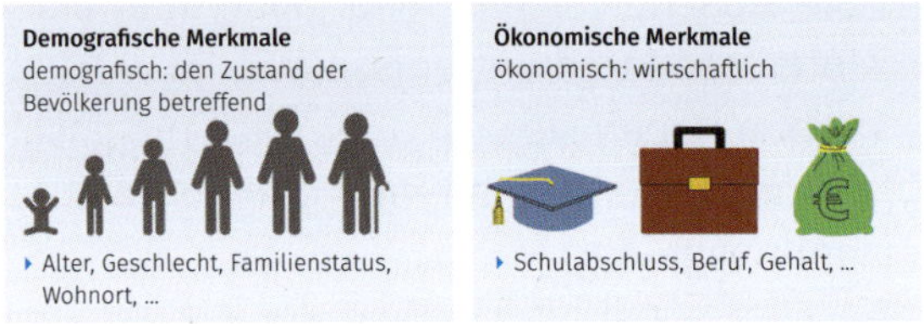

Filterblasen und Echokammern ➥ 1.4

Wenn durch digitale Spuren, die im Internet hinterlassen werden, nur noch gefilterte Informationen zum Nutzer gelangen, nennt man das eine Filterblase. In Echokammern sind nur Menschen mit gleichen Ansichten, die sich gegenseitig bestärken.

Cybermobbing ➥ 1.6

Cybermobbing äußert sich durch Beleidigungen, Bedrohungen oder Belästigungen von Menschen, die mithilfe von Kommunikationsmedien verbreitet werden. Die große Verbreitung und scheinbare Anonymität machen das Cybermobbing so hinterhältig.

Hier findest du die wichtigsten Begriffe aus diesem Kapitel:

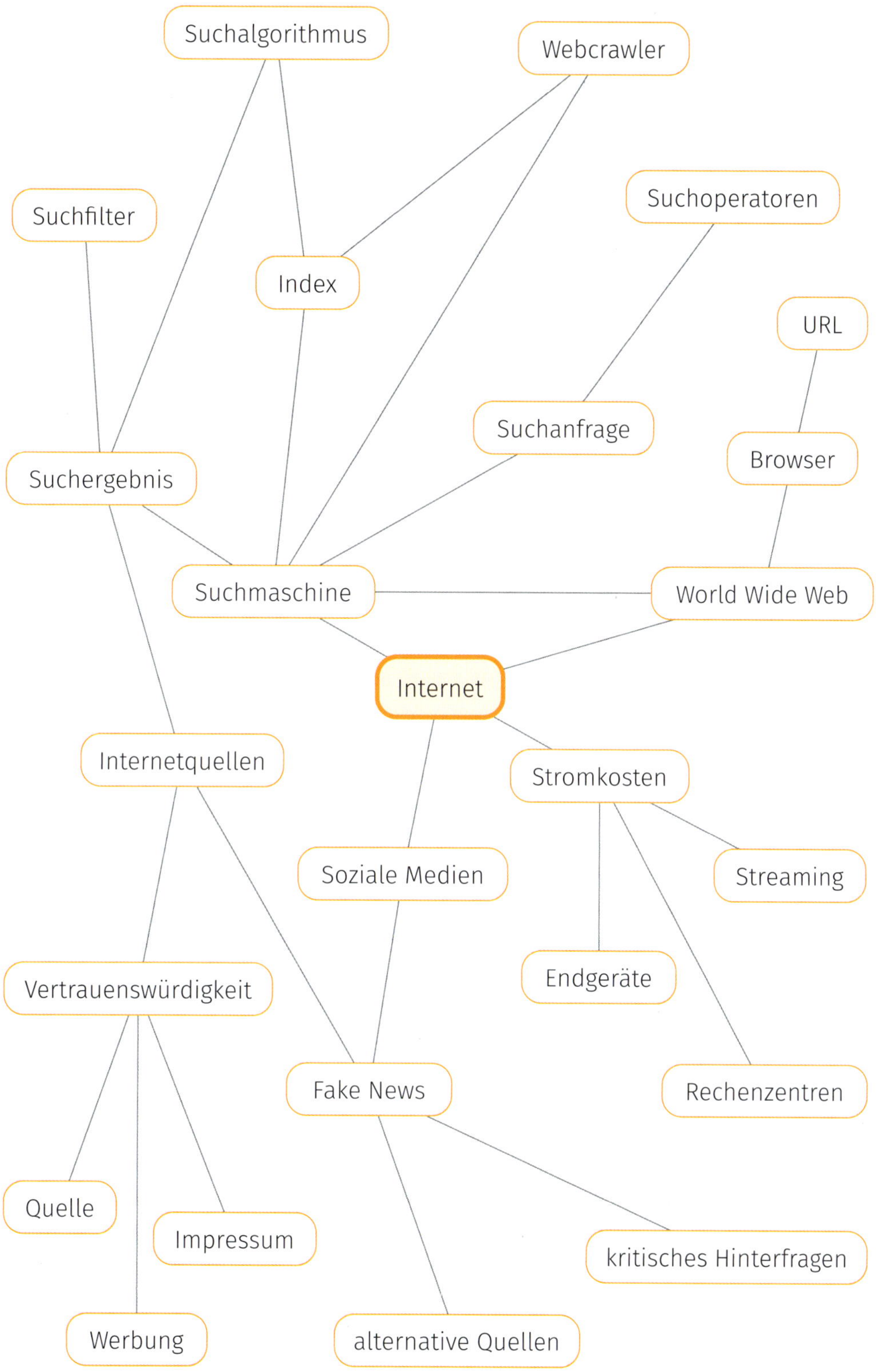

FACHBEGRIFFE

38315-037
Test zu den Begriffen

Bist du fit und beherrschst die wichtigsten Inhalte dieses Kapitels? Teste dich! Öffne dazu den hinterlegten **Abschlusstest** und beantworte die Fragen. Wenn du merkst, dass du dir bei einem Thema unsicher bist, lies auf der jeweiligen Seite nach.

38315-038
Abschlusstest

TESTE DICH

2 Computer überall

Einstieg

Lara darf sich zum Geburtstag ein neues digitales Gerät aussuchen. Sie fährt mit ihren Eltern in ein Fachgeschäft, um sich über verschiedene aktuelle Geräte und deren Funktionen zu informieren.

- Beschreibe, worin sich die links abgebildeten Geräte unterscheiden.

Am Ende dieses Kapitels hast du gelernt, ...

- das Grundprinzip der elektronischen Datenverarbeitung zu erkennen und zu beschreiben.
- die wichtigsten Computerbauteile zu erkennen und zu benennen.
- Informatiksysteme sowie ihre Hardware und Software zu unterscheiden.
- verschiedene Speichermöglichkeiten zu unterscheiden.

2.1 Mein Smartphone und ich

Valentina bekommt ihr erstes Smartphone. Sie freut sich darauf, Nachrichten zu schreiben, Fotos zu machen und Apps zu nutzen.

- **Diskutiert gemeinsam über Funktionen des Smartphones, die für sie wichtig sein könnten.**

ERARBEITUNG

Smartphone

Touchscreen kommt aus dem Englischen und besteht aus zwei Wörtern:
touch (engl.): berühren
screen (engl.): Bildschirm

Ein Smartphone ist ein modernes Mobiltelefon. Der Bildschirm ist dabei ein sogenannter **Touchscreen** – er wird mit Berührungen gesteuert. So kann man mit den Fingern dafür sorgen, dass beispielsweise jemand angerufen oder eine Nachricht versendet wird.

A1 Ein Smartphone besteht aus vielen verschiedenen Einzelteilen. Benenne möglichst viele der rechts abgebildeten Bestandteile.

Anwendungen

App ist eine Abkürzung für application (engl.): Anwendung

Smartphones haben viele Funktionen, die den Alltag erleichtern – Telefonate, Messenger-Nachrichten oder E-Mails. Mit einem Smartphone kann man im Internet surfen und Soziale Medien nutzen. Ein Smartphone ist ein kleiner Computer und bietet viele weitere Möglichkeiten. Smartphones und auch Tablets arbeiten mit sogenannten **Apps**. Das sind Programme, die man über das Tippen auf das Symbol starten kann. Mit Apps kann man lernen, Videos drehen, spielen, Musik hören, Nachrichten schreiben und vieles mehr.

SPRACHE

A2 Ordne die Begriffe den Funktionen eines Smartphones zu.

Funktionen:

Kommunikation | Internet | Spielen | Navigation | Fotos und Videos

Begriffe:

Telefonieren | SMS | E-Mails | Surfen | Soziale Medien | Spiele-Apps | GPS | Karten-Apps | Kamera | Bildbearbeitung

38315-002
Alle Hilfen zur Sprachförderung findest du hier. Entsprechende Aufgaben sind mit SPRACHE gekennzeichnet.

Bestandteile eines Smartphones

Einer der wichtigsten Bestandteile eines Smartphones ist der **Prozessor**. Man kann ihn als „Gehirn“ des Geräts bezeichnen.

Der **Arbeitsspeicher** (RAM) dient als „Kurzzeitgedächtnis“ eines Smartphones und sorgt dafür, dass es schnell und reibungslos läuft.

Random Access Memory (engl.): Direktzugriffsspeicher

Der **Speicherplatz** eines Smartphones legt fest, wie viel Platz für Fotos, Apps und Musik vorhanden ist. Bei manchen Smartphones kann man den Speicherplatz durch Speicherkarten erweitern.

Einheit	Bezeichnung	Umrechnung
1 B	Byte	1 Byte
1 kB	Kilobyte	1000 Byte
1 MB	Megabyte	1000 kB
1 GB	Gigabyte	1000 MB
1 TB	Terabyte	1000 GB

Jedes Smartphone hat ein Betriebssystem, ähnlich wie bei einem Computer. Es ist das Grundprogramm des Smartphones und sorgt dafür, dass Apps, Bildschirm, Kamera und Speicher zusammenarbeiten. Darüber hinaus lassen sich verschiedene Programme oder Apps installieren.

SPRACHE

A3 Alex hat ein neues Smartphone mit 4 GB RAM. Beantworte folgende Fragen mithilfe obiger Tabelle.

a) Wie viele MB RAM hat Alex’ Smartphone?

b) Eine App soll durchschnittlich etwa 500 MB RAM benötigen. Wie viele solcher Apps könntest du gleichzeitig öffnen, bevor der Arbeitsspeicher voll ist?

MERKE

Ein Smartphone ist ein kleiner Computer und arbeitet überwiegend mit **Apps**.
Ein Smartphone bedient man mithilfe der Finger über den **Touchscreen**.

AUFGABEN

SPRACHE

1 a) Erstelle einen Fragebogen über die Handynutzung in eurer Klasse.

b) Führt die Umfrage gemeinsam in der Klasse durch und wertet sie aus.

SPRACHE

2 Diskutiere folgende Aussage: Wie haben Smartphones die Art und Weise verändert, wie Menschen miteinander kommunizieren?

3 Nenne Vor- und Nachteile der zunehmenden Verwendung von Smartphones unter Jugendlichen.

4 Verfasse einen kurzen Text zum Thema „Smartphones in der Schule“. Gehe darin unter anderem darauf ein, ob Smartphones in der Schule erlaubt sein sollten oder eher nicht.

2.2 Informatiksysteme, Hardware und Software

Auf ihrer Suche nach einem passenden neuen Computer überlegt Lara: „Mir ist wichtig, dass ich mein digitales Gerät möglichst überall mit hinnehmen kann."

- **Gib Lara einen Tipp, welche Geräte dadurch in die nähere Auswahl rücken.**

ERARBEITUNG

Verschiedene Informatiksysteme

Einen Computer mit seinen Bauteilen und Programmen, der sich an ein Netzwerk (z.B. das Internet) anschließen lässt, nennt man auch **Informatiksystem**.

EVA-Prinzip (Eingabe, Verarbeitung, Ausgabe) ➥ 2.3

Informatiksysteme können ganz unterschiedlich aussehen und verschiedene Funktionen haben. Allen ist aber gemeinsam:
- Informatiksysteme können über Netzwerke Informationen austauschen.
- Sie arbeiten nach dem EVA-Prinzip.

Beispiele für Informatiksysteme:

PC: Personal Computer

Smartphone

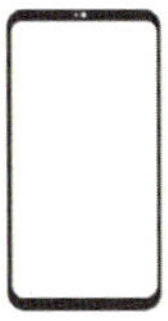

Tablet

Laptop oder Notebook

Wearable

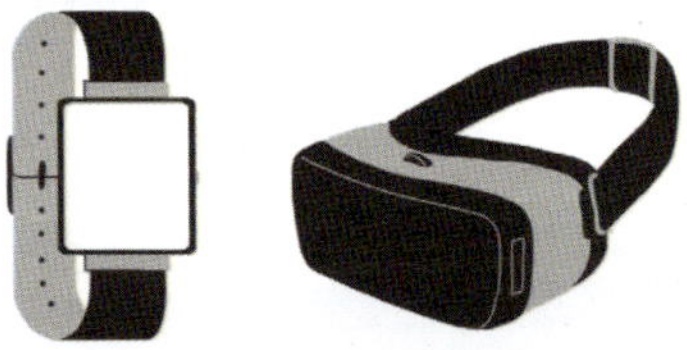

SPRACHE

A1 a) Nenne Geräte, mit denen du bereits Erfahrung sammeln konntest. Wofür hast du sie benutzt? Tauscht euch in der Klasse aus.

b) Informiere dich über das Wearable als spezielles Informatiksystem. Gehe dabei auf die Begriffsherkunft ein und gib Beispiele für Wearables an.

SPRACHE

A2 Lara muss in der nächsten Woche ein Referat halten. Dafür recherchiert sie nach Informationen im Internet. Gib Lara eine Empfehlung, welches Informatiksystem sie verwenden sollte. Gibt es mehrere Möglichkeiten?
Diskutiert verschiedene Situationen.

Hardware und Software gehören zusammen wie Körper und Seele

Ein Informatiksystem besteht aus **Hardware** und **Software**.

Informatiksystem

Hardware
alle Bauteile, die man sehen und/oder anfassen kann

Software
die Programme bzw. Apps eines Informatiksystems

Die wichtigste Software eines Informatiksystems ist das **Betriebssystem**. Ohne Betriebssystem kann man mit einem Informatiksystem nicht arbeiten.

Das Betriebssystem ist z. B. dafür verantwortlich, dass
- Programme geöffnet und ausgeführt werden,
- alle Bauteile miteinander funktionieren,
- der Internetzugang funktioniert.

SPRACHE

A3 a) Nenne Hard- und Software, die du in der obigen Grafik erkennst. Ergänze weitere dir bekannte Beispiele.

b) Nenne Betriebssysteme, die du kennst. Finde heraus, welches Betriebssystem in deiner Schule genutzt wird.

c) Es gibt kostenlose und kostenpflichtige Programme. Gib jeweils Beispiele an.

MERKE

Ein elektrisches Gerät, das Informationen austauscht und dabei nach dem EVA-Prinzip arbeitet, nennt man **Informatiksystem**.
Hardware nennt man all die Bauteile eines Informatiksystems, die man anfassen kann. **Software** sind Programme bzw. Apps. Eine besondere Art von Software sind **Betriebssysteme**. Betriebssysteme sorgen dafür, dass Hardware und Software miteinander funktionieren.

AUFGABEN

1 Entscheide bei folgenden Begriffen, ob es sich um Hard- oder Software handelt. Du kannst die Aufgabe auch digital bearbeiten.

Tastatur · Maus · Mikrophon · Touchscreen · Touchpad · Scanner
Webcam · Augensteuerung · Bildschirmtastatur · Game-Controller
Lautsprecher · Drucker · Beamer · Kopfhörer · Online-Game
Textverarbeitungsprogramm

38315-039
H5P zu Aufgabe 1

2.3 Das EVA-Prinzip

Oskar hat schon einige Tricks auf Lager!

▸ **Wie hat er das gemacht?**

ERARBEITUNG

Das EVA-Prinzip im Alltag

Oskar „arbeitet“ nach dem **EVA-Prinzip**:

Schritt 1:
Eingabe: Oskar erhält die Anweisung „Sitz“.

Schritt 2:
Verarbeitung: Oskar denkt kurz über die Anweisung nach.

Schritt 3:
Ausgabe: Oskar führt die Anweisung aus, er setzt sich.

Diesen dreischrittigen Ablauf findet man in vielen Bereichen wieder.

A1 **a)** Erkläre am Beispiel eines Toasters das EVA-Prinzip.

b) Finde weitere Beispiele aus deinem Alltag, die ebenfalls nach dem EVA-Prinzip ablaufen. Beschreibe jeweils die einzelnen Schritte.

Auch der Computer arbeitet nach dem EVA-Prinzip

Es gibt verschiedene Arten von Computern (→ 2.2). Diese sehen zwar unterschiedlich aus, arbeiten aber alle auf die gleiche Weise: Sie verarbeiten elektronisch Daten.
Diese **elektronische Datenverarbeitung (EDV)** geschieht nach dem EVA-Prinzip.

A2 Erkläre die Grafik in eigenen Worten.

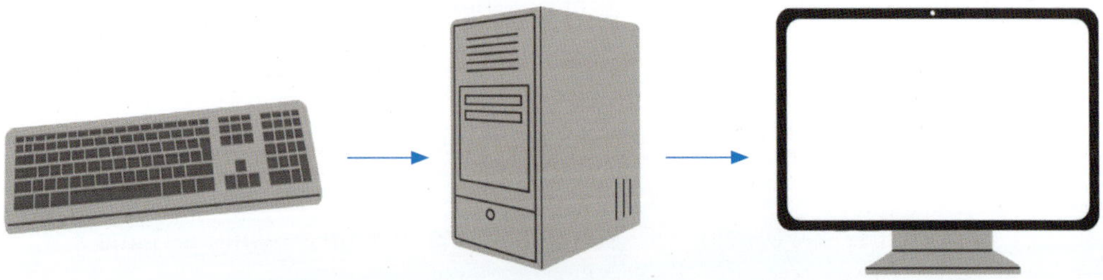

Die einzelnen Schritte der elektronischen Datenverarbeitung

Schritt 1: **EINGABE**	Mithilfe von Eingabegeräten gelangen Anweisungen von außen in den Computer.	▸ Text wird eingegeben Eingabegerät: Tastatur ▸ Programm-Icon, Link, … wird angeklickt Eingabegerät: Maus
Schritt 2: **VERARBEITUNG**	Der Computer verarbeitet die eingegebenen Anweisungen.	▸ Tastendruck wird in ein Zeichen umgewandelt ▸ Mausklick wird in eine Aktion umgewandelt
Schritt 3: **AUSGABE**	Ausgabegeräte machen wahrnehmbar, wie der Computer die eingegebenen Anweisungen verarbeitet hat.	▸ Eingegebener Text, geöffnetes Programm, Internetseite, … werden angezeigt Ausgabegerät: Monitor

Ein Computer rechnet bei der Verarbeitung mit Daten. Daher wird er auch oft als Rechner bezeichnet: to compute (engl.): berechnen

A3 Ordne folgende Geräte nach Ein- und Ausgabegeräten. Du kannst diese Aufgabe auch interaktiv bearbeiten. Öffne dazu die hinterlegte Datei.

38315-040
H5P zu A3

MERKE

Das **EVA-Prinzip** ist das Grundprinzip der **elektronischen Datenverarbeitung**. Es setzt sich aus **Eingabe**, **Verarbeitung** und **Ausgabe** zusammen.
Um Anweisungen einzugeben, zu verarbeiten und sichtbar zu machen, benötigt man entsprechende Hardware.

AUFGABEN

SPRACHE

1 Beschreibe die Schritte des EVA-Prinzips für folgende Beispiele. Gib jeweils an, wie die Eingabe vorgenommen wird und was als Ausgabe zu verstehen ist.

a) In der Schule oder bei der Arbeit mit dem Computer:
- ein Bild einscannen
- etwas ausdrucken

b) Im Alltag:
- Geld am Geldautomaten abheben
- Geschirr in der Spülmaschine reinigen lassen

2.4 Auswirkungen der Digitalisierung

José ist mit seinen Eltern auf dem Weg in den Urlaub. Über eine App können Josés Eltern schnell schauen, ob sie alle elektronischen Geräte im Haus ausgeschaltet haben.

- **Welche Geräte kennst du, die auf diese Weise ferngesteuert werden können?**

ERARBEITUNG

IoT (Internet of Things) – Internet der Dinge

Das Internet der Dinge lässt sich in folgende Kategorien einteilen:

Wearables	Smart Home	Smart City
Fitnesstracker, Smartwatches	Haustechnik, Haushaltsgeräte, Unterhaltungselektronik	Energie- und Wasserversorgung, (Straßen)-beleuchtung
Wearables sind Informatiksysteme, die direkt am Körper getragen oder eingesetzt werden können.	Smart Home umfasst vernetzte oder automatisierte Geräte und Systeme im Haus.	Smart Cities sind Konzepte, die das Leben in einer Stadt bequemer, sicherer und energieeffizienter machen sollen.

A1 Entscheide bei folgenden Anwendungen: Gibt es das oder ist es frei erfunden?

- Spiegel mit integrierten Bildschirmen, die Fitnesskurse und Echtzeit-Feedback bieten
- Kameras mit integriertem Lautsprecher und Leckerli-Spender, um mit Haustieren aus der Ferne zu kommunizieren und sie zu füttern
- Matratzen, die den Schlaf überwachen und die Festigkeit anpassen können
- Mülltonnen, die automatisch den Müll sortieren und den Füllstand überwachen
- Roboter, die den Rasen automatisch mähen und Hindernisse erkennen
- Wände, die auf Berührungen reagieren und als riesige Touchscreens genutzt werden können
- Systeme, die schlechte Gerüche erkennen und automatisch Lüftung oder Lufterfrischer aktivieren
- Haustiere als Hologramm, die interaktiv sind und sich in der Wohnung bewegen

Ein **Hologramm** ist ein Bild, das aussieht, als wäre es dreidimensional. Es erscheint aus verschiedenen Blickwinkeln unterschiedlich, ähnlich wie ein echtes Objekt.

A2 Welche Chancen und Risiken haben vernetzte Systeme? Erstelle eine Übersicht. Diskutiere darüber anschließend mit einem Partner oder einer Partnerin.

Fremdgesteuert und ersetzt?

Maschinen übernehmen wichtige Entscheidungen und immer mehr Aufgaben werden in der Arbeitswelt automatisiert. Mit **Künstlicher Intelligenz (KI)** können Zeitungsartikel über das gestrige Sportereignis geschrieben werden oder Roboter bringen das Essen im Restaurant. Expertinnen und Experten sind sich nicht einig darüber, ob durch **Automatisierung** und KI Arbeitsplätze verschwinden oder zahlreiche neue Jobs geschaffen werden.

Ein **Chatbot** ist ein Computerprogramm, das so gestaltet ist, dass es mit Menschen in natürlicher Sprache kommunizieren kann. Beispiel: ChatGPT

A3 Nenne Tätigkeiten, die mit Hilfe von KI und durch Automatisierung in den folgenden Berufen ersetzt werden können.

Fabrikarbeiter | Kassierer | Taxifahrer | Postbote | Journalisten

Künstliche Intelligenz (KI) und Entscheidungen

KI hat das Ziel, menschenartige Intelligenz durch Computertechnik zu ermöglichen oder sogar zu übertrumpfen (Anwendungsbereiche: Chatbots, Sprachassistenten, Gesichtserkennung, Erkennung von E-Mail-Spam, Medizintechnik).

Eine vollständig ausgereifte und unbedenklich einsetzbare KI ist noch in weiter Ferne. Menschen hingegen können Entscheidungen durch Erfahrungen treffen. Eine entscheidende Rolle spielen dabei ebenso Emotionen.

SPRACHE

A4 Beschreibe Bereiche des täglichen Lebens, in denen der Einsatz von KI sinnvoll ist. Grenze sie von Bereichen ab, in denen der Einsatz eines Menschen unerlässlich ist. Erstelle dazu eine Tabelle.

MERKE

Die Digitalisierung ist in vielen Lebensbereichen angekommen (z. B. **Smarthome**). Mithilfe **Künstlicher Intelligenz (KI)** werden schon heute Entscheidungen getroffen oder Arbeitsprozesse automatisiert. Es muss immer gut überlegt werden, welche Entscheidungen von einer KI getroffen werden sollen.

AUFGABEN

1 Denke darüber nach, welche zukünftigen Trends es geben wird. Erstelle dazu mit Zeitschriftenausschnitten eine Collage (oder ein digitales Poster).

2 Häufig wird diskutiert, ob und welche Regeln es für Künstliche Intelligenz und Roboter geben sollte. Stelle zehn Regeln auf, die deiner Meinung nach wichtig sind.

3 Ein persönlicher Roboter könnte den Alltag erleichtern, indem er viele Aufgaben übernimmt und deine Lebensqualität verbessert. Zeichne ein Bild und beschreibe in einem kurzen Text das Aussehen und die Fähigkeiten deines Wunschroboters.

2.5 Mediennutzung und Gesundheit

Medien sind ständige Begleiter – Bücher lesen, Musik hören, Videos schauen, Spiele spielen oder Nachrichten schreiben.

Manchmal werden Medien jedoch zu häufig genutzt. Müdigkeit, fehlende Konzentration oder Probleme mit den Augen und dem Rücken können die Folge sein. Deshalb will die bewusste Mediennutzung gelernt sein.

ERARBEITUNG

Medientagebuch

Schritt 1:
Fülle den hinterlegten Selbsteinschätzungsbogen über dein eigenes Medienverhalten aus. Alternativ könnt ihr gemeinsam in der Klasse euren eigenen Selbsteinschätzungsbogen erstellen.

38315-041
Station 1

	Montag	Dienstag	Mittwoch	D
Computer/Tablet				
Buch/lesen				
Fernseher/Streaming				
Handy				
Radio				
Spiele				
Musik/Hörspiele				
Alle Medien				

Schritt 2:
Lade das hinterlegte Medientagebuch herunter.

38315-042
Station 2

…erstag	Freitag	Samstag	Sonntag	Total (min)

Schritt 3:
Führe nun eine Woche lang dein eigenes Medientagebuch. Du kannst zusätzlich auch deine Gedanken zur Mediennutzung für jeden Tag aufschreiben.

Schritt 4:
Bildet Kleingruppen und diskutiert über eure Medientagebücher der letzten Woche. Haltet eure Erkenntnisse fest und teilt sie anschließend mit dem Rest der Klasse.

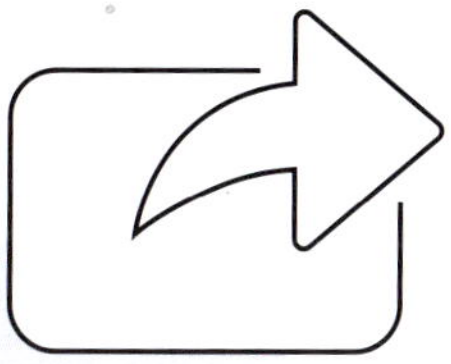

Schritt 5 (optional):
Entscheidet gemeinsam, ob ihr eure Medientagebücher teilen wollt. Dann könnt ihr zusammen mit eurer Lehrkraft Statistiken zur gesamten Klasse erstellen.

Schritt 6:
Findet durch Recherche heraus, welche Empfehlungen es zur Mediennutzung in eurem Alter gibt. Erstellt gemeinsam in der Klasse ein Regelwerk zur Mediennutzung.

Schritt 7:
Einigt euch gemeinsam auf eine Klassenchallenge. Zusätzlich setzt sich jeder von euch noch ein persönliches Ziel für die nächste Woche. Führt anschließend erneut eine Woche lang ein Medientagebuch.

2.6 Üben und Vertiefen

1 Ein Smartphone ist ein echter Alleskönner.

a) Liste fünf Aufgaben auf, die man mit einem Smartphone erledigen kann.

b) Wandle folgende Speichergrößen um.
- 1 MB (in kB)
- 1 GB (in MB)
- 1 TB (in GB)

c) Wähle eine dir bekannte App. Beschreibe, was man mit ihr machen kann.

a) Erkläre, warum Smartphones im Alltag so nützlich sind und wie sie das Leben erleichtern können.

b) Ein Smartphone hat einen internen Speicherplatz von 128 GB. Davon werden 2 GB für das Betriebssystem und 6 GB für vorinstallierte Apps und Systemdaten benötigt. Der verbleibende Speicherplatz wird automatisch in vier gleich große Partitionen aufgeteilt. Eine dieser Partitionen ist ausschließlich für Systemzwecke reserviert und kann nicht für eigene Daten genutzt werden. Wie viel Speicherplatz bleibt effektiv für eigene Daten wie Fotos, Videos, Apps und Musik?

c) Beschreibe eine App, die du gerne entwickeln würdest. Erkläre, wie sie den Alltag verbessern könnte.

SPRACHE

2 Jedes der folgenden Beispiele passt zu einem Schritt des EVA-Prinzips: Eingabe, Verarbeitung oder Ausgabe. Ordne zu.

a) Du betrachtest die Bilder deines letzten Urlaubs auf dem Monitor.

b) Du tippst das Handout für dein Informatik-Referat.

c) Dein Smartphone aktualisiert seine installierten Apps.

d) Dein Informatik-Handout wird ausgedruckt.

e) Früh am Morgen klingelt dein Handywecker.

f) Du nimmst mit deinem Messenger eine Sprachnachricht auf.

Erkläre, warum es sich bei den abgebildeten Geräten sowohl um Eingabe- als auch um Ausgabegeräte handelt. Welche Besonderheit gibt es bei den Geräten zu (B)?

SPRACHE

3 Wahr oder falsch? Bewerte folgende Aussagen und begründe deine Antwort.

a) Apps auf dem Smartphone können nur für das Spielen verwendet werden.

b) Ein Gigabyte entspricht 1000 MB.

c) Man kann das Betriebssystem eines Smartphones nicht aktualisieren.

d) Mit einem Smartphone kann man im Internet surfen und Soziale Medien nutzen.

4 Wahr oder falsch? Bewerte folgende Aussagen und begründe deine Antwort.

a) Ein Smartphone kann ohne Apps keine Funktionen ausführen.

b) Ein MB ist mehr Speicher als ein GB.

c) Der Arbeitsspeicher (RAM) eines Smartphones speichert Fotos, Musik und Apps dauerhaft.

d) Der Prozessor wird oft als „Gehirn des Geräts" bezeichnet.

5 Ordne die Begriffe zu.

a) Touchscreen

b) Kamera

c) Lautsprecher

d) Ladekabelanschluss

e) App

f) Standbyknopf

g) Lauter/Leiser

h) Hintergrundbild

i) Lautlos-Schalter

6 Ordne jedem Bild Begriffe aus a) und b) zu. Es kann mehrere Möglichkeiten geben.

1 

2

3 

4 

a) Hardware oder Software?

b) Für Eingabe (E), Verarbeitung (V) oder Ausgabe (A) benutzt?

2.6 Üben und Vertiefen

SPRACHE

7 Ordne jeden Begriff der richtigen Beschreibung zu:

Begriffe:

Fitness-Tracker
Haustechnik
Smartwatches
Straßenbeleuchtung
Haushaltsgeräte
Wasserversorgung
Unterhaltungselektronik

Beschreibung:

Geräte, die am Körper getragen werden

Geräte, die zu Hause benutzt werden

Dinge, die das Leben in der Stadt besser machen

SPRACHE

8 Das EVA-Prinzip findet sich im Alltag fast überall.

a) Erkläre das Prinzip anhand von drei Beispielen aus deinem Alltag (z. B. Mikrowelle, Ampel oder Geldautomat).

b) Wähle ein technisches Gerät (z. B. Smartphone, Toaster) und erkläre, welche Eingabe, Verarbeitung und Ausgabe dort stattfindet.

9 Entscheide, welche der Aussagen eher positiv und welche eher negativ sind. Begründe jede Entscheidung.

a) KI kann Aufgaben schneller und genauer als Menschen erledigen.

b) Mit KI kann man neue Berufe und Technologien entwickeln.

c) Maschinen, die KI verwenden, können rund um die Uhr arbeiten – ohne Pause.

d) Manche Menschen könnten ihre Arbeit verlieren, wenn Maschinen Aufgaben übernehmen.

10 Beschreibe jeweils, wie KI in den folgenden Bereichen helfen könnte.

a) Gesundheitswesen (Diagnose von Krankheiten)

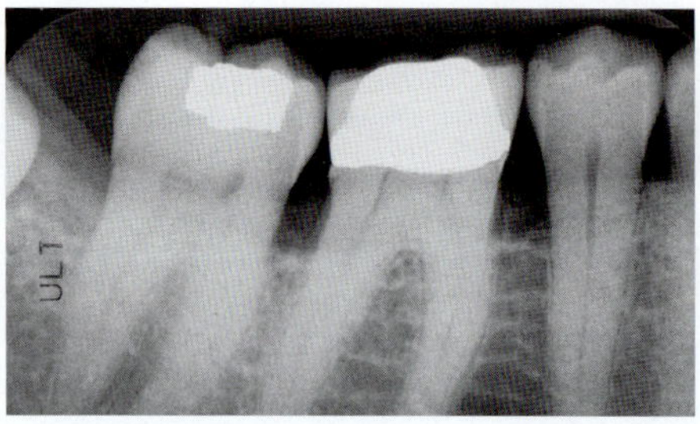

b) Schule (Lernen mit digitalen Assistenten)

c) Haushalt (smarte Haushaltsgeräte)

d) Verkehr (selbstfahrende Autos)

e) Freizeit (Chatbots zur Unterhaltung)

SPRACHE

11 Arbeitet im Zweierteam und spielt eine Szene nach: Du bist im Supermarkt und möchtest einen gesunden Snack kaufen. Du findest viele verschiedene Dinge: Obst, Müsliriegel, Chips, Saft. Du bist unsicher, was du kaufen sollst. Es stehen dir zwei „Berater" zur Auswahl. Spielt die Szene für beide „Berater".

a) Die Verkäuferin bzw. der Verkäufer fragt nach deinen Vorlieben und gibt dir Tipps.

b) Der KI-Roboter sagt dir, welcher Snack am gesündesten, günstigsten oder beliebtesten ist – nur basierend auf Zahlen und Fakten.

12 Die Entwicklung Künstlicher Intelligenz macht seit einigen Jahren enorme Fortschritte.

a) Erstelle eine Tabelle mit Bereichen, in denen KI sinnvoll ist (z. B. Sprachassistent) und mit Bereichen, in denen Menschen unerlässlich sind (z. B. Pflege, Beratung)

b) Gestalte einen persönlichen Roboter als Zeichnung. Beschreibe in einem kurzen Text, welche Aufgaben er übernehmen kann.

SPRACHE

13 Arbeitet im Zweierteam.

a) Spielt eine Szene nach, in der ein neuer KI-Roboter eingeführt wird. Er soll medizinische Diagnosen stellen und Behandlungsvorschläge machen.

Eine Person übernimmt die Rolle der KI: Sie entscheidet rein auf Basis von Fakten, Daten und Statistiken.	Eine andere Person spielt einen menschlichen Arzt oder eine Ärztin: Diese Person berücksichtigt auch persönliche Erfahrungen und Gefühle (z. B. Empathie, ethische Überlegungen, Wissen um die Lebenssituation des Patienten).

38315-043
Rollenkarten

b) Diskutiert anschließend folgende Fragen:
- In welchen Situationen könnte eine KI bessere Entscheidungen treffen als ein Mensch?
- In welchen Situationen ist es wichtig, dass ein Mensch entscheidet und warum?

2.7 Alles im Blick

Smartphone und Apps ➥ 2.1
Ein Smartphone ist ein modernes Mobiltelefon mit Touchscreen. Apps und Internetzugang ermöglichen viele Anwendungen, z. B. Nachrichten schreiben, Musik streamen, spielen, fotografieren oder im Internet surfen.

Informatiksysteme ➥ 2.2
Ein Computer mit Bauteilen und Programmen, der sich mit einem Netzwerk verbinden kann, ist ein Informatiksystem. Beispiele sind PC, Laptop, Tablet, Smartphone und Wearable.

Hardware und Software ➥ 2.2
Hardware sind die anfassbaren Bauteile eines Informatiksystems. Software sind Programme bzw. Apps; dazu gehört auch das Betriebssystem.

Das EVA-Prinzip ➥ 2.3
Eingabe – Verarbeitung – Ausgabe ist das Grundprinzip der elektronischen Datenverarbeitung.

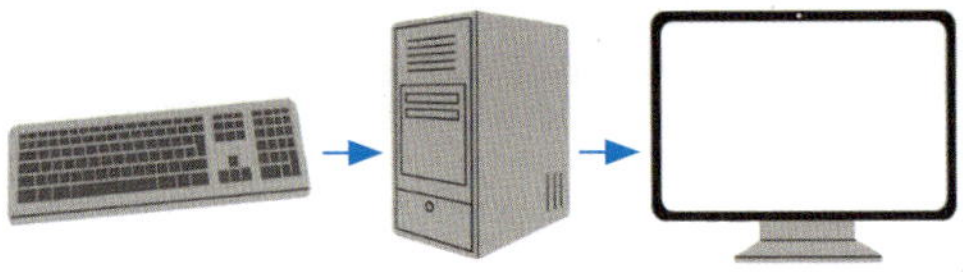

Internet der Dinge und KI ➥ 2.4
Vernetzte Geräte im Internet der Dinge verändern Alltag, Stadt und Arbeit. KI und Automatisierung bieten Chancen, bringen aber auch Risiken mit sich.

FACHBEGRIFFE

38315-044
Test zu den Begriffen

Hier findest du die wichtigsten Begriffe aus diesem Kapitel:

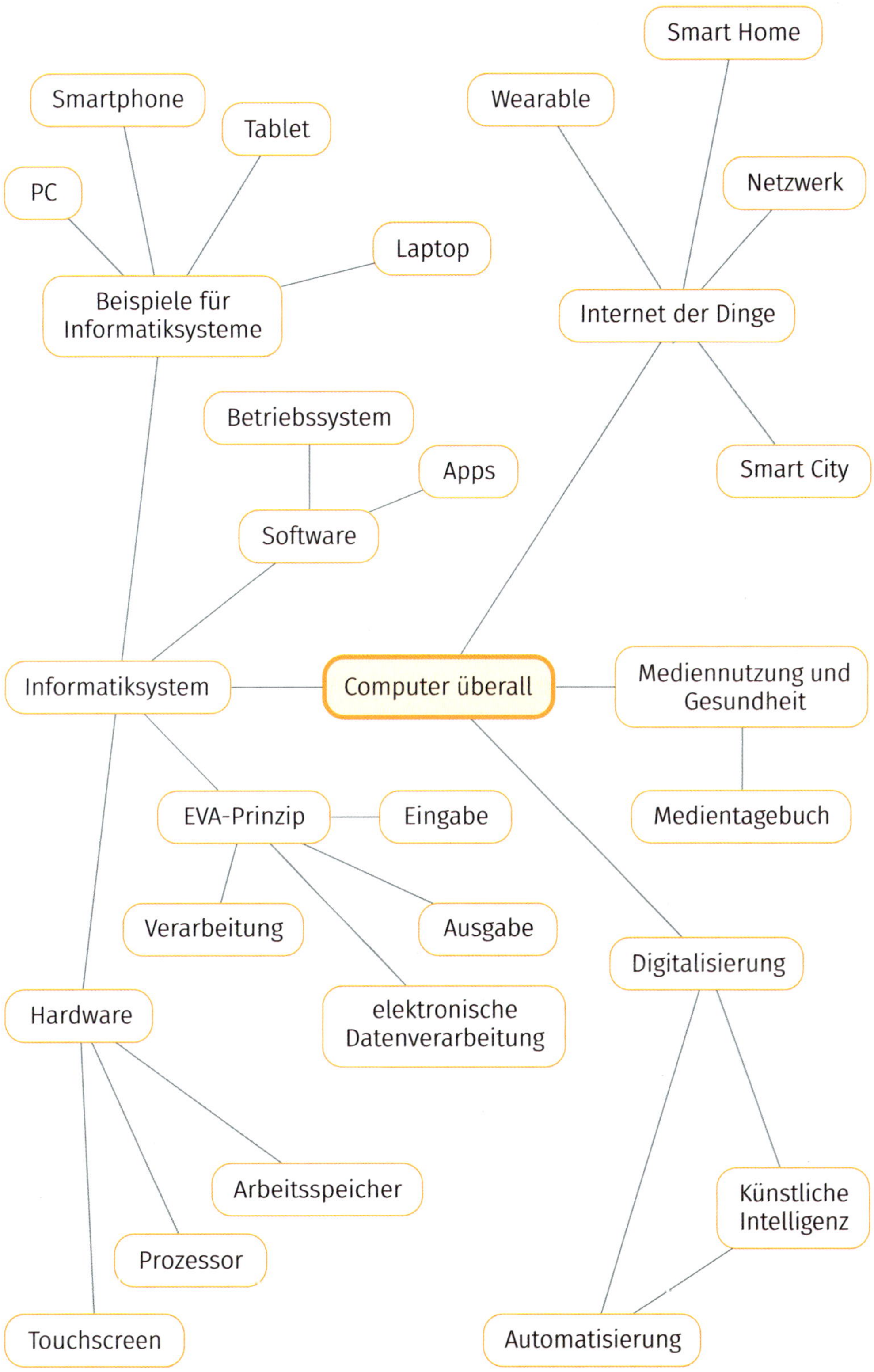

TESTE DICH

Bist du fit und beherrschst die wichtigsten Inhalte dieses Kapitels? Teste dich! Öffne dazu den hinterlegten **Abschlusstest** und beantworte die Fragen. Wenn du merkst, dass du dir bei einem Thema unsicher bist, lies auf der jeweiligen Seite nach.

38315-045
Abschlusstest

3 Vernetzung – Informationen finden und beurteilen

Einstieg

Das Internet wird jeden Tag genutzt: zum Suchen von Informationen, zum Schauen von Videos, zum Schreiben von Nachrichten oder zum Spielen. Vieles wirkt kostenlos. Trotzdem entstehen Kosten – zum Beispiel für Geräte, Strom, Internetanschluss oder Abos.

- Wofür wird das Internet genutzt?
- Was davon kostet Geld?
- Welche Kosten sieht man sofort?
- Welche Kosten bemerkt man erst später?
- Wie lassen sich Kosten sparen?

Am Ende dieses Kapitels hast du gelernt, ...

- wie man einen Browser bedient.
- Suchmaschinen zu nutzen.
- Informationen auf Richtigkeit und Vertrauenswürdigkeit zu überprüfen.
- Fake News zu erkennen.
- wie Suchmaschinen arbeiten.

3.1 Grundlagen der Browsernutzung

Leyla soll im Unterricht zwei aktuelle Nachrichten vor der Klasse vorstellen – eine aus Deutschland und eine aus der Region, in der sie zur Schule geht.

- **Beschreibe, wie sie den Vortrag vorbereiten kann.**
- **Finde selbst im Internet eine aktuelle Nachricht aus Deutschland und eine aus der Gegend, in der du wohnst.**

ERARBEITUNG

Das Internet

Bereits Ende der 1960er-Jahre wurden Computer in Netzwerken miteinander verbunden. Daraus entwickelte sich später das **Internet**. Heutzutage sind durch das Internet Smartphones, Tablets, Computer und Co. auf der ganzen Welt vernetzt. So lassen sich Informationen austauschen, Webseiten besuchen und Nachrichten austauschen.

World **W**ide **W**eb (engl.): weltweites Netzwerk kurz: WWW

Der wohl bekannteste Teil des Internets ist das **World Wide Web**. Es wurde ab 1989 entwickelt, damit Informationen über Webseiten leichter ausgetauscht werden konnten.

Das Internet ist also das Computernetzwerk und das World Wide Web umfasst die Inhalte, die man auf Webseiten finden kann. Das World Wide Web ist damit ein Teil des Internets.

A1 a) Notiere drei Tage lang in einer Tabelle jeweils drei Aktivitäten, für die du das Internet benötigst. Vermerke, wie viel Zeit du jeweils verwendest hast.

b) Vergleiche mit einem Partner oder einer Partnerin. Notiert in Stichpunkten, was euch auffällt oder worüber ihr überrascht seid.

Der Browser

Die bekanntesten Browser sind Firefox, Chrome, Safari, Edge und Opera.

Um Webseiten und Informationen im Internet aufzurufen, verwendet man einen sogenannten **Browser**. Alle Browser haben vergleichbare Funktionen und lassen sich ähnlich bedienen.

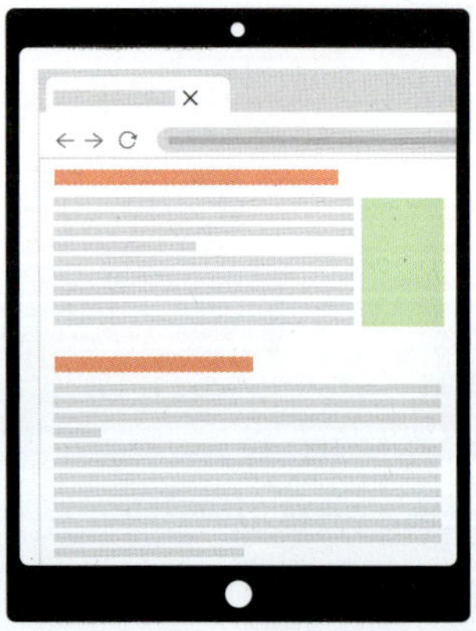

Beispiel für eine Adresse: www.zdf.de

Um auf eine Webseite zu kommen, muss man die Adresse (auch URL genannt) in die Adresszeile eingeben. Gibt man einen Begriff oder einen Text ein, so wird danach automatisch mit einer Suchmaschine gesucht.

SPRACHE

A2 a) Bearbeite die hinterlegte Übung.

b) Öffne einen Browser deiner Wahl und teste die gelernten Funktionen (auf eine Webseite gehen, vor, zurück, neu laden, neuen Tab öffnen, Tab schließen usw.).

c) Schreibe eine Anleitung, in der die Grundfunktionen eines Browsers erklärt werden.

38315-046
Grundfunktionen Browser

MERKE

Das **Internet** ist ein weltweites Netzwerk, das unzählige Computer miteinander verbindet. Ein Teil davon ist das **World Wide Web**, also die Menge aller Webseiten. Um Webseiten aufzurufen, benötigt man einen **Browser**.

AUFGABEN

1 Erstelle eine kurze Beschreibung eines interessanten australischen Tieres. Nutze das Internet, um die benötigten Informationen zu finden.

SPRACHE

2 Die nachfolgende Skizze zeigt die wichtigsten Symbole bei der Bedienung eines Browsers. Darunter findest du jeweils eine Beschreibung der Funktionen. Diese sind allerdings durcheinandergeraten. Ordne jeweils der Zahl aus der Skizze den passenden Buchstaben zu. Du kannst diese Aufgabe auch interaktiv bearbeiten.

38315-002
Alle Hilfen zur Sprachförderung findest du hier. Entsprechende Aufgaben sind mit SPRACHE gekennzeichnet.

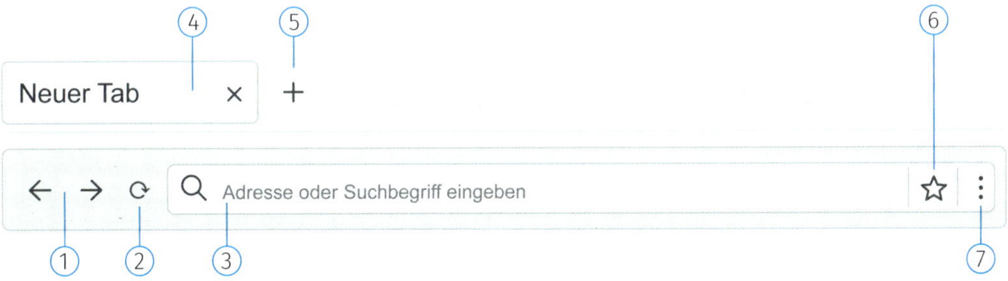

(A) eine Seite zurück bzw. nach vorne

(B) zwischen den Tabs hin- und herspringen

(C) Favoriten/Lesezeichen anlegen und organisieren

(D) aktuelle Seite neu laden

(E) Einstellungen ändern (z. B. zum Schutz persönlicher Daten)

(F) neuen Tab öffnen

(G) Internetadresse (URL) eingeben, aufrufen und anzeigen

38315-047
H5P-Übung zu Aufgabe 2

3 Erstelle fünf Quizfragen zum Thema „Internet und Browsernutzung“ und überlege dir passende Antworten dazu. Sammelt eure Fragen in Gruppen und spielt das Quiz gegeneinander.

3.2 Suchmaschinen richtig nutzen

Informiert man sich über unbekannte Themen, werden für einen ersten Überblick meist Suchmaschinen im Internet verwendet.

- **Nenne mindestens vier Suchmaschinen.**
- **Beschreibe Suchstrategien, die du schon erfolgreich angewendet hast.**

ERARBEITUNG

Suchen mit einer Suchmaschine

Mithilfe einer **Suchmaschine** kann man das World Wide Web mit sogenannten **Suchanfragen** durchsuchen. Als Antwort darauf erhält man von der Suchmaschine ein **Suchergebnis** – das ist eine Liste mit Links, die zur Suchanfrage passen. Damit man möglichst eindeutige und passende Suchergebnisse erhält, sollte man Folgendes beachten:

Ist die Suchanfrage möglichst einfach formuliert?

Ist die Rechtschreibung korrekt, insbesondere bei Fachbegriffen?

Sind die Begriffe und Formulierungen eindeutig?

38315-048
Suchmaschinen für Kinder und Erwachsene

SPRACHE

A1 Beantworte mithilfe einer Suchmaschine folgende Fragen. Überlege dir zunächst passende Suchbegriffe und beachte die obigen Tipps.

a) Wie berechnet man den Umfang eines Rechtecks?

b) Wie bildet man die regelmäßige einfache Vergangenheitsform in der englischen Sprache?

c) Welche Sehenswürdigkeiten für Kinder gibt es in Frankfurt?

Suchergebnisse filtern

Wenn man das Ergebnis einer Suchanfrage eingrenzen möchte, bieten Suchmaschinen meist direkt unter der Suchzeile einen **Schnellfilter** an. Damit lassen sich die Suchergebnisse in Kategorien wie Bilder, Videos, aktuelle Nachrichten oder Ähnliches unterteilen.

A2 Finde mithilfe einer Suchmaschine …

a) ein Bild deines Lieblingstieres und speichere es auf deinem Endgerät.

b) eine möglichst gute Erklärung, wie man ein Rad schlägt. Besprich deine Lösung mit einem Partner oder einer Partnerin.

Operatoren verwenden

Die Verwendung von Sonderzeichen und Abkürzungen kann die Suchergebnisse beeinflussen. Diese sogenannten **Suchoperatoren** helfen zum Beispiel, nur bestimmte Ergebnisse anzuzeigen. Darüber hinaus können Ergebnisse, die nicht erwünscht sind, von vornherein ausgeschlossen werden.

Anführungszeichen

„Angela Merkel"

Operator „site:"

site:faz.net Angela Merkel

Verwendung des Minus

Angela -Merkel

Operator „ext:"

ext:pdf Angela Merkel

statt „ext:" funktioniert auch „filetype:"

A3 a) Finde heraus, was die „Tricks" in den obigen vier Beispielen bewirken.

b) Wähle zwei der vier Operatoren aus und führe jeweils eine Suchanfrage durch, in der du den jeweiligen Operator sinnvoll einsetzt.

Achte auf alle (Leer)zeichen.

MERKE

Mithilfe von **Suchmaschinen** findet man Informationen im Internet. Dazu sollte man möglichst genaue und einfache **Suchanfragen** verwenden. **Filter** und **Operatoren** helfen dabei, Suchergebnisse sinnvoll einzugrenzen.

AUFGABEN

SPRACHE

1 Für ein Referat möchtest du Informationen über den griechischen Gott Pluto finden. Gib den Begriff Pluto in eine Suchmaschine ein. Erkläre die Ergebnisse und grenze die Suche geeignet ein.

2 Plant mithilfe einer Suchmaschine eine dreitägige Klassenfahrt für das nächste Schuljahr. Dabei kann es sich um eine dreitägige Fahrt oder einzelne Tagesausflüge handeln. Besprecht die Ergebnisse mit eurer Lehrkraft.

3 Sieh dir mithilfe einer Suchmaschine an, welche Suchoperatoren es für verschiedene Suchmaschinen gibt. Notiere drei aus deiner Sicht sinnvolle Suchoperatoren und besprich das Ergebnis mit einem Partner oder einer Partnerin.

3.3 Vertrauenswürdigkeit von Internetquellen

Anna findet folgendes Zitat im Internet: „Ich glaube nicht alles im Internet, nur weil es ein Bild und ein Zitat dazu gibt." Es stammt vom berühmten griechischen Philosophen Digitalios von Athen aus dem Jahr 50 v. Chr.

- **Beurteile den Inhalt dieses Zitats.**
- **Findest du weitere Zitate von Digitalios?**

ERARBEITUNG

Wie erkennt man gute Suchergebnisse?

Die Ergebnisse einer Suchanfrage enthalten nicht immer korrekte Informationen. Deshalb sollte man Ergebnisse von Recherchen kritisch hinterfragen.

$17 \cdot 24 = 125\,168$?

Das ist vergleichbar mit dem Überschlagsrechnen in der Mathematik: Ist das Ergebnis einer Rechnung unrealistisch groß, liegt möglicherweise ein Fehler vor.

Folgende Fragen können bei der Bewertung von Suchergebnissen helfen:

- Beantwortet die Information die eigentliche Frage?
- Ist die Information aktuell oder ist sie bereits veraltet?
- Ist das Suchergebnis eindeutig oder lässt es andere Interpretationen zu?
- Kann man der **Quelle** des Ergebnisses vertrauen?

Als Quelle bezeichnet man den Ursprung einer gefundenen Information. Quellen können z. B. Webseiten, Artikel oder Videos sein.

Man sollte wichtige Informationen immer durch mehrere Quellen überprüfen. Erhält man kein eindeutiges Ergebnis, sollte man der Information gegenüber sehr kritisch sein.

A1 **a)** Prüfe für folgende Beispiele, ob die Antwort richtig sein könnte. Begründe deine Antwort ohne eine Suchmaschine zu verwenden oder nachzuschlagen.

Wie groß ist eine Giraffe?	blau
Was war Einsteins Lieblingsfarbe?	gelb
Wie alt wird ein Mensch durchschnittlich?	1000 Jahre
Wie viele Einwohner hat Deutschland?	150 Millionen
Was heißt „Kühlschrank" auf Englisch?	frozer

b) Besprich deine Einschätzung mit einem Partner oder einer Partnerin.

Interessen – Soziale Medien und Werbung

In Sozialen Medien kann jede Person nahezu alles schreiben – egal ob wahr oder nicht. Deshalb sollte man mit Inhalten in Sozialen Medien besonders vorsichtig umgehen.

Oft haben Menschen außerdem finanzielle Interessen. Deshalb findet man im World Wide Web auch sehr viel Werbung. Dabei wird häufig geschummelt und getrickst.

A2 Führe ein paar Suchanfragen durch. Achte darauf, ob die Suchmaschine und die Webseiten Werbung kennzeichnen. Beschreibe deine Beobachtungen.

Kriterien seriöser Webseiten

Folgendes kann bei der Beurteilung von Informationen auf Webseiten helfen:

1. Die Seite ist übersichtlich. Man findet leicht die gesuchten Informationen.
2. Die Rechtschreibung ist korrekt.
3. Die Quellen der Informationen sind angegeben und überprüfbar.
4. Es wird angegeben, wann die Informationen zuletzt aktualisiert wurden.
5. Werbung ist gekennzeichnet.
6. Die für die Inhalte verantwortliche Person wird mit echtem Namen genannt.
7. Es wird eine Kontaktadresse angegeben.

Die Punkte 6. und 7. findet man im sogenannten **Impressum** einer Seite.

SPRACHE

A3 a) Finde eine Seite, die aussieht wie ein Beitrag aus einem Fachmagazin, aber in Wirklichkeit Werbung ist.

b) Nenne die im Impressum zu findenden Informationen deiner Schulhomepage.

MERKE

Man sollte nicht allen Informationen im Internet vertrauen. Es ist häufig interessant, warum und von wem Informationen verbreitet werden. Dabei kann ein Blick auf die **Quellen** oder ins **Impressum** helfen.

AUFGABEN

1 Beantworte die Fragen aus A1 mithilfe einer Suchmaschine.

2 Öffne eine Webseite, die du häufig besuchst. Überprüfe, ob du der Webseite vertrauen kannst. Begründe deine Entscheidung.

SPRACHE

3 Entscheide mithilfe weiterer Quellen, welche Aussage richtig ist. Gib deine Quelle an.

a) ① Die Eselsbrücke „**M**ein **V**ater **E**rklärt **M**ir **J**eden **S**onntag **U**nsere **N**eun **P**laneten" hilft, sich die Planeten **M**erkur, **V**enus, **E**rde, **M**ars, **J**upiter, **S**aturn, **U**ranus, **N**eptun und **P**luto zu merken.

② In unserem Sonnensystem gibt es acht Planeten.

b) Erkläre, wie es zu diesem Widerspruch gekommen ist.

3.4 Umgang mit Fake News

Leo und seine Freunde lesen täglich viele Beiträge und Nachrichten in sozialen Netzwerken. Doch ihre Meinungen dazu sind oft unterschiedlich. Häufig ist sich Leo unsicher, was denn nun eigentlich stimmt.

- **Wie entscheidest du, auf welche Information du dich verlässt?**

ERARBEITUNG

Was sind Fake News?

fake (engl.): gefälscht

to bait (engl.): ködern

Fake News sind unwahre Nachrichten, die oft absichtlich im Internet verbreitet werden. Sie sehen aus wie echte Nachrichten, sind aber erfunden. Gründe für Fake News sind u. a.:

- Entscheidungen bis hin zu Wahlen beeinflussen
- möglichst viele Klicks auf eine Seite erzielen (sog. Clickbaiting)
- kriminelle Interessen meist mit dem Ziel, illegal Geld zu verdienen
- Scherze machen

Es ist eine wichtige Fähigkeit in der digitalen Welt, wahre Nachrichten von Fake News unterscheiden zu können.

A1 Erstellt in Kleingruppen ein Plakat oder eine Klassenzeitungsseite. Es sollen darauf nur unwahre Nachrichten stehen. Achtet darauf, dass die Nachrichten lustig sind und sich niemand beleidigt fühlt.

Wie erkennt man Fake News?

In ➥ **Kapitel 3.3** ging es bereits um die Vertrauenswürdigkeit von Internetquellen. Folgende Fragen können außerdem hilfreich sein, um Fake News zu erkennen:

Überschrift und Text
Sind viele Großbuchstaben, Ausrufezeichen oder reißerische Formulierungen vorhanden?

Bilder
Sind die Bilder auffällig oder passen sie nicht zum Text?

Quelle
Ist die angegebene Quelle seriös?

Alternative Quellen
Gibt es noch andere Seiten im Internet, auf denen die Information bestätigt wird?

Chatbot
Hält ein KI-Chatbot die Nachricht für Fake News?

Achtung: Auch eine KI kann Fehler machen.

Vertrauensperson
Welche Einschätzung geben Eltern oder Lehrkräfte?

A2 Bearbeite die hinterlegte Übung. Übe mindestens an drei Nachrichten.

38315-049
Übung Fake News

Wie geht man mit Fake News um?

Wenn man sich sicher ist, dass man auf Fake News gestoßen ist, sollte man einige Tipps beachten:

- ✓ Nachricht nicht teilen (verbreiten)
- ✓ Social Media: Fake News an den Betreiber melden
- ✓ Personen aufklären, von denen man die Information hat
- ✓ in besonders schweren Fällen der Polizei melden

A3 Hast du selbst schon einmal Fake News verbreitet? Falls ja, beschreibe: Wem könnte die Verbreitung genutzt haben?

MERKE

Fake News sind unwahre Nachrichten, die oft absichtlich im Internet verbreitet werden. Man sollte Informationen gegenüber stets kritisch bleiben und sie hinterfragen. Seriöse Quellen, Vertrauenspersonen und KI-Assistenten können helfen, Fake News zu erkennen. Fake News sollten niemals geteilt werden.

AUFGABEN

SPRACHE

1 Euer Tischtennisverein richtet ein großes Turnier aus und lädt viele Vereine aus eurem Landkreis ein. Euer größter Konkurrent aus dem Nachbarort hat jetzt zur gleichen Zeit ein Turnier ausgeschrieben.

a) Was könnte man auf eure Homepage schreiben, damit die Besucher lieber zu euch als zum anderen Verein gehen? Skizziere einen entsprechenden Homepage-Artikel.

b) Besprecht eure Ideen in der Klasse: Welche findet ihr gut, welche nicht?

SPRACHE

2 Finde mithilfe einer Suchmaschine jeweils fünf Argumente für und fünf gegen die Verwendung von Windrädern zur Stromerzeugung. Besprich die Argumente mit einer Partnerin oder einem Partner. Welche Argumente findet ihr überzeugender?

3 Suche zu einem Thema deiner Wahl im Internet zwei Nachrichtenartikel, die jeweils das Gegenteil vom anderen Artikel behaupten. Finde heraus, ob Fake News unter den Artikeln sind.

SPRACHE

4 Erstelle mithilfe von Suchmaschinen eine Checkliste von fünf Kriterien, um Fake News zu erkennen. Besprich und ergänze deine Kriterien mit einer Partnerin oder einem Partner.

3.5 Funktionsweise von Suchmaschinen

Laurenz fasst zusammen: „Wenn ich nach einem Begriff suche, durchsucht die Suchmaschine alle Webseiten auf der Welt. Dann zeigt sie mir die besten Ergebnisse für meine Suchanfrage.“

- **Suche nach drei Begriffen mit einer beliebigen Suchmaschine.**
- **Schätze, wie lange es dauert, bis dir die Ergebnisse angezeigt werden.**
- **Beurteile Laurenz’ Aussage.**

ERARBEITUNG

Webcrawler

Suchmaschinen helfen dabei, Informationen im Internet zu finden. Würde eine Suchmaschine bei jeder Suchanfrage das gesamte World Wide Web durchsuchen, würde das viel zu lange dauern.

Webcrawler werden manchmal auch Spider oder Bot genannt.

crawl (engl.): krabbeln

Ein **Webcrawler** ist ein Programm, das automatisch das World Wide Web durchsucht. Der Crawler besucht Webseiten und folgt den Links auf diesen Seiten, um weitere Seiten zu finden. Er hat das Ziel, eine Übersicht zu erstellen.

A1 **a)** Male ein Bild eines Webcrawlers als Roboter, der das Internet nach Informationen durchsucht.

b) Erfinde zu dem Bild eine Geschichte, in der ein Webcrawler eine spannende Entdeckung macht.

Index

index (lat.): Verzeichnis

Eine Suchmaschine speichert nicht einfach alle Webseiten des World Wide Web. Stattdessen wird ein sogenannter **Index** angelegt.

Den Index kann man sich wie ein Wörterbuch vorstellen: Begriffe und Formulierungen werden aufgelistet und der jeweilige Link dazu vermerkt. Bei einer Suchanfrage muss die Suchmaschine nicht mehr das gesamte WWW durchsuchen, sondern lediglich den Index. Das spart extrem viel Zeit.

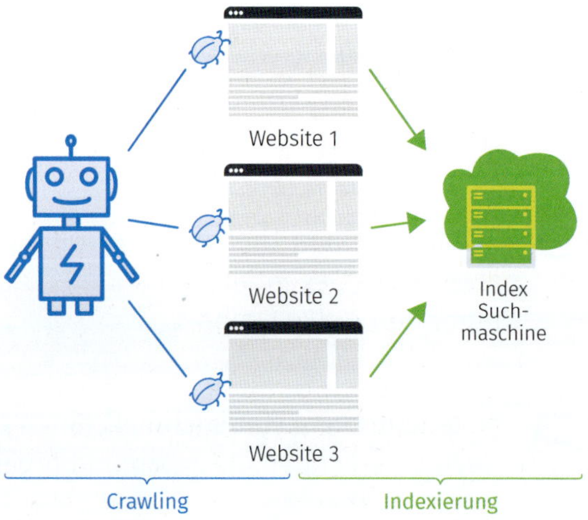

SPRACHE

A2 a) Erstelle ein Inhaltsverzeichnis für eines deiner Schulhefte. Stelle einem Partner oder einer Partnerin eine Frage zum Inhalt des Schulheftes der anderen Person und lasse dir die Information darin zeigen.

b) Erstelle Karteikarten zum Lernen für eine deiner nächsten Klassenarbeiten und sortiere sie nach dem Alphabet.

Suchalgorithmen – auf die Reihenfolge kommt es an

Ein Suchalgorithmus ist eine Art Anleitung für eine Suchmaschine. Diese Anleitung steuert, welche Ergebnisse zu einer Suchanfrage aufgelistet werden. Außerdem legt sie die Reihenfolge der Treffer fest. Je genauer die Treffer sind und je besser sie sortiert werden, desto zufriedener sind die Nutzerinnen und Nutzer einer Suchmaschine. Suchalgorithmen sind ein streng gehütetes Geheimnis der Firmen.

In ➥ **Kapitel 4** geht es ausführlich um Algorithmen.

SPRACHE

A3 Arbeitet im Zweierteam. Wählt einen Suchbegriff und verwendet verschiedene Suchmaschinen. Gebt an, ob ihr immer dieselben Ergebnisse erhaltet.

MERKE

Eine Suchmaschine zeigt die Treffer zu einer Suchanfrage in einer gewissen Reihenfolge an. Dazu sammelt ein **Webcrawler** im Vorfeld Daten. Er durchsucht das WWW nach Informationen und speichert sie in einer digitalen Bibliothek – dem sogenannten **Index**. **Suchalgorithmen** wählen zu einer Suchanfrage die besten Suchergebnisse aus dem Index aus und zeigen sie dem Nutzer an.

AUFGABEN

1 Beschreibe den Ablauf einer Suchanfrage in drei Schritten.

a) Wähle drei der Aussagen (A) bis (G) und bringe sie in die richtige Reihenfolge.

(A) Du gibst den Suchbegriff in einem Textdokument ein.

(B) Die Webseiten, die den Suchbegriff enthalten, werden als Linkliste angezeigt.

(C) Der Webcrawler durchsucht die Webseiten nach dem Suchbegriff.

(D) Der Webcrawler sendet dir die Ergebnisse per E-Mail.

(E) Dein persönlicher Webcrawler startet von deinem Computer aus und durchsucht alle Webseiten nach dem von dir gesuchten Begriff.

(F) Du gibst einen Suchbegriff in eine Suchmaschine ein.

(G) Die Datenbank der Suchmaschine wird nach dem Suchbegriff durchsucht.

Schritt 1
↓
Schritt 2
↓
Schritt 3

b) Erkläre einem Partner oder einer Partnerin die Schritte 1 bis 3.

2 Erstelle drei Quizfragen mit den passenden Antworten über Webcrawler, Index und Suchmaschinen für deine Klasse. Spielt das Quiz zusammen.

3 Erkläre folgende Aussage: „Eine Suchmaschine funktioniert so ähnlich wie eine Bücherei."

3.6 Projekt: Wie viel Strom kostet das Internet?

Das Internet benötigt viel Strom. Jedes Endgerät (vom Computer bis zum Smartphone) ist auf Strom angewiesen. Auch die riesigen Anlagen, auf denen Webseiten, Daten in Clouds oder Filme und Videos für das Streaming gespeichert sind, haben einen enormen Energiebedarf. Die Bereitstellung von Strom kostet Geld. Außerdem verursacht sie heutzutage immer noch große Schäden an Umwelt und Klima.

STROM

Stromerzeugung?

Zur Stromerzeugung gibt es verschiedene Möglichkeiten, wie zum Beispiel: Sonnenenergie, Windkraft, Wasserkraft oder fossile Brennstoffe.

SPRACHE

1 Jede Möglichkeit hat Vor- und Nachteile.

a) Erstellt in einer Gruppe ein Poster, das verschiedene Energiequellen zeigt und erklärt, wie sie Strom erzeugen.

b) Diskutiert, was bei einem Stromausfall passiert. Erstellt eine Liste von Dingen, die man in einem solchen Fall tun kann.

Was sind eigentlich Stromkosten?

Die Einheit heißt Kilowattstunde.

Strom kommt nicht kostenlos aus der Steckdose. Jeder Haushalt erhält deshalb üblicherweise einmal pro Jahr eine Rechnung. Die Höhe der Rechnung hängt davon ab, wie häufig elektrische Geräte genutzt wurden. Drei bis vier Personen benötigen durchschnittlich 3000 bis 4000 Einheiten pro Jahr.

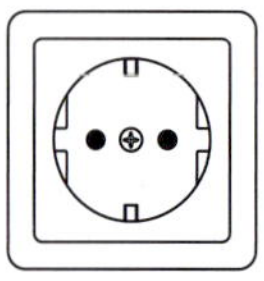

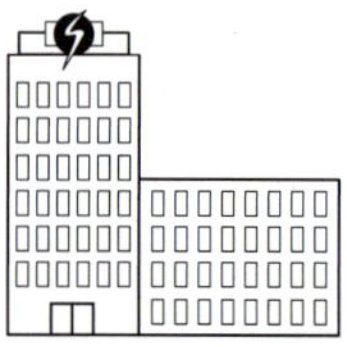

2 Finde heraus, wie viele Einheiten ihr letztes Jahr zu Hause verbraucht habt.

Was kann man mit einer Einheit machen?

Mit einer Einheit Strom kann man z. B. folgendes machen.

Wasserkocher 30 Minuten, 10 Liter Wasser kochen

Backofen 20 bis 40 Minuten bei 180 °C

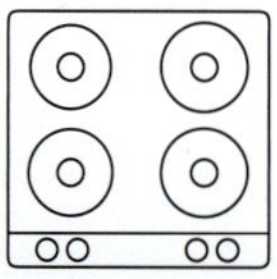

mit dem Herd 30 bis 60 Minuten kochen

3 Probiere zu Hause aus, wie lange euer Wasserkocher braucht, um einen Liter Wasser zum Kochen zu bringen.

Was kostet mein Endgerät?

KOSTEN FÜR ENDGERÄTE

Smartphones und Tablets haben Akkus, die oft mehrmals pro Woche geladen werden. Der dafür benötigte Strom kostet Geld.

4 Du wirst nun herausfinden, wie hoch die Stromkosten für einzelne Geräte sind.

a) Notiere eine Woche lang, wie oft du dein Smartphone lädst und wie häufig du deinen Computer nutzt.

b) Schätze die jährlichen Kosten:
- tägliches Aufladen eines Smartphones
- Laptop, der täglich 3 Stunden läuft
- eigenes Beispiel

c) Öffne das hinterlegte Applet. Finde heraus, wie viel deine Geräte pro Jahr in etwa kosten. Du kannst auch die Geräte deiner Eltern überprüfen.

d) Vergleiche die Ergebnisse aus c) mit den Ergebnissen aus b).

e) Diskutiert gemeinsam in der Klasse über eure Ergebnisse.

38315-050
Applet Stromkosten
Das Applet berechnet nur einen ungefähren Richtwert. Die tatsächlichen Kosten können davon abweichen.

Was kosten Suchanfragen mit einer Suchmaschine?

SUCHANFRAGEN

Suchmaschinen sind aus unserem Alltag nicht mehr wegzudenken. Auf den ersten Blick scheinen sie kostenlos. Tatsächlich verursachen sie aber Energiekosten: Es wird geschätzt, dass 100 Suchanfragen etwa einen Cent Stromkosten verursachen.

5 Bei jeder Suchanfrage muss das Rechenzentrum der Suchmaschine etwas leisten.

a) Zähle, wie viele Suchanfragen du an einem Tag machst. Berechne, wie lange es dauert, bis deine Suchanfragen einen Euro Strom kosten.

b) Was bedeutet das für größere Gruppen (deine Familie, deine Klasse, deine Schule, deinen Heimatort)?

c) Stell dir vor, jeder Mensch auf der Welt macht täglich zehn Suchanfragen. Berechne die Stromkosten für die Suchanfragen der Weltbevölkerung an einem einzigen Tag (in einem Jahr).

d) Vergleiche die Kosten deiner Suchanfragen mit anderen alltäglichen Kosten, z. B. einem Liter Wasser oder einer Busfahrt. Sprich mit einem anderen Kind über das Ergebnis. Was findet ihr daran interessant?

Was kostet Streaming?

STREAMING

Es gibt viele verschiedene Arten von Streaming-Diensten.

SPRACHE

6 Ergründe, wie du Geld bei der Nutzung von Streaming-Diensten sparen kannst.

a) Finde heraus, was genau ein Streaming-Dienst macht und wie er funktioniert. Du kannst gerne ein Beispiel verwenden.

b) Wähle einen Streaming-Dienst, den ihr zu Hause verwendet und überlege dir, wie er euch Kosten verursacht (Abogebühren, zusätzliche Kosten usw.).

c) Diskutiert, wie sich Kosten für Streaming-Dienste einsparen lassen.

3.7 Üben und Vertiefen

SPRACHE

1 Mit einem Webbrowser kann man Webseiten anzeigen lassen. Beantworte folgende Fragen ggf. durch Recherche.

a) Wie öffnest du einen neuen Tab im Browser?

b) Wie kannst du eine Webseite aktualisieren?

c) Was ist der Browserverlauf?

a) Wie löschst du den Browserverlauf?

b) Was sind Cookies in einem Browser?

c) Was machst du, wenn eine Webseite nicht richtig geladen wird?

SPRACHE

2 Überlege jeweils, wie du bei der Suche mit einer Suchmaschine sinnvoll vorgehen kannst. Notiere geeignete Suchbegriffe.

a) Du suchst den höchsten Berg in Deutschland, Bayern und in deiner Region.

b) Du suchst nach europäischen Städten mit einem Olympiastadion, die nicht in Deutschland liegen.

c) Führe die Suche für die Teilaufgaben a) und b) durch. Gib das Ergebnis deiner Suche sowie die URL einer passenden Quelle an.

a) Du möchtest dich über die Schulferien im nächsten Schuljahr informieren.

b) Dein Freund behauptet, Palladium sei wertvoller als Gold. Du möchtest dich nach den aktuellen Preisen erkundigen.

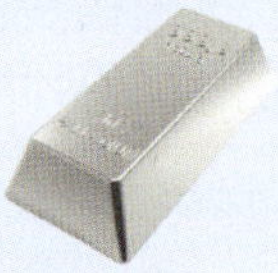

c) Führe die Suche für die Teilaufgaben a) und b) durch. Gib das Ergebnis deiner Suche sowie die URL einer passenden Quelle an.

3 Gib an, von wem folgende Zitate oder Bilder stammen. Nenne deine Quelle.

a) „Für die Zukunft sind Computer mit weniger als 1,5 Tonnen Gewicht vorstellbar."

b) „Wir leben alle unter dem gleichen Himmel, aber wir haben nicht alle den gleichen Horizont."

a) „Das also war des Pudels Kern."

b)

4 Finde mithilfe einer Suchmaschine eine möglichst gute Erklärung zum Erlernen eines Handstands. Diskutiere deine Lösung mit einem Partner oder einer Partnerin.

SPRACHE

5 Beantworte folgende Fragen ggf. durch Recherche. Schreibe anschließend eine Anleitung, in der die passenden Funktionen eines Browsers erklärt werden.

a) Wie findet man eine Seite, die man früher besucht hat, wieder?

b) Was ist der Inkognito-Modus? Wann ist es sinnvoll, ihn zu benutzen?

c) Was ist ein Pop-up? Wie kann man es blockieren?

SPRACHE

6 Finde heraus, was man unter Clickbait versteht. Erkläre das Phänomen in eigenen Worten.

7 Es gibt viele verschiedene Suchmaschinen.

a) Vergleiche zwei Suchmaschinen für Kinder. Beschreibe, was du gut und was du weniger gut findest.

b) Erkläre, wie man in einer Suchmaschine eine sichere Suche aktiviert.

c) Nenne Gründe, die für die Nutzung einer sicheren Suche sprechen.

8 Seriöse Webseiten geben immer an, wer für die dargestellten Informationen verantwortlich ist.

a) Untersuche eine Webseite deiner Wahl und ermittle den Autor oder die Autorin.

b) Finde heraus, welche anderen Artikel oder Bücher die Person veröffentlicht hat.

c) Erkläre, ob der Autor oder die Autorin deiner Meinung nach Experte auf dem Gebiet ist, das die Webseite behandelt.

9 KI kommt schon heute bei Suchmaschinen zum Einsatz.

a) Diskutiert in Kleingruppen, wie sich Suchmaschinen mithilfe von KI in Zukunft entwickeln könnten.

b) Schreibt gemeinsam eine kurze Geschichte oder entwerft ein Comic, der eure Vision der Zukunft von Suchmaschinen zeigt.

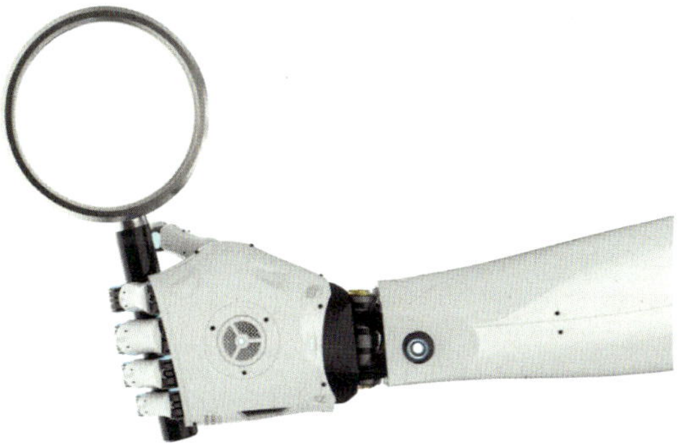

3.7 Üben und Vertiefen

10 Bestätige oder widerlege folgende Aussagen.

a) „Hurrikane und Tornados sind dasselbe."

b) „Zyklone und Taifune sind dasselbe."

SPRACHE

11 Arbeitet in Kleingruppen.

a) Überlegt euch zunächst Kriterien zur Bewertung von Suchmaschinen. Vergleicht dann verschiedene Suchmaschinen.

b) Beschreibt in einer Tabelle die Unterschiede und Gemeinsamkeiten.

SPRACHE

12 Arbeitet in Kleingruppen.

a) Fertigt eine zweiminütige Präsentation über eure Lieblingssportlerin oder euren Lieblingssportler an. Macht ein Plakat oder verwendet ein Präsentationsprogramm.

b) Fügt die verwendeten Quellen hinzu. Vermerkt dabei, für wie seriös ihr die Quellen haltet.

c) Lasst eine Präsentation mithilfe einer KI erstellen. Vergleicht beide Präsentationen.

SPRACHE

13 Beantworte folgende Fragen ggf. durch Recherche in eigenen Worten.

a) Was macht eine Website zur Faktenprüfung?

b) Welche Organisationen führen z. B. Faktenchecks durch?

14 Stell dir vor, du baust deine eigene Suchmaschine. Wie würde sie funktionieren? Welche Funktionen würde sie haben? Was hättest du davon? Schreibe eine Geschichte.

SPRACHE

15 Erneuerbare Energien spielen heutzutage eine wichtige Rolle.

a) Finde drei Internetquellen zum Thema „erneuerbare Energien" und bewerte sie nach ihrer Verlässlichkeit.

b) Erkläre, warum du sie für verlässlich oder nicht verlässlich hältst.

c) Schreibe für eine Quelle einen kurzen Bericht darüber, wie du herausgefunden hast, ob sie verlässlich ist oder nicht.

16 Einige Informationen im Internet entsprechen nicht der Wahrheit.

a) Gib Gründe für die Verbreitung von Fake News an.

b) Erläutere, warum kritisches Denken im Umgang mit Nachrichten wichtig ist.

SPRACHE

17 Erstellt in Kleingruppen ein Erklärvideo. Erklärt darin, wie Suchmaschinen heutzutage funktionieren. Stellt beispielsweise dar, wie Informationen gesammelt und als Suchergebnisse in eine Reihenfolge gebracht werden.

18 Heutzutage werden häufig KI-generierte Bilder verwendet.

a) Beschreibe nebenstehendes Bild möglichst genau. Verwende dazu exakt zehn Sätze.

b) Lass eine KI ein Bild auf Basis deiner Beschreibung erstellen.

c) Vergleiche das Ergebnis mit dem Originalbild.

19 Arbeitet in Kleingruppen.

a) Recherchiert, wie KI die Menschen im Alltag bereits begleitet.

b) Präsentiert eure Ergebnisse auf einem Plakat.

c) Jede Gruppe stellt das Ergebnis im Klassenraum aus. Ihr könnt nun selbstständig im Raum herumgehen, die Ergebnisse betrachten und ins Gespräch kommen.

3.8 Alles im Blick

Internet, WWW und Browser ➥ 3.1
Das Internet verbindet Computer und andere Endgeräte auf der ganzen Welt. Das World Wide Web ist ein Teil des Internets. Es umfasst die Webseiten, die mit einem Browser aufgerufen werden können.

Suchen mit Suchmaschinen ➥ 3.2
Suchmaschinen helfen dabei, Informationen im World Wide Web zu finden. Passende Suchbegriffe, Filter und Operatoren können eine Suche eingrenzen und die Suchergebnisse verbessern.

Informationen prüfen ➥ 3.3, 3.4
Informationen im Internet können richtig, falsch oder veraltet sein. Deshalb sind vertrauenswürdige Quellen, ein aktuelles Datum, ein Impressum und der Vergleich mit anderen Quellen wichtig. Fake News sollten nicht weiterverbreitet werden.

Funktionsweise von Suchmaschinen ➥ 3.5
Eine Suchmaschine durchsucht nicht bei jeder Suchanfrage das gesamte World Wide Web. Webcrawler sammeln Informationen über Webseiten. Daraus entsteht ein Index. Ein Suchalgorithmus wählt passende Treffer aus und ordnet sie.

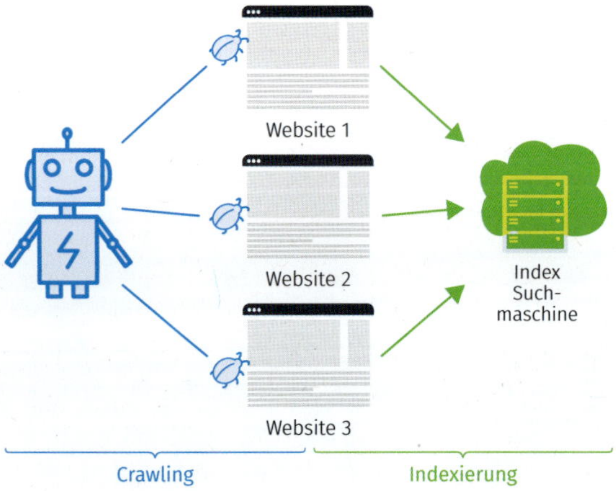

FACHBEGRIFFE

38315-051
Test zu den Begriffen

Hier findest du die wichtigsten Begriffe aus diesem Kapitel:

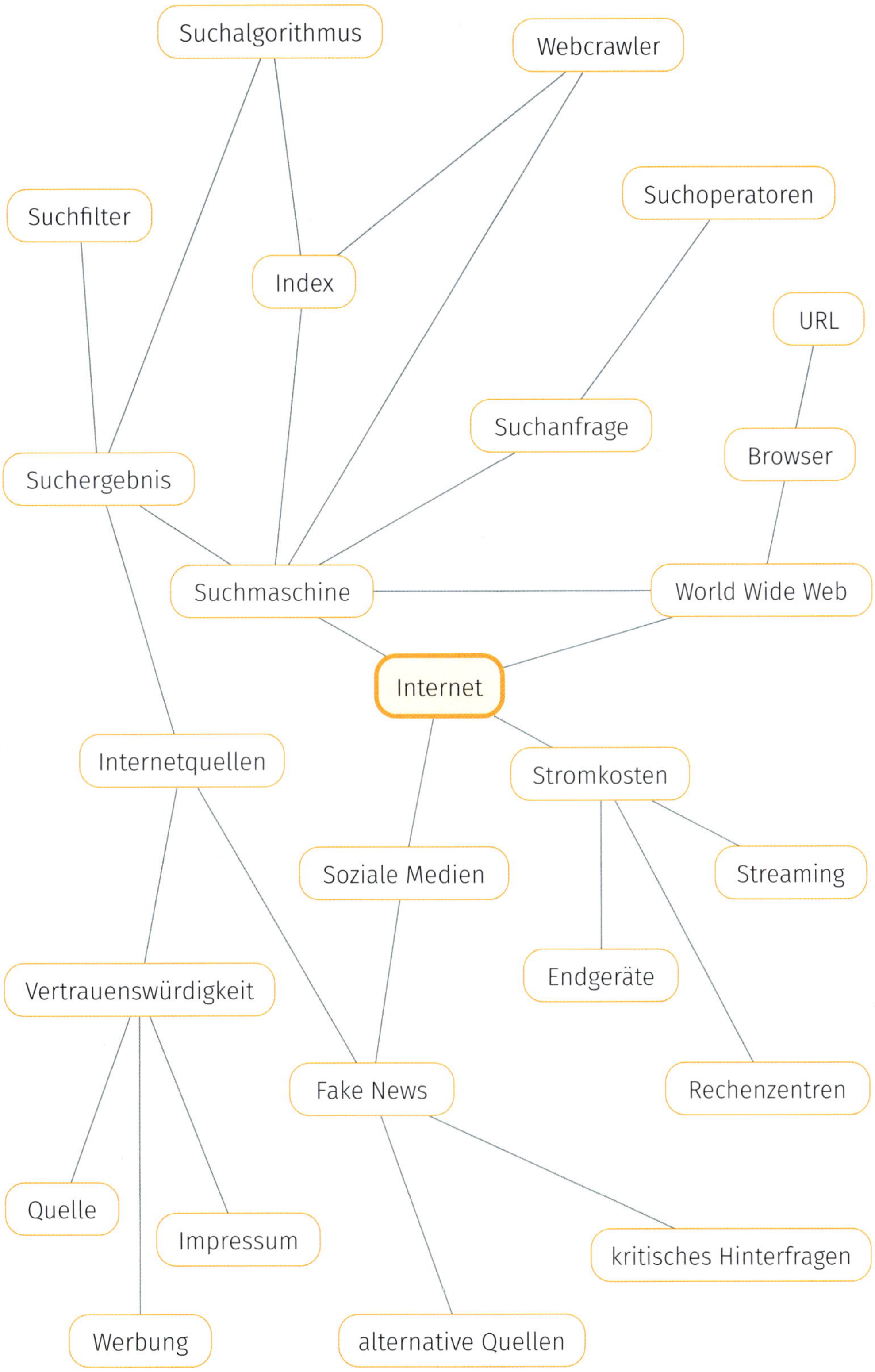

TESTE DICH

Bist du fit und beherrschst die wichtigsten Inhalte dieses Kapitels? Teste dich! Öffne dazu den hinterlegten **Abschlusstest** und beantworte die Fragen. Wenn du merkst, dass du dir bei einem Thema unsicher bist, lies auf der jeweiligen Seite nach.

38315-052
Abschlusstest

4 Algorithmen – Grundlagen der Programmierung

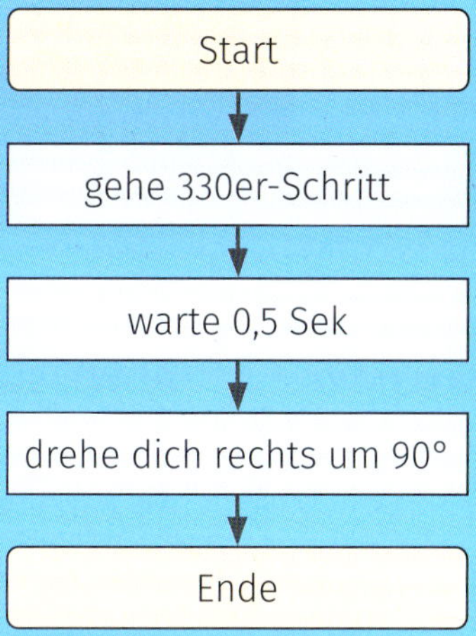

Einstieg

Anweisungen und Abläufen begegnet man nicht nur in der Informatik, sondern auch in ganz verschiedenen Situationen im Alltag.

- Beschreibe die Aufgaben, die auf den Bildern zu sehen sind.
- Welche Darstellungen sind schon so genau, dass du exakt weißt, was zu tun ist?
- Formuliere für die ungenaueren Fälle Anweisungen, sodass die Aufgaben durchgeführt werden können.

Am Ende dieses Kapitels hast du gelernt, ...

- was ein Algorithmus ist und wie dieser mithilfe von Flussdiagrammen oder Struktogrammen dargestellt werden kann.
- mit einer grafischen Programmierumgebung umzugehen.
- Algorithmen mithilfe von Anweisungen, Sequenzen, Wiederholungen und Verzweigungen umzusetzen.
- Variablen einzusetzen, um zusätzliche Werte zu speichern und zu verändern.

4.1 Algorithmen im Alltag

Kennt ihr schon das Roboterspiel? Stellt euch in Zweierteams hintereinander. Die hintere Person gibt Anweisungen durch Klopfen:
1× zwischen die Schultern: 1 Schritt vor
2× zwischen die Schultern: 1 Schritt zurück
1× auf die linke Schulter: 90° nach links drehen
1× auf die rechte Schulter: 90° nach rechts drehen

‣ Steuert euch so gegenseitig durch den Raum.

ERARBEITUNG

Anweisungen und Abläufe

Im Alltag begegnet man wiederkehrenden Aufgaben und Problemen. Diese können häufig durch klare **Anweisungen** in der richtigen Reihenfolge erledigt werden. Die Bearbeitung der Aufgabe folgt dabei einem festen **Ablauf**.

38315-002
Alle Hilfen zur Sprachförderung findest du hier. Entsprechende Aufgaben sind mit SPRACHE gekennzeichnet.

SPRACHE

A1 Falte eine Katze. Befolge dazu den folgenden Ablauf.

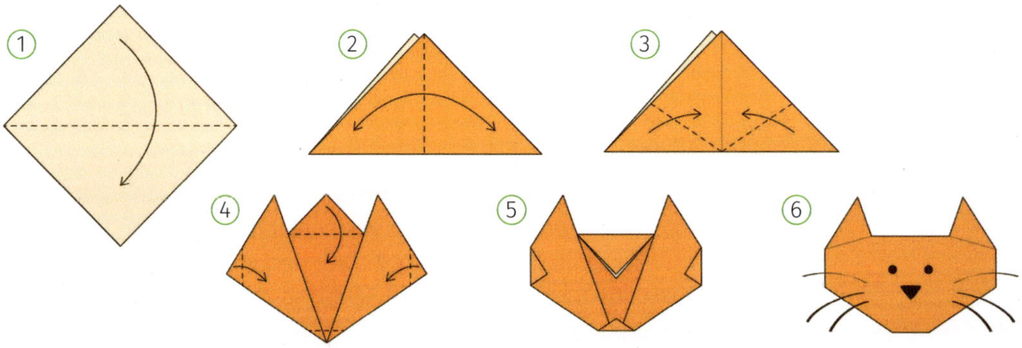

Algorithmen

Ein **Algorithmus** ist die genaue Beschreibung eines Ablaufs: Er besteht aus einer Abfolge von Anweisungen, die in einer bestimmten Reihenfolge ausgeführt werden. Ein Algorithmus verarbeitet eine Eingabe zu einer eindeutigen Ausgabe (EVA-Prinzip ➥ **2.3**).

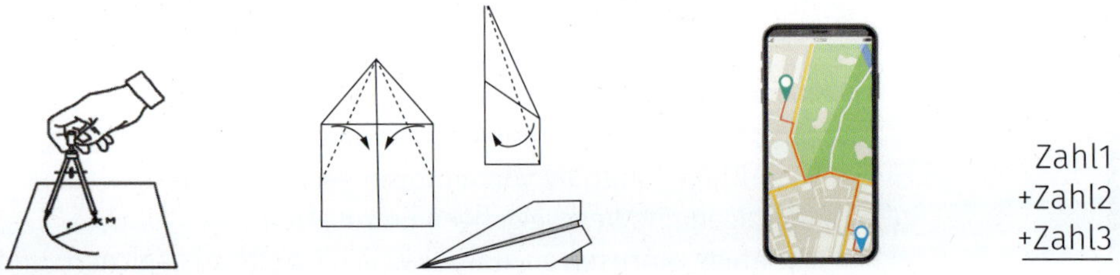

A2 **a)** Nenne die Aufgaben und Problemstellungen, welche obige Abbildung zeigt.

b) Notiere weitere Situationen aus dem Alltag, die einem Algorithmus folgen.

Algorithmen und Social Media

Auf YouTube, TikTok und Co. werden einer Person häufig genau die Inhalte angezeigt, die sie besonders spannend findet. Dafür sind ausgeklügelte Algorithmen verantwortlich. Sie erforschen im Hintergrund, was eine Person mag und was ihr gefallen könnte. Ein wichtiges Ziel vieler Plattformen ist, möglichst interessante Inhalte zu zeigen, um die Besucher länger auf der Plattform zu halten.

Drei Prinzipien sind dabei besonders wichtig:

Daten sammeln
Jede Person hinterlässt durch ihr Verhalten viele Spuren.

Daten auswerten
Das Verhalten wird analysiert, um Muster zu erkennen.

Personalisieren
Auf Grundlage der Ergebnisse der Auswertung werden individuell neue Inhalte präsentiert.

SPRACHE

A3 a) Erstelle eine Liste: Welche Spuren hinterlässt du deiner Meinung nach durch dein Verhalten auf einer Videoplattform?

b) Sammelt eure Gedanken hierzu in der Klasse und tauscht euch gemeinsam aus.

MERKE

Ein **Algorithmus** verarbeitet eine Eingabe zu einer eindeutigen Ausgabe (EVA-Prinzip). Er besteht aus einzelnen **Anweisungen**. Diese werden Schritt für Schritt, einem festen **Ablauf** folgend, ausgeführt. Algorithmen kommen in allen Bereichen der digitalen Welt vor.

AUFGABEN

1 Notiere möglichst genau den Algorithmus, dem du beim Falten eines Papierfliegers folgst.

SPRACHE

2 Beobachte für eine Woche, welche Art von Inhalten dir auf einer Video- oder einer Social-Media-Plattform angezeigt werden. Erscheinen bestimmte Beiträge besonders häufig? Erstelle eine Liste mit Informationen, die der Algorithmus deiner Meinung nach verwendet hat, um dir die Vorschläge zu machen.

SPRACHE

3 In sozialen Medien kommt es häufig zum „Rabbit Hole"-Phänomen: Immer wieder werden dir neue Inhalte zu einem ähnlichen Thema vorgeschlagen. Dadurch tauchst du immer tiefer ein. Nenne verschiedene Gründe, weshalb dies zum Problem werden kann.

Erfahrungsbericht zum Rabbit Hole

„Ich habe mich gerade schlecht gefühlt, weil ich unglücklich verliebt war. Deshalb habe ich mir ein paar Videos über Liebeskummer angesehen. Es kamen dann immer mehr traurige und deprimierende Inhalte. Ich konnte nicht aufhören, sie mir anzusehen. Nach einer Weile fühlte ich mich immer schlechter und hatte das Gefühl, in einem Strudel gefangen zu sein."

4.2 Darstellung von Algorithmen

Jakob hat ein neues Klemmbausteinset bekommen. Neben allen benötigten Einzelteilen enthält das Set eine Anleitung. Diese beschreibt den Aufbau Schritt für Schritt.

- **Vervollständige den Satz: „Diese Anleitung ist ein Algorithmus, weil …“**

ERARBEITUNG

Algorithmen darstellen

Algorithmen sind eine Abfolge von Anweisungen, die in einer festen Reihenfolge ausgeführt werden. Abhängig vom Einsatzgebiet können sie sehr unterschiedlich aussehen. Die Anweisungen müssen so dargestellt sein, dass eine andere Person oder eine Maschine genau weiß, was zu tun ist.

A1 Es gibt Fahrroboter, deren Bewegung über eine Abfolge von Tastendrücken programmiert werden kann.

↑ Fahre ein Feld vorwärts

↓ Fahre ein Feld rückwärts

↱ Drehe dich um 90° nach rechts

↰ Drehe dich um 90° nach links

Algorithmus: ↑ ↑ ↱ ↓ ↰ ↑

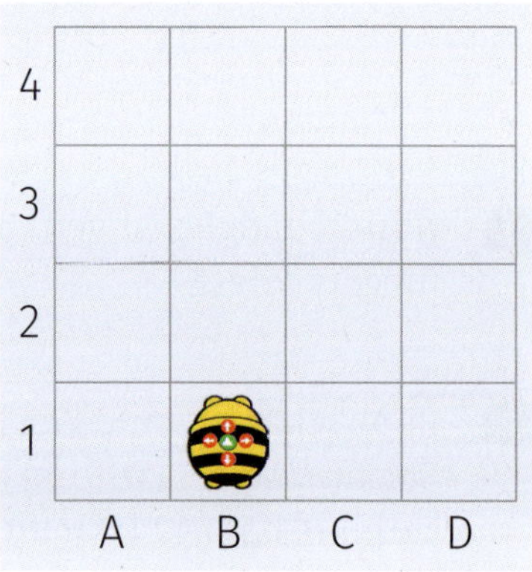

Der Roboter steht zu Beginn auf Feld B1.

a) Gib das Feld an, auf dem der Roboter landet, wenn er dem angegebenen Algorithmus folgt.

b) Notiere einen Algorithmus, der den Roboter vom Feld B2 zum Feld D4 steuert. Gibt es nur eine richtige Lösung?

Darstellungsformen von Algorithmen

Zur Darstellung von Algorithmen haben sich verschiedene Methoden bewährt. Beim Planen von Computerprogrammen wird häufig ein **Struktogramm** verwendet. Das ist eine bildliche Darstellung eines Algorithmus. Generell werden sowohl blockbasierte als auch textbasierte Darstellungsformen von Algorithmen genutzt (**Blockform** und **Textform**).

Struktogramm
bildliche Darstellung mit Rechtecken, die von oben nach unten gelesen wird

Start

Lade das Profil des Nutzers und seine gespeicherten Vorlieben.

Schlage basierend auf dem Nutzerprofil und den Vorlieben ein neues Video vor.

Wiederhole für jedes neue Video, solange der Nutzer aktiv ist:

- Nutzer sieht Video nach 5 Sekunden noch?
  - ja: Schlage als nächstes ein ähnliches Video vor.
  - nein: Schlage als nächstes ein anderes Video vor.
- Aktualisiere das Nutzerprofil und seine Vorlieben.

Ende

Blockform
bildliche Darstellung mit farbigen Bausteinen, die wie Puzzleteile zusammengefügt werden

Dieses kleine Programm wurde für die Katze in Blockform erstellt:

Textform
Anweisungen und Abläufe werden nach einer festen Grammatik mit eindeutigen Begriffen notiert.

```
BEGINN

// Den Benutzer nach
seinem Namen fragen
AUSGABE
"Wie heißt du?"

NAME = EINGABE()

// Den Benutzer
begrüßen
AUSGABE
"Hallo, "+ NAME + "!"

// Dem Benutzer eine
freundliche Nachricht
senden
AUSGABE
"Schön, dich kennen-
zulernen."

ENDE
```

SPRACHE

A2 a) Lies das Struktogramm von oben nach unten. Beschreibe, welche Aufgabe der Algorithmus im Alltag erfüllt.

b) Betrachte den Algorithmus in Blockform. Nachdem die grüne Fahne angeklickt wurde, sagt die Katze zuerst für zwei Sekunden „Hallo". Berechne, wie viele Schritte sie danach insgesamt geht.

c) Betrachte den Algorithmus in Textform. Notiere den gesamten Text, der ausgegeben wird. Verwende deinen eigenen Namen als eingegebenen Namen.

MERKE

Je nach Anwendung werden Algorithmen unterschiedlich dargestellt. **Struktogramme** werden zur Planung oder für eine gute Übersicht genutzt. Die Erstellung von Algorithmen in **Blockform** eignet sich besonders für Einsteiger. Die Programmierung in **Textform** ist im Alltag und in der Arbeitswelt sehr verbreitet.

AUFGABEN

1 Halte deinen Schulweg in einem Struktogramm fest. Beachte dabei, dass dein Schulweg vom Wetter beeinflusst werden kann.

4.3 Einführung in die Programmierung mit Scratch

Du weißt bereits, was Algorithmen sind und wie sie dargestellt werden können. Um Computerprogramme zu schreiben, braucht man eine Sprache, die der Computer versteht. Eine einfach zu lernende Programmiersprache ist Scratch. Mit Scratch lassen sich zum Beispiel Geschichten, digitale Helfer und Spiele programmieren.

- **Spiele das hinterlegte Scratch-Spiel Geisterjagd.**

38315-053
Geisterjagd-Spiel

ERARBEITUNG

Die Oberfläche von Scratch

In Scratch gibt es verschiedene Bereiche. In der **Werkzeugkiste** gibt es unterschiedliche Programmierbausteine in Blockform. Diese Bausteine sind in Gruppen geordnet. Auf der **Arbeitsfläche** werden Algorithmen erstellt. Dazu werden die Blöcke zu **Skripten** zusammengebaut. Auf der **Bühne** lassen sich die Programme testen und ausführen. Für die Figuren und Bühnenbilder (Hintergründe) gibt es einen eigenen Bereich.

38315-054
Webseite Scratch

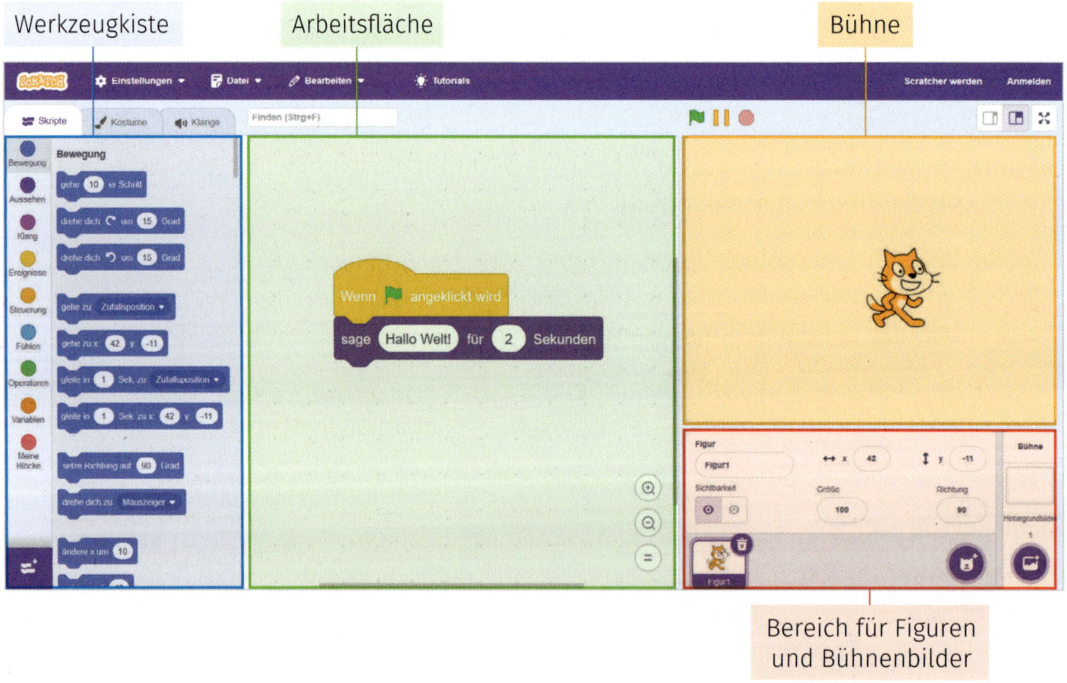

38315-055
Scratch-Video: Oberfläche

A1 Sieh dir das hinterlegte Video an. Mache dich mit der Oberfläche von Scratch vertraut. Baue die gezeigten Skripte nach und führe sie aus.

Auf die Form kommt es an

Das Programmieren mit Scratch ähnelt dem Bauen mit Klemmbausteinen. Abhängig von ihrer Form können die einzelnen Programmierbausteine zusammengesetzt und miteinander kombiniert werden.

Startblöcke
stehen am Anfang eines Skripts; tritt das festgelegte Ereignis ein, wird das Skript ausgeführt.

Beispiel:

Anweisungsblock
klassischer Baustein, der eine einzelne Anweisung gibt, die umgesetzt wird

Beispiel:

Endblöcke
Hiermit kann ein Skript oder das ganze Programm beendet werden. Endblöcke sind nur manchmal notwendig.

Beispiel:

In manchen Blöcken können Texte und Zahlen eingegeben werden. Das ist praktisch, um Werte zu übergeben oder zu berechnen. Diese Blöcke sind rund und können über den runden Zielbereich gezogen werden. Leuchtet der Zielbereich auf, so kann der Block losgelassen werden.

Blöcke können nicht nur zusammengefügt, sondern auch wieder getrennt werden. Nicht mehr benötigte Blöcke werden einfach in die Werkzeugkiste „zurückgeworfen“.

A2 Betrachte den abgebildeten Algorithmus.

a) Suche die einzelnen Programmierblöcke in der Werkzeugkiste. Die jeweilige Farbe hilft dir, sie zu finden.

b) Baue das Skript nach und führe es aus. Beschreibe den Ablauf des Programms.

c) Erläutere: Wie kann man vermeiden, dass „Hallo“ und der eingegebene Name zusammengeschrieben werden?

MERKE

Scratch ist eine frei verfügbare und kostenlose **Programmierumgebung**. Sie wurde speziell für Kinder und Jugendliche entwickelt, um Programmieren zu lernen. **Programmierblöcke** werden wie Klemmbausteine zusammengesetzt. Scratch kann online über den Browser oder als Offline-Version mit dem Computer oder dem Tablet verwendet werden.

AUFGABEN

1 In der Gruppe Klang kannst du unterschiedliche Klänge laden. Programmiere ein „Tastaturschlagzeug“: Beim Drücken einer von dir festgelegten Taste soll ein bestimmtes Schlagwerk ertönen.

4.4 Anweisung und Sequenz

Eine neue Schülerin in der Klasse fragt dich an der Klassenzimmertür nach dem Weg zur Toilette. Notiere für sie eine möglichst genaue Wegbeschreibung, indem du den Weg mit folgenden Bewegungen beschreibst:

- **Gehe x Schritte geradeaus.**
- **Drehe dich nach rechts.**
- **Drehe dich nach links.**

ERARBEITUNG

Anweisungen

Für die Programmierung von Figuren und Bühnenbildern gibt es in Scratch viele **Anweisungen** in Blockform. Damit ist es beispielsweise möglich, eine Spielfigur über die Bühne zu bewegen:

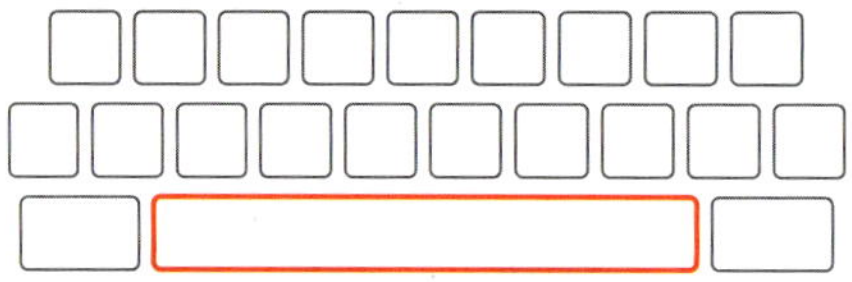

SPRACHE

A1 Öffne ein neues Projekt in Scratch.

a) Lade die Spielfigur „Trisha" und setze ihre Größe auf 50.

b) Verbinde den abgebildeten Startblock mit der Anweisung „gehe 10er Schritt". Drücke die Leertaste. Beschreibe deine Beobachtungen.

c) Erweitere dein Programm mit vier Startblöcken, die auf die unterschiedlichen Pfeiltasten warten. Schließe ihnen eine Anweisung an, die Trisha jeweils in die passende Richtung dreht. Steuere Trisha anschließend über die Bühne.

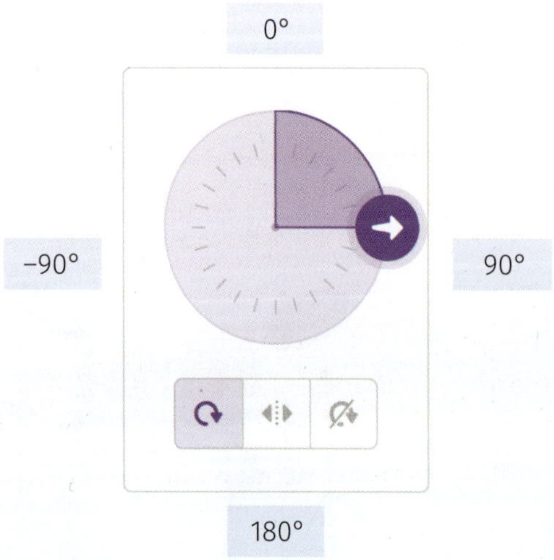

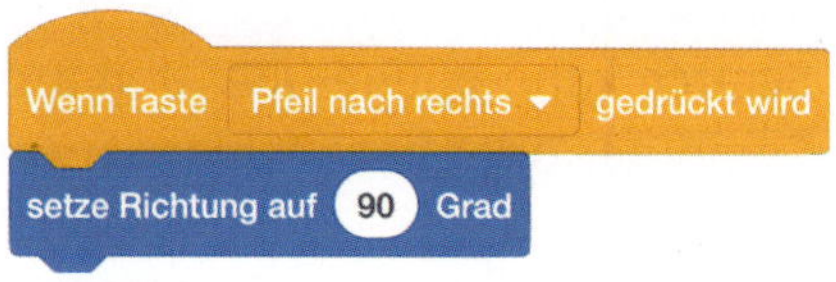

Sequenzen und Skripte

Werden in Scratch mehrere Anweisungsblöcke zusammengefügt, ergeben diese eine **Sequenz**. Wird eine Sequenz an einen Startblock angeschlossen, entsteht ein Skript. Durch einfaches Anklicken können eine einzelne Sequenz oder ein einzelnes Skript auch testweise ausgeführt werden.

SPRACHE

A2 Betrachte die nebenstehende Sequenz für Trisha in Scratch.

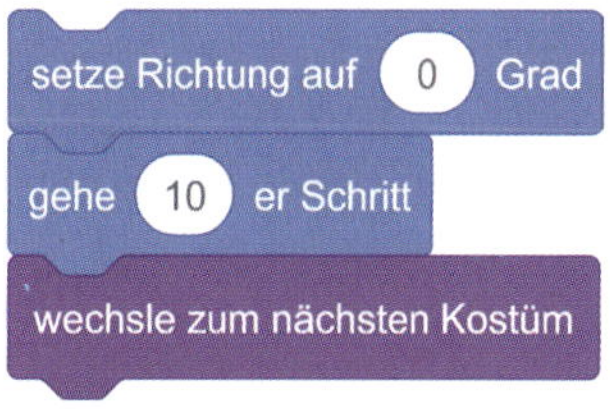

a) Baue die Sequenz nach und führe sie durch Anklicken aus. Beschreibe, wohin Trisha schaut und wie sie sich bewegt.

b) Erstelle drei ähnliche Sequenzen, mit denen sich Trisha in die drei anderen Himmelsrichtungen bewegen lässt.

c) Füge die unten abgebildeten Startblöcke den passenden Sequenzen zu. Teste dein Programm, indem du Trisha mit den Pfeiltasten über die Bühne steuerst.

MERKE

In Scratch werden Figuren und Bühnenbilder mit **Anweisungen** in Blockform programmiert. Werden mehrere Anweisungsblöcke zusammengefügt, entsteht eine **Sequenz**. Wird eine Sequenz an einen Startblock angeschlossen, bilden beide zusammen ein **Skript**.

AUFGABEN

1 Programmiere eine Sequenz in Scratch, die deine Spielfigur zurücksetzt und sie wieder in der Mitte der Bühne positioniert. Das nebenstehende Struktogramm kann dir dabei helfen.

Wenn „Grüne Fahne“ angeklickt wird
Gehe zu x: 0 y: 0
Setze Richtung auf 90 Grad
Wechsle zu Kostüm „Trisha-a“

2 Im Spiel Geisterjagd spukt es im Schloss. An zufälligen Positionen erscheinen Gespenster, die vom Spieler mit dem Mauszeiger oder durch Antippen auf dem Tablet eingefangen werden müssen.

Programmiere mit Hilfe des hinterlegten Videos eine Sequenz. Ein Geist soll für zwei Sekunden an einer zufälligen Stelle auf der Bühne erscheinen. Danach soll er wieder verschwinden.

Kapitel für Kapitel wirst du das Geisterjagd-Spiel immer weiter programmieren.

4.5 Feste Wiederholung und Endlosschleife

Das Lied „We Will Rock You“ der Band Queen hat einen weltbekannten Rhythmus: Zuerst wird zweimal auf den Boden gestampft und dann einmal geklatscht.

- **Hört euch das Lied gemeinsam in der Klasse an. Stampft und klatscht zusammen mit.**
- **Zählt mit, wie oft sich der Stampf-Klatsch-Rhythmus insgesamt wiederholt.**

ERARBEITUNG

Feste Wiederholung

Wiederholungen werden häufig für Bewegungen von Figuren verwendet.

Manchmal müssen bestimmte Anweisungen oder Sequenzen mehrmals nacheinander ausgeführt werden. Es kann sehr aufwändig sein, die notwendigen Blöcke immer wieder aneinander zu reihen. Deshalb gibt es spezielle Bausteine zur Wiederholung von Anweisungen oder Sequenzen. Wird eine Anweisung oder eine Sequenz mit einer bestimmten Anzahl durchgeführt, so spricht man von einer **festen Wiederholung**.

Skript A:

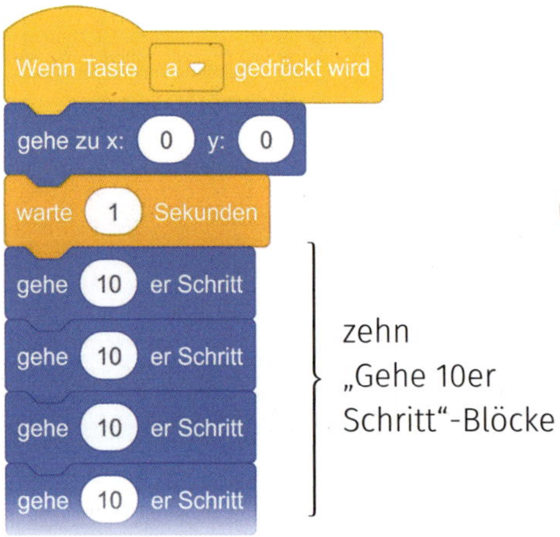

Skript B:

A1 Öffne ein neues Scratch-Projekt.

a) Baue Skript A und B nach.

b) Führe beide Skripte abwechselnd mit einem Druck auf die Tasten a und b aus. Beschreibe die jeweilige Bewegung der Katze auf der Bühne.

c) Füge beim Skript B noch ein „wechsle zum nächsten Kostüm“ in die Wiederholung ein. Führe das Skript aus und beschreibe deine Beobachtungen.

d) Klicke mit der rechten Maustaste auf das Skript B und wähle „duplizieren“ aus. Stelle beim Duplikat als Startsignal die Taste c ein. Setze hier die Anzahl der Wiederholungen auf 20 und die Schrittweite auf 5. Vergleiche die Geschwindigkeit der Bewegung der Skripte B und C.

Zeichnen und malen mit Wiederholungen

Scratch bietet auch die Möglichkeit, Erweiterungen zu laden. Damit lässt sich der Standard-Werkzeugkasten erweitern. Mit der Erweiterung *Malstift* ist es möglich, Figuren in Scratch zeichnen zu lassen. Bei Bedarf kann man die zeichnende Figur auch im Bereich für Figuren und Bühnenbilder auf unsichtbar stellen.

1. Klicke unten links auf die Schaltfläche *Erweiterung hinzufügen*.

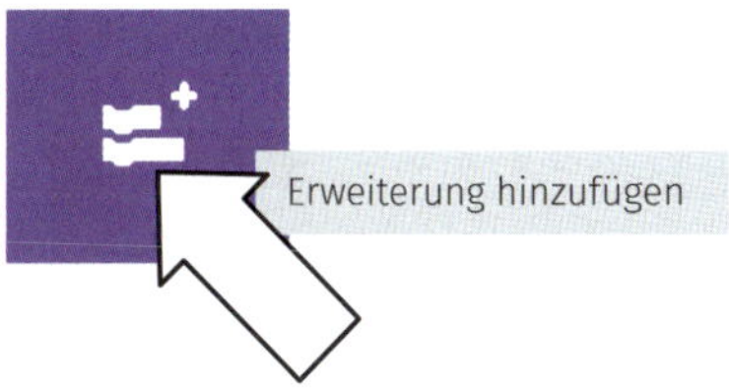

2. Wähle die Erweiterung *Malstift* aus.

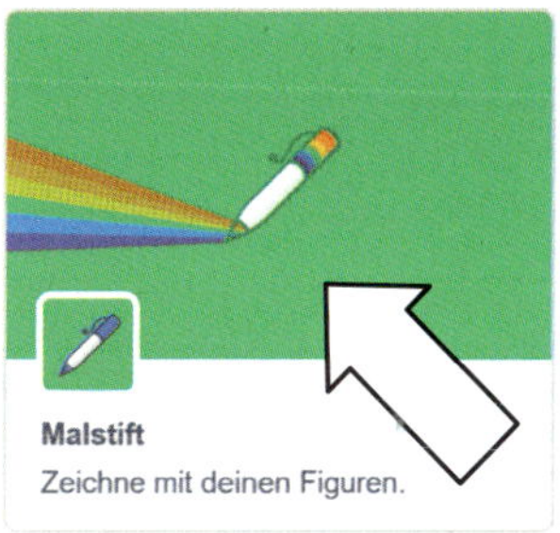

38315-057
Malstift aktivieren

A2 Betrachte die abgebildeten Skripte.

a) Baue die Skripte nach und klicke die grüne Fahne an. Nenne den Namen der Figur, die gezeichnet wird. Mit der Leertaste kannst du die Zeichnung wieder löschen.

b) Platziere deine Figur an unterschiedlichen Positionen auf der Bühne. Lasse die Figur in unterschiedlichen Größen zeichnen.

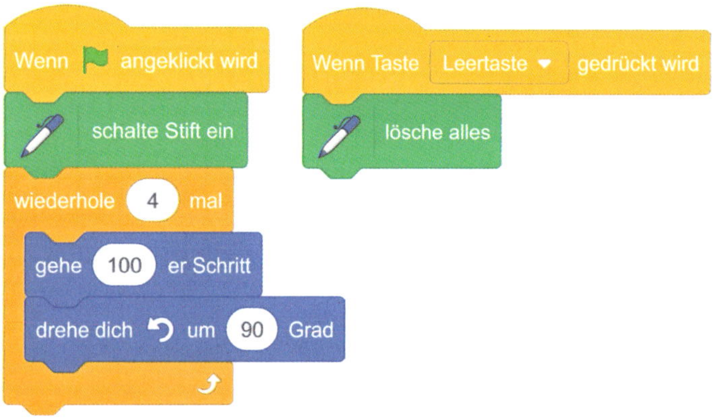

MERKE

Mit **festen Wiederholungen** können Anweisungen und Sequenzen in einer **bestimmten Anzahl** ausgeführt werden. In Scratch kann mit wiederholten Bewegungsabläufen und der wiederholten Schrittweite die **Geschwindigkeit** geregelt werden, mit der sich Figuren bewegen.

AUFGABEN

1 Programmiere ein Skript in Scratch, welches die Figur ein Rechteck mit einer Länge von 200 Schritten und einer Breite von 100 Schritten zeichnen lässt.

2 a) Ändere die Anzahl der Wiederholungen und den Drehwinkel aus A2 paarweise.

5 Wiederholungen und 72° | 6 Wiederholungen und 60° | 8 Wiederholungen und 45°

b) Nenne die Namen der Figuren, die dadurch entstehen.

c) Beschreibe Gemeinsamkeiten der Werte in den drei Beispielen.

3 Folge dem hinterlegten Video zum Thema „feste Wiederholung". Programmiere für die Geister im Spiel Geisterjagd einen Bewegungsablauf. Nutze außerdem eine feste Wiederholung dazu, um mehrere Gespenster nacheinander erscheinen zu lassen.

Kapitel für Kapitel wirst du das Geisterjagd-Spiel immer weiter programmieren.

4.6 Verzweigung

Durch Zufall hast du auf dem Speicher ein altes Buch entdeckt. Als du es neugierig öffnest, bemerkst du, dass die Seiten leuchten. Was tust du? A: „Ich blättere weiter im Buch.“ B: „Ich schließe das Buch.“

- **Überlegt in der Klasse, wie die Geschichte weitergehen kann. Denkt euch für jeden Weg zwei Entscheidungen aus, die man treffen kann.**

ERARBEITUNG

Für die Scratch-Dateien zu den Aufgaben gibt es pro Doppelseite nur einen QR-Code.

38315-059
Scratch-Dateien zu dieser Doppelseite: A2, Aufgabe 1b

Einseitige Verzweigung

In Computerprogrammen ist es manchmal notwendig, dass Dinge nur passieren, wenn eine **bestimmte Bedingung** erfüllt ist. In Scratch gibt es dafür den Block **„falls ..., dann ...“** aus der Gruppe Steuerung. Dieser Baustein heißt **einseitige Verzweigung**: Falls die Bedingung erfüllt ist, gibt es nur einen möglichen Weg für den Algorithmus.

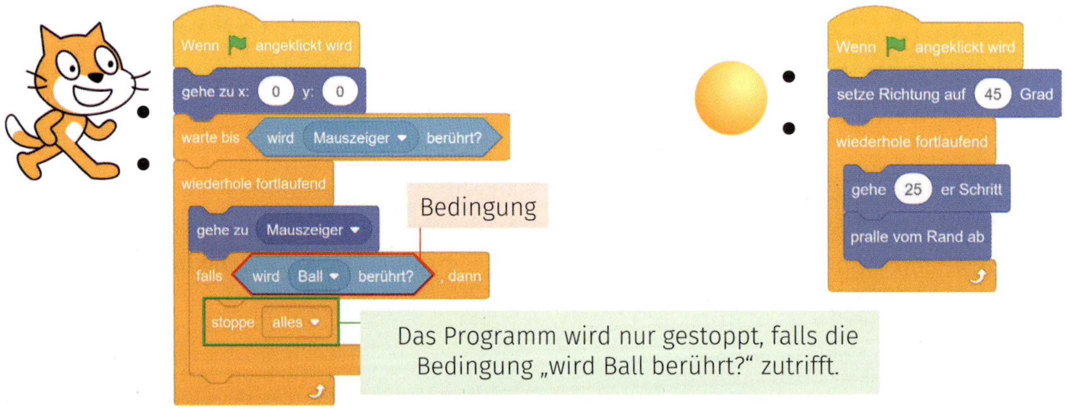

SPRACHE

Sobald du die Katze mit dem Mauszeiger berührst, geht es richtig los.

A1 **a)** Lade in einem neuen Scratch-Projekt zusätzlich zur Katze noch die Figur „Ball“. Baue für beide Figuren jeweils das oben abgebildete Skript nach. Klicke auf die grüne Fahne und teste das Spiel.

b) Klicke mit der rechten Maustaste auf die Figur Ball und wähle *duplizieren*. Erweitere das Skript der Katze um ein weiteres „falls ..., dann ...“. Das Spiel soll auch dann enden, wenn die Katze vom zweiten Ball getroffen wird.

Zweiseitige Verzweigung

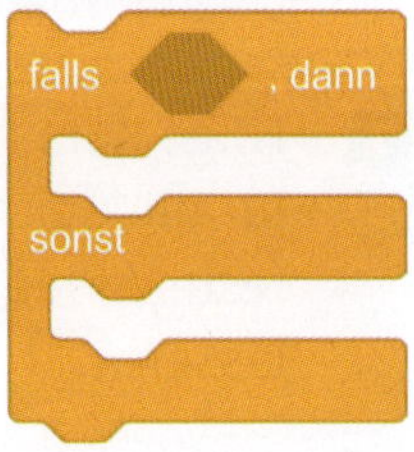

Manchmal ist es nötig, den Verlauf eines Computerprogrammes in die eine oder andere Richtung zu lenken. Dieser Baustein heißt **zweiseitige Verzweigung**. Abhängig davon, ob eine Bedingung erfüllt ist oder nicht, schwenkt der Algorithmus in die eine oder andere Richtung. In Scratch gibt es dafür den Baustein **„falls ..., dann ..., sonst ...“**.

SPRACHE

A2 **a)** Öffne die hinterlegte Scratch-Datei `4-6_A2`. Mit den abgebildeten Bausteinen kannst du die Scratch-Katze zu deinem persönlichen Vokabeltrainer machen. Füge die Blöcke so zusammen, dass die Vokabel „Stuhl: chair“ abgefragt wird.

b) Erweitere das Skript so, dass nacheinander zehn verschiedene Vokabeln aus der aktuellen Unit deines Englisch-Buchs abgefragt werden.

Achte auf die korrekte Schreibweise. Mit der „Duplizieren“-Funktion kannst du dir Arbeit sparen.

MERKE

Mit **einseitigen Verzweigungen** ist es möglich, Anweisungen und Sequenzen nur unter bestimmten Bedingungen ausführen zu lassen. Mit einer **zweiseitigen Verzweigung** kann abhängig von der Bedingung eine Entscheidung zwischen zwei alternativen Wegen in einem Algorithmus getroffen werden.

AUFGABEN

1 Beim Spiel Cave-Cat geht es darum, die Scratch-Katze sicher mit dem Mauszeiger durch die Höhle zu führen.

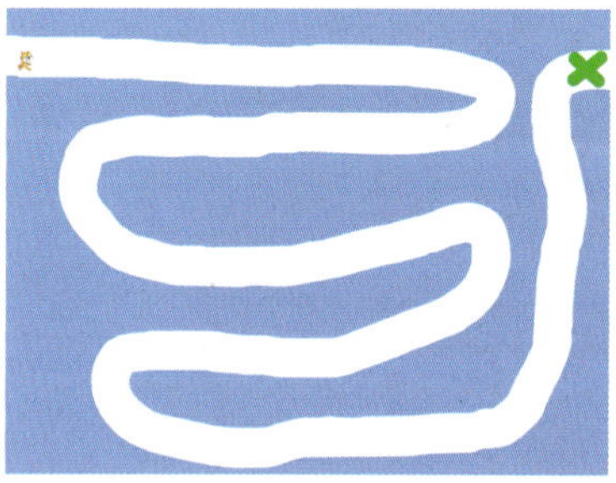

a) Öffne das hinterlegte Spiel und probiere es aus.

b) Öffne die hinterlegte Datei `4-6_Aufg1b.sb3`. Füge die Bausteine so zusammen, dass …

- zunächst gewartet wird, bis die Katze mit dem Mauszeiger berührt wird.
- alles stoppt, falls die Katze die Farbe Blau berührt. Sonst geht sie zum Mauszeiger.
- die Katze sagt „Prima! Du hast es geschafft!“, falls sie die Farbe Grün berührt.

38315-060
Spiel für Aufgabe 1a

2 Erweitere das Spiel aus A1 und gestalte es nach deinen Wünschen. Füge bei Bedarf weitere Bälle hinzu und verändere deren Geschwindigkeit, um es noch spannender zu machen. Wähle für jeden Ball ein unterschiedliches Kostüm. Baue verschiedene Klänge an geeigneter Stelle als Soundeffekt ein.

3 Folge dem hinterlegten Video zum Thema Verzweigung. Programmiere nun eine Verzweigung. Damit soll der Spieler oder die Spielerin steuern, in welcher Umgebung das Spiel Geisterjagd gespielt wird.

38315-061

Kapitel für Kapitel wirst du das Geisterjagd-Spiel immer weiter programmieren.

4.7 Variablen

Der Weltrekord für die meisten Bottleflips pro Minute mit einer Plastikflasche liegt bei 71 (Stand: 2025).

- **Wie viele Bottleflips schaffst du pro Minute? Stoppt gemeinsam im Klassenzimmer. Mache nach jedem erfolgreichen Versuch einen Strich. So verzählst du dich nicht.**
- **Notiert nach jedem Durchgang die Person mit den meisten Bottleflips.**

ERARBEITUNG

38315-062
Scratch-Dateien zu dieser Doppelseite: A2a, A2c

Variable

Eine **Variable** ist ein wichtiges Werkzeug beim Programmieren. In ihr können einfache Informationen als Zahl oder Text gespeichert werden. Das können beispielsweise Punktestände, Namen oder andere Daten sein. Der Inhalt einer Variablen kann jederzeit zurückgesetzt oder verändert werden. Das ist zum Beispiel nötig, wenn der Punktestand sich erhöht oder ein Name geändert wird.

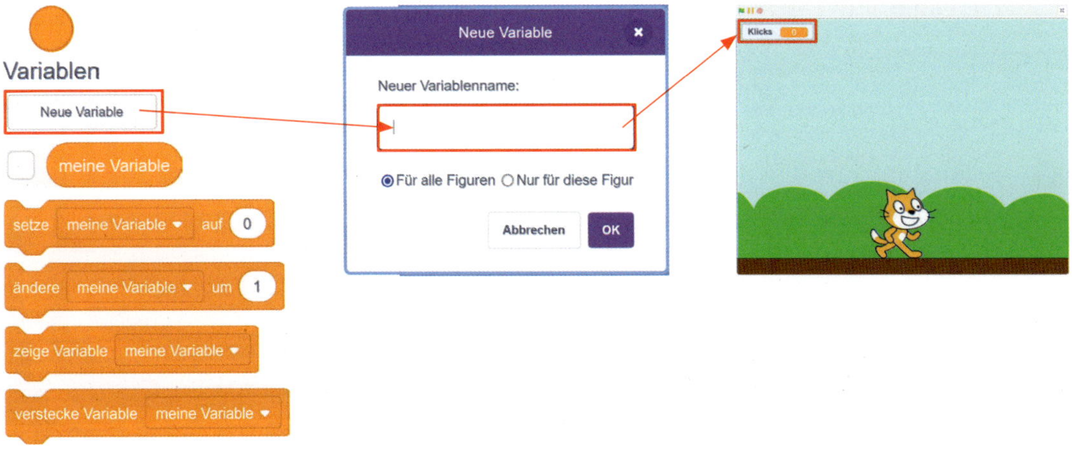

In Scratch gibt es eine extra Gruppe für Variablen. Jede Variable erhält einen eindeutigen Namen. Nachdem eine neue Variable erstellt wurde, ist sie direkt auf der Bühne sichtbar.

A1 Erzeuge ein neues Scratch-Projekt.

a) Erstelle eine Variable mit dem Namen `Klicks`.

b) Programmiere einen Klickzähler, der jeden Klick auf deine Spielfigur zählt. Mit der Leertaste soll die Variable `Klicks` wieder auf 0 gesetzt werden.

c) „Auf die Plätze, fertig, los!“: Wer schafft die meisten Klicks auf die eigene Spielfigur pro Minute?

Variablen setzen, ändern und verwenden

Der Inhalt einer Variablen lässt sich beliebig oft verändern oder auf einen neuen Wert setzen. Für jede Variable wird in Scratch ein eigener Block erzeugt. Mit seiner runden Form lässt er sich vielfältig in Skripte einbauen.

Anwendungen:
- Punkte zählen in einem Spiel
- Punktezähler bei einem Neustart wieder zurücksetzen

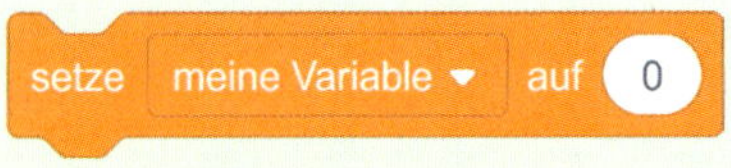

Die Variable erhält die Zahl/den Text als Wert, die/der anstelle der „0“ eingegeben wird.

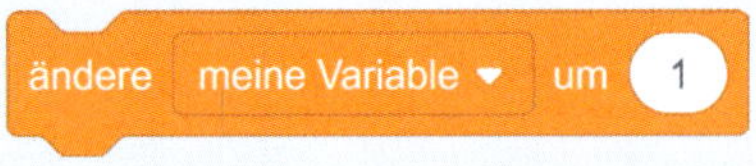

Die Variable wird um die angegebene Zahl verändert. Mit einer Minuszahl lässt sich der Wert auch verkleinern.

Der runde Variablenblock lässt sich in andere Blöcke mit rundem Feld einsetzen. Bevor die Variable losgelassen wird, muss das Zielfeld leuchten.

Mit Variablen vergleichen

Kleiner (<), größer (>) und gleich (=) werden auch häufig im Matheunterricht verwendet. In Scratch kann man diese „Operatoren“ (grüne Gruppe) ebenfalls nutzen. Damit lassen sich Anweisungen oder Sequenzen starten, sobald eine Variable einen bestimmten Wert angenommen, über- oder unterschritten hat.

SPRACHE

A2 Teste das hinterlegte Scratch-Programm `4-7_A2a`.

a) Beschreibe die Wirkung des Start- bzw. Stopp-Buttons in Bezug auf die Variable `Zeit`.

b) Erläutere, warum man die eingebaute Stoppuhrfunktion nicht direkt verwendet, um die Zeit zu stoppen.

c) Öffne die hinterlegte Scratch-Datei `4-7_A2c`. Setze die Blöcke so zusammen, dass die Katze nach dem Namen fragt. Der Name soll anschließend in der Variablen `Name` gespeichert werden. Danach soll die Katze „Hallo“ und den eingegebenen Namen in einer Sprechblase sagen.

MERKE

In einer **Variable** kann man einen Text oder eine Zahl speichern. Variablen können auf einen Wert gesetzt oder im Verlauf eines Skriptes verändert werden. Sie können an verschiedenen Stellen eines Skriptes weiterverwendet werden.

AUFGABEN

1 Lade deine vier Lieblingsfiguren in Scratch. Erzeuge für jede Figur eine Variable mit dem Namen der Spielfigur. Programmiere ein Zählwerkzeug, wie im hinterlegten Figuren-Spiel. Führe eine Umfrage in der Klasse oder in der Schule durch.

38315-063
Spiel für Aufgabe 1

2 Folge dem hinterlegten Video zum Thema Variablen.

a) Programmiere für das Spiel Geisterjagd einen Zähler für die Geister, die erwischt wurden.

b) Erweitere das Spiel um ein Skript, welches einen Soundeffekt deiner Wahl abspielt, sobald zehn Geister erwischt wurden.

Fortsetzung von A1

Kapitel für Kapitel wirst du das Geisterjagd-Spiel immer weiter programmieren.

4.8 Bedingte Wiederholung

Bewegungspausen sind gesund. Lina schreibt eine Anleitung für ein kleines Bewegungsspiel: „Starte an einer Wand. Hüpfe solange auf dem gleichen Bein, bis du an der gegenüberliegenden Wand angekommen bist.“

- **Spielt das Spiel gemeinsam in kleinen Gruppen.**
- **Denkt euch mehr Spiele aus, bei denen eine Bewegung gemacht wird, bis ein Ziel erreicht ist.**

ERARBEITUNG

38315-065
Scratch-Dateien zu dieser Doppelseite: A1, A2, A3

Bedingte Wiederholung

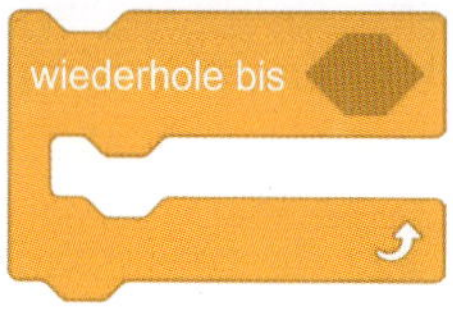

Manchmal soll dieselbe Anweisung oder Sequenz solange wiederholt werden, bis eine bestimmte Bedingung zutrifft. In der Informatik nutzt man hierfür die sogenannte **bedingte Wiederholung**. In Scratch heißt der passende Block aus der Gruppe Steuerung **„wiederhole bis ...“**. Wie bei einer Verzweigung kann eine Bedingung in das sechseckige freie Feld eingesetzt werden.

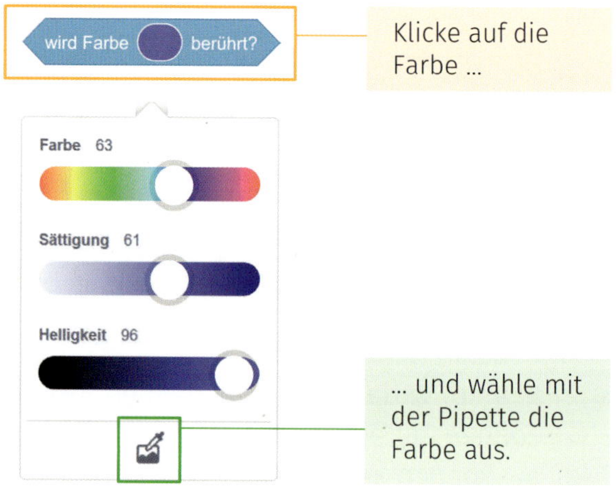

A1 a) Öffne die Scratch-Datei `4-8_A1a`. Setze die Blöcke so zusammen, dass die Scratch-Katze solange 10er-Schritte macht, bis sie die rote Linie erreicht hat.

b) Öffne die Scratch-Datei `4-8_A1b`. Erstelle ein Skript mit einer bedingten Wiederholung. Die Figur `Würfel` soll nach Klicken der grünen Fahne so lange einen Kostümwechsel durchführen, bis die Leertaste gedrückt wird.

Alles eine Frage der Bedingung

In Scratch gibt es verschiedene Möglichkeiten, um Bedingungen zu setzen. Die Gruppe `Fühlen` enthält fertige Bausteine, die sehr praktisch sein können. Mit `Operatoren` hat man die Möglichkeit, komplexere Bedingungen zu gestalten.

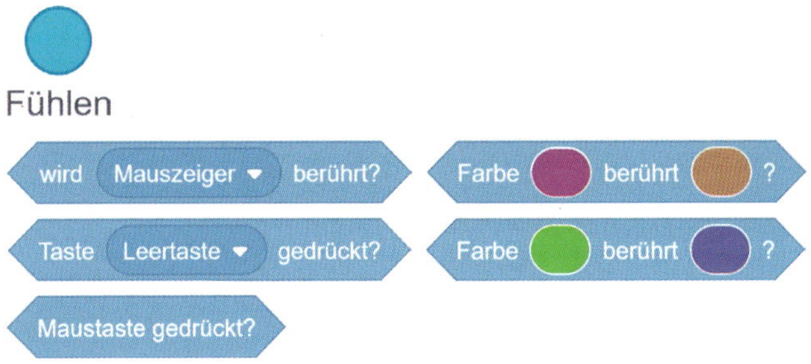

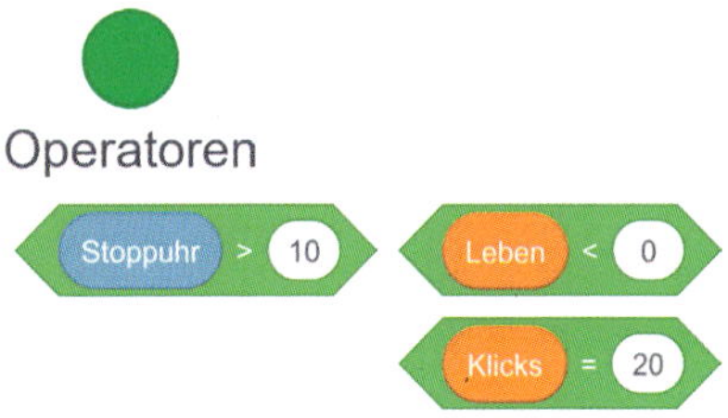

SPRACHE

A2 Scratch verfügt über eine eingebaute Stoppuhr. Diese kannst du zusammen mit einer bedingten Wiederholung nutzen. So kann man beispielsweise ein Spiel nur eine bestimmte Zeit laufen lassen.

a) Öffne die Scratch-Datei `4-8_A2` und klicke die grüne Fahne an. Wie viele Katzen kannst du mit dem Mauszeiger in zehn Sekunden fangen?

b) Tausche die fortlaufende Wiederholung durch eine bedingte Wiederholung aus. Als Spieler soll man nur noch zehn Sekunden Zeit haben, um so viele Scratch-Katzen wie möglich zu fangen. Nutze die bereitliegenden Blöcke. Setze vor der Wiederholung die Stoppuhr zurück.

Schachtelung

Manchmal wird in der Informatik eine Wiederholung innerhalb einer Wiederholung ausgeführt. Das nennt man **Schachtelung**.

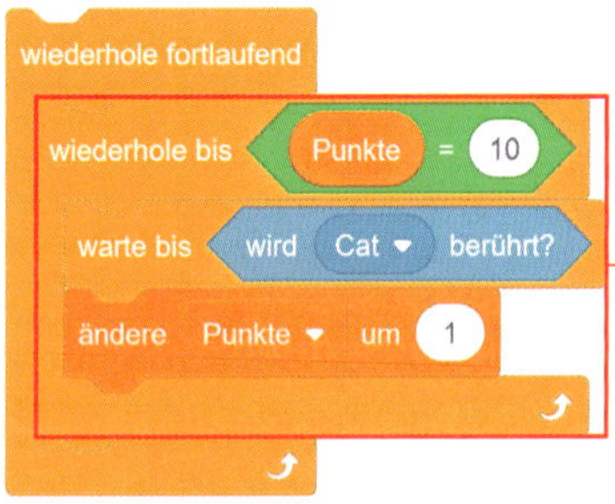

Die bedingte Wiederholung „wiederhole bis Punkte = 10" wurde in das „wiederhole fortlaufend" geschachtelt.

SPRACHE

A3 Öffne die Scratch-Datei `4-8_A3`. Mit den Pfeiltasten steuerst du die Rakete nach links und rechts. Mit der Leertaste soll sie einen Laserstrahl abfeuern.

a) Starte das Projekt und drücke die Leertaste. Beschreibe deine Beobachtungen. Welcher Fehler besteht aktuell noch?

b) Schachtle bei der Figur `Laser` in die Wiederholung eine bedingte Wiederholung hinein. Diese soll `y` so lange um 20 verändern, bis der Laserstrahl den Rand berührt. Anschließend soll die Figur versteckt werden.

MERKE

Eine **bedingte Wiederholung** führt eine Anweisung oder Sequenz so lange wiederholt aus, bis eine Bedingung zutrifft. Nachdem die Bedingung erfüllt wurde, beendet das Skript die Wiederholung und fährt mit dem nächsten Schritt im Programm fort.

AUFGABEN

1 Erweitere das Skript aus A2. Es soll die Zeit gestoppt werden, die der Spieler benötigt, um zehnmal die Scratch-Katze zu fangen. Erzeuge eine Variable `Zeit`, in welcher der Wert der Stoppuhr gespeichert wird, nachdem das Ziel erreicht wurde.

2 Folge dem hinterlegten Video zum Thema Schachtelung. Setze im Spiel Geisterjagd die Gespenster mit einem passenden Skript in Bewegung.

Kapitel für Kapitel wirst du das Geisterjagd-Spiel immer weiter programmieren.

4.9 Projekt: Geisterjagd – Das Spiel

38315-067
Geisterjagd

Geisterjagd – Das Spiel

Auf den vergangenen Seiten hast du gelernt, mit Anweisungen, Sequenzen, Wiederholungen, Verzweigungen und Variablen zu arbeiten. Dabei hast du bereits einzelne Elemente vom Spiel Geisterjagd programmiert.
Hinterlegt findest du Erklärvideos, um das komplette Spiel in der Grundversion zu programmieren.

38315-068
Geisterjagd – Erweiterungen

Geisterjagd – Erweiterungen

Das Geisterjagd-Spiel lässt sich natürlich noch mit vielen Ideen erweitern. Sieh dir das hinterlegte Video an.
Darin werden verschiedene Möglichkeiten zur Erweiterung vorgestellt. Du erfährst, wie du die neuen Elemente in deine aktuelle Version von Geisterjagd einbaust.

Soundeffekte

In Scratch hast du die Möglichkeit, Klänge aus einer großen Sammlung zu laden oder eigene Sounds aufzunehmen. Dazu wählst du oben links den Reiter *Klänge* aus.

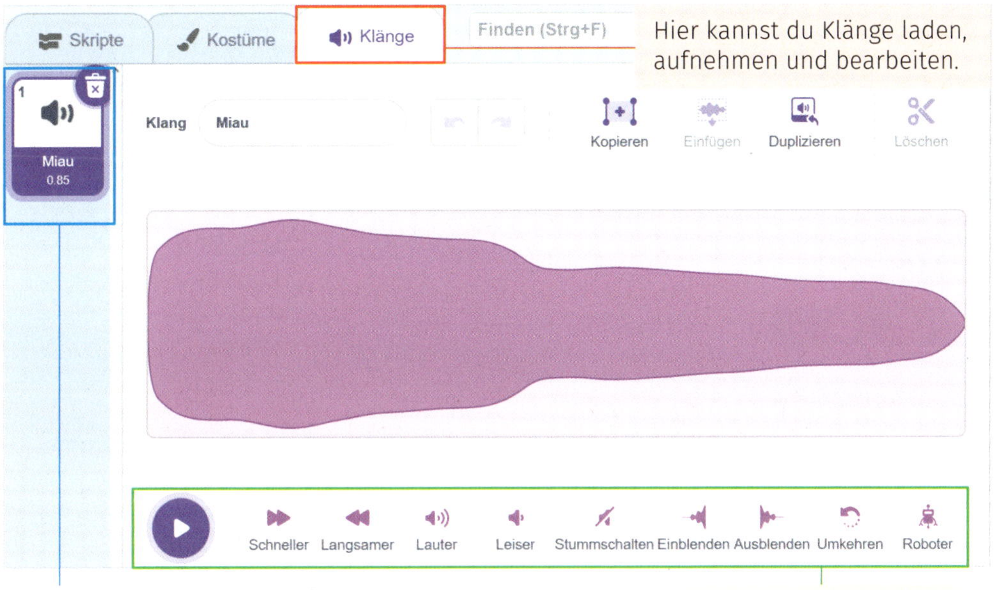

Hier sind die Klänge, die du für deine Figur geladen oder aufgenommen hast.

Mit Effekten kannst du Klänge bearbeiten.

Um einen Soundeffekt an einer bestimmten Stelle einer Sequenz abspielen zu lassen, stehen dir zwei Blöcke zur Verfügung.

Der Klang wird abgespielt. Das Skript läuft währenddessen weiter:

Der Klang wird abgespielt. Das Skript läuft erst weiter, wenn der Klang fertig ist:

Animationen

Animationen und Effekte machen dein Spiel abwechslungsreicher und spannender. Die abgebildeten Blöcke ergeben richtig zusammengebaut und an der passenden Stelle eingesetzt beispielsweise eine Animation für jeden gefangenen Geist.

Highscore

Was ist die höchste Anzahl an Geistern, die jemals in deinem Spiel innerhalb von 30 Sekunden gefangen wurde? Erstelle eine neue Variable `Highscore`. Vergleiche am Ende jeder Runde, ob ein neuer Rekord vorliegt. Falls dies der Fall ist, setzt du die Variable `Highscore` auf den Wert von `Erwischt`.

4.10 Üben und Vertiefen

38315-069
Scratch-Dateien zu diesem Kapitel: Aufgabe 5, 6b, 6c, 6d, 7, 8, 10a, 11

1 In der Abbildung siehst du Algorithmen in unterschiedlichen Darstellungen.

① 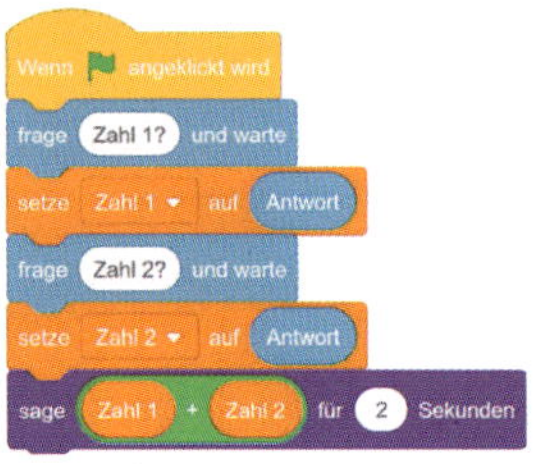

②

Start
Schreibe "Hallo Welt!"
Schreibe "Schön, dass es dich gibt!"
Ende

③

```
BEGINN
AUSGABE
"Hallo Welt!"
AUSGABE
"Schön, dass es
dich gibt!"
ENDE
```

Benenne die jeweilige Darstellungsform.

Beschreibe und vergleiche die Darstellungsformen.

SPRACHE

2 Suche im Internet nach der Faltanleitung für eine Knalltüte. Folge der Sequenz der einzelnen Faltanweisungen und falte deine eigene Knalltüte.

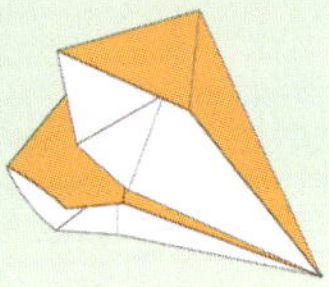

Falte deinen Lieblingspapierflieger. Schreibe eine Faltanleitung in Form einer Sequenz von einzelnen Faltanweisungen.

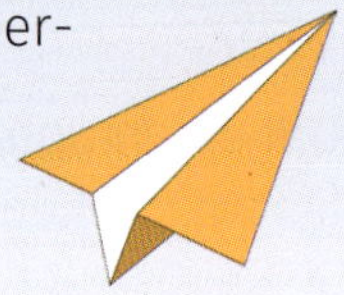

3 Kennst du das Roboterspiel aus dem Sportunterricht? Bildet Zweierteams und stellt euch hintereinander auf. Das vordere Kind ist Roboter und das hintere programmiert:

↑ 1× zwischen die Schultern tippen: Gehe einen Schritt vorwärts.
↓ 2× zwischen die Schultern tippen: Gehe einen Schritt rückwärts.
↰ Auf die linke Schulter tippen: Drehe dich um 90° nach links.
↱ Auf die rechte Schulter tippen: Drehe dich um 90° nach rechts.

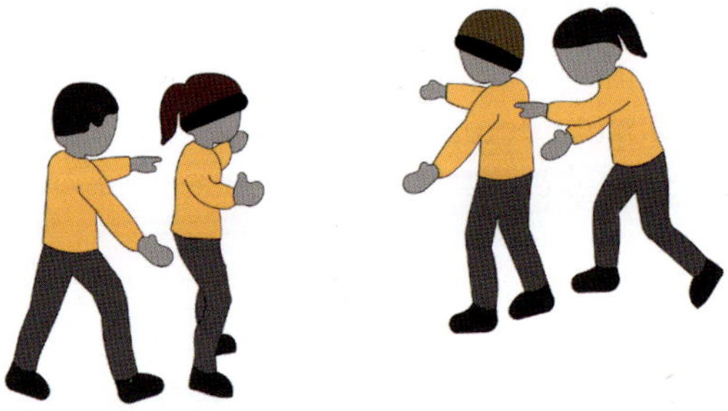

Jede Anweisung wird direkt ausgeführt: Der Roboter wird so programmiert, dass er zu einem bestimmten Punkt im Zimmer bewegt wird (z. B. zur Tür). Danach wird gewechselt.
Steuert verschiedene Punkte im Zimmer an und versucht unterschiedliche Wege zum selben Ziel zu finden.

a) Jeweils fünf Anweisungen werden als Sequenz einprogrammiert und ausgeführt. Notiert die einzelnen Sequenzen, die nötig sind, um an einen bestimmten Punkt im Zimmer zu gelangen. Verwendet hierzu die obigen Zeichen und schreibt in 5er-Blöcken.

b) Gebt euren Programmcode an einen anderen Programmierer, der ihn mit seinem „Roboter“ vom selben Startpunkt aus testet.

SPRACHE

4 Öffne die hinterlegte Datei `4-10_Aufg4.sb3`.

Grüne Fahne angeklickt	
Gehe zur Position x = 0 und y = 0	
Wiederhole 24 mal:	
	Erzeuge einen Klon von dir selbst
	Drehung um 15° im Uhrzeigersinn

a) Baue den im Struktogramm dargestellten Algorithmus in Scratch nach. Hast du alles richtig gemacht, wird nach Klicken der grünen Fahne nebenstehendes Muster erzeugt.

b) Experimentiere mit anderen Anzahlen von Wiederholungen. Passe den Drehwinkel an, sodass das Produkt immer 360 ergibt.

c) Erzeuge auf ähnliche Art und Weise mit anderen geometrischen Figuren Muster.

5 Sieh dir zunächst das hinterlegte Projekt `CatDog` an. Anschließend sollst du in Scratch ein Projekt programmieren, das möglichst das gleiche Ergebnis liefert.

38315-070
Projekt für Aufgabe 5

a) Folge dem grünen Link.

b) Folge dem blauen Link.

SPRACHE

6 Lisa möchte ein Autospiel in Scratch programmieren. Das Auto gestaltet sie selbst. Es soll über die Pfeiltasten gesteuert werden. Sie klickt dazu auf *Figur wählen* → *Pinsel*.

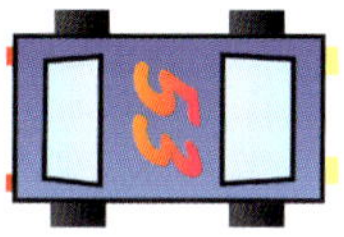

a) Gestalte in Scratch eine Figur als Auto ähnlich wie Lisa. Setze dabei deine eigenen Wünsche und Vorstellungen um.

b) Öffne die hinterlegte Datei `4-10-Aufg6b.sb3`. Füge die Blöcke so zusammen, dass du das Auto mit den Pfeiltasten über die Bühne steuern kannst.

c) Erstelle das Skript anschließend für das von dir gestaltete Auto.

b) Öffne das hinterlegte Auto-Spiel. Teste, wie du das Auto mit den Pfeiltasten steuern kannst.

c) Setze eine entsprechende Programmierung für dein eigenes Auto um. Öffne dazu die hinterlegte Datei `4-10-Aufg6c.sb3`.

38315-071
Spiel für Aufgabe 6b (blau)

d) Leon versucht, die Programmierung nicht mit einseitigen Verzweigungen (`"falls … dann …"`) zu lösen.

Stattdessen verwendet er Startblöcke, die per Tastendruck ausgelöst werden. Öffne die hinterlegte Datei `4-10-Aufg6d.sb3`.
Teste Leons Programmierung. Hast du eine Vermutung, warum er nicht ganz zufrieden ist? Beschreibe die unterschiedliche Arbeitsweise seines Programmes im Vergleich zu jenem, das du in Teilaufgabe b) und c) programmiert hast.

4.10 Üben und Vertiefen

SPRACHE

7 Öffne die hinterlegte Datei `4-10_Aufg7.sb3`. Drücke die grüne Fahne und beobachte, was passiert. Sieh dir das dazugehörige Skript der Figur `Block-M` an.

a) Lade alle Buchstabenfiguren, die du für deinen Namen benötigst. Übertrage die Programmierung aus der Vorlage auf deine Buchstaben. Verändere sie so, dass die Buchstaben alle an der gleichen Position starten und durch das Gleiten ansprechend auf der Bühne platziert werden.

b) Schachtle die Programmierung, welche die Buchstaben kurz pulsieren lässt, jeweils in eine 3-fache Wiederholung. Der Effekt soll dadurch dreimal wiederholt werden.

c) Versieh deine Skripte mit Soundeffekten, die du an geeigneter Stelle erklingen lässt.

d) Experimentiere mit dem Block `"ändere Effekt … um …"` und anderen Effekten, um die Animation deines Namens noch schöner zu machen. Setze deine Effekte zu Beginn des Skriptes mit `"setze Effekt … auf …"` zurück.

8 In der Datei `4-10_Aufg8.sb3` sind drei Variablen angelegt: `Stunden`, `Minuten` und `Sekunden`.

a) Erstelle ein Programm, welches fortlaufend diese Variablen auf den aktuellen Wert setzt. In der Gruppe `Fühlen` findest du einen Block `Jahr im Moment`, den du hierfür verändern und verwenden kannst.

b) Erweitere das Programm um eine Weckfunktion. Erstelle hierzu ein zweites Skript: Falls die Variablen `Stunden` und `Minuten` einen bestimmten Wert haben, soll der Klang `Alert` abgespielt werden.

c) Erweitere das Projekt um eine Anzeige. Diese soll den aktuellen Tag und Monat sowie das aktuelle Jahr anzeigen.

SPRACHE

9 Erstelle mit Scratch ein Bundesländer-Hauptstadt-Quiz.

a) Die Spielfigur soll das Bundesland sagen und der Spieler soll die zugehörige Hauptstadt eingeben. Eine Rückmeldung zeigt, ob die Antwort richtig oder falsch ist.

b) Je nach Antwort soll ein passendes Geräusch erklingen. Bei einer falschen Antwort soll die Spielfigur die richtige Antwort sagen. Im Anschluss soll dieses Bundesland noch einmal abgefragt werden.

SPRACHE

10 Spielt das hinterlegte Ballon-Spiel in Zweierteams. Drückt a und l und beobachtet, was geschieht. Wessen Ballon platzt zuerst?

Grüne Fahne angeklickt
blau = 0
Größe = 100
Wiederhole bis blau = 50
Warte bis: Taste a gedrückt
Größe = Größe + 3
blau = blau + 1
Warte bis: Taste a nicht gedrückt
Spiele Klang "Kick Drum"
Wiederhole 10 mal:
Größe = Größe + 20
Durchsichtigkeit = Durchsichtigkeit + 10

38315-072
Spiel für Aufgabe 10

a) Öffne die Datei `4-10_Aufg10a_grün.sb3`.

b) Öffne die Datei `4-10_Aufg10a_blau.sb3`.

Setze die Blöcke so zusammen, dass der blaue Ballon platzt, nachdem du 50-mal die Taste a gedrückt hast. Das rechts abgebildete Struktogramm hilft dir dabei.

c) Klicke mit der rechten Maustaste im Bereich für Figuren auf die Figur `Balloon1` und wähle *duplizieren* aus. Passe das Duplikat so an, dass daraus ein gelber Ballon wird. Dieser soll platzen, nachdem 50-mal die Taste l gedrückt wurde.

11 Wie wäre es mit einer Konfettiparty im Klassenzimmer? Was dafür fehlt, sind nur noch ein paar Konfettikanonen. Diese kannst du selbst basteln oder in Scratch programmieren: Mit einem Mausklick soll es an der Stelle des Mauszeigers kurzzeitig Konfettis regnen. Am Lehrerrechner sind die Skripte des fertig programmierten Konfettiregens geöffnet. Programmiere das Projekt nun wie bei einem Laufdiktat nach.

a) Öffne die Datei `4-10_Aufg11_grün.sb3`. Gehe zum Lehrerrechner und merke dir so viele Code-Bausteine wie möglich. Gehe zurück zu deinem Platz und füge die Bausteine, die du dir merken konntest, zusammen.

a) Öffne die Datei `4-10_Aufg11_blau.sb3`. Gehe zum Lehrerrechner und merke dir so viele Code-Bausteine wie möglich. Gehe zurück zu deinem Platz und baue das Projekt nach.

12 Wünschst du dir auch manchmal, dass du aus deinen Scratch-Projekten „richtige Programme" machen kannst? So, dass du sie durch einen Doppelklick ohne Scratch starten kannst? Es gibt sogenannte „Paketisierungs-Software", mit der so etwas möglich ist.

38315-073
Webseite für Aufgabe 12

a) Öffne die hinterlegte Webseite. Sie sieht ähnlich wie Scratch aus. Über den Menüpunkt *Datei* kannst du deine Scratch-Projekte laden und anschließend auch paketisieren. Dabei wird deine Scratch-Datei zu einem ausführbaren Gesamtpaket.

b) Lade eines deiner Scratch-Projekte, das du besonders gelungen findest. Probiere verschiedene Einstellungsvarianten und Optionen aus. Lade die Datei herunter und führe sie aus.

4.11 Alles im Blick

Algorithmen

Ein Algorithmus ist eine Reihe von Schritten, die ausgeführt werden, um eine bestimmte Aufgabe zu lösen.

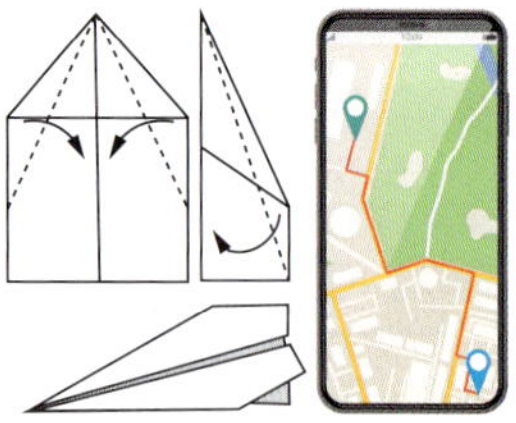

Scratch

Scratch ist eine Entwicklungsumgebung, um programmieren zu lernen. In Scratch wird blockbasiert programmiert.

Darstellungsformen von Algorithmen

Algorithmen lassen sich als Struktogramm, in Blockform und in Textform darstellen.

Start
Zeige den Text "Hallo Welt!"
Ende

```
BEGINN
AUSGABE
"Hallo Welt!"
ENDE
```

Anweisung

Eine Anweisung ist beim Programmieren ein einzelner Baustein.

Sequenz

Mehrere Anweisungen zusammen ergeben eine Sequenz.

Variable

In einer Variable kann man Text oder eine Zahl speichern.

Feste Wiederholung

Eine feste Wiederholung führt eine Sequenz oder Anweisung wiederholt (hier: zehnmal) aus.

Fortlaufende Wiederholung

Eine fortlaufende Wiederholung führt eine Sequenz oder Anweisung aus, bis das Programm gestoppt wird.

Bedingte Wiederholung

Eine Sequenz oder Anweisung wird solange ausgeführt, bis eine bestimmte Sache eintrifft.

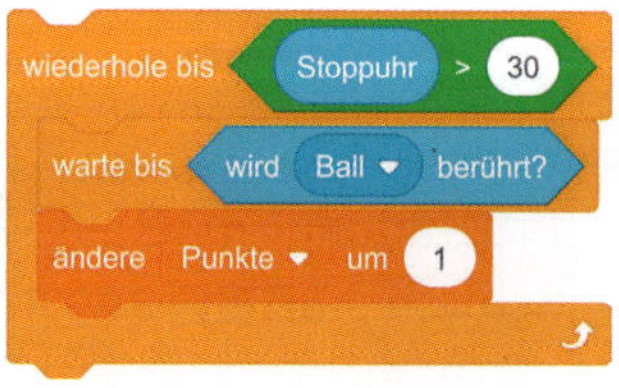

Einseitige Verzweigung

Die eingebaute Anweisung oder Sequenz wird nur unter einer bestimmten Bedingung ausgeführt.

Zweiseitige Verzweigung

Abhängig von einer Bedingung wird eine Entscheidung zwischen zwei möglichen Wegen getroffen.

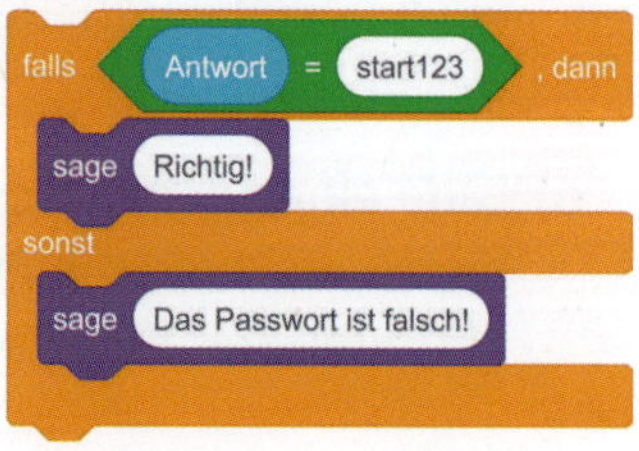

Mit diesem Projekt kannst du ein Spiel erstellen, in dem du alle Formen, die du in diesem Kapitel kennengelernt hast, anwenden kannst.

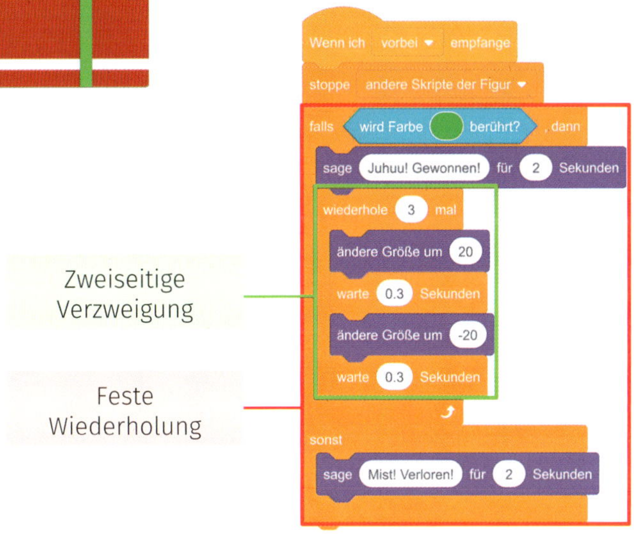

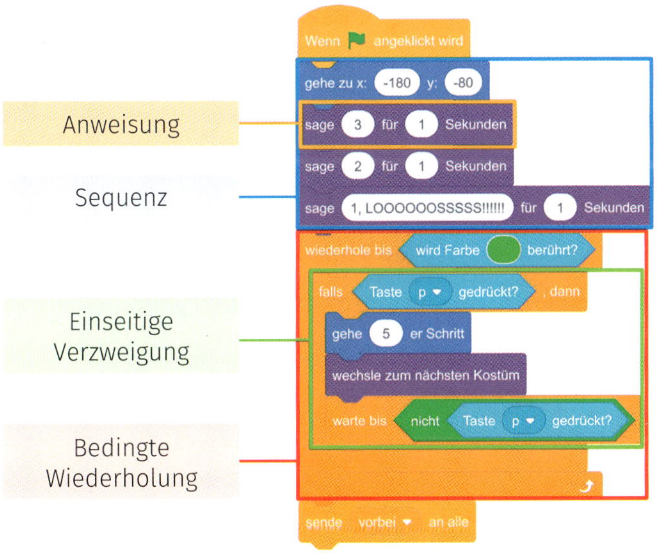

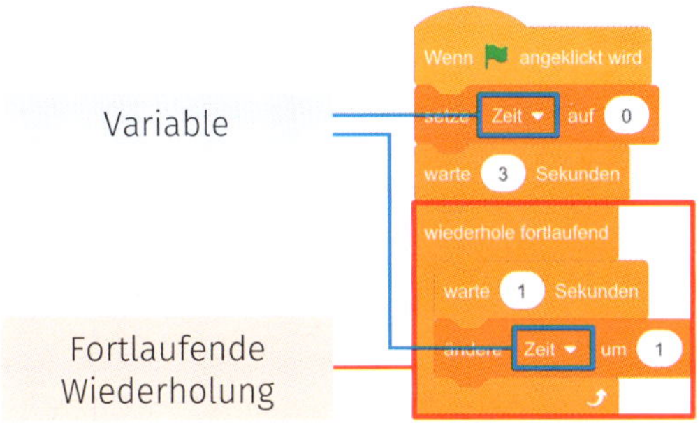

INFRAERO
AEROPORTOS

5 Informatik im Alltag – Daten und Codierung

Einstieg

Sicher hast du schon einmal den Begriff „Code“ gehört. Er wird meistens verwendet, wenn man eine Information nicht direkt sagt, sondern auf eine andere Art zeigt – man „benutzt einen Code“.

- Hast du schon einmal einen Code benutzt? Was für ein Code war das?
- Auf dieser Seite findest du einige Codes. Kennst du sie alle?
- Formuliere eine Frage zum Thema des Kapitels, die du gerne beantwortet haben möchtest.

Am Ende dieses Kapitels hast du gelernt, ...

- was man unter Codierung versteht.
- wo Codierungen im Alltag verwendet werden.
- Datenmengen mit den Einheiten Bit, Byte, Kilobyte usw. zu beschreiben.
- was das Binärsystem ist und wie man damit Texte codieren kann.
- wie man Pixelgrafiken codieren kann.

5.1 Datencodierung im Alltag

Heutzutage wird in der digitalen Welt oft mit Emojis kommuniziert, um Gefühle und Gedanken auszudrücken. Diese kleinen Symbole sind eine Art eigene Sprache, die weltweit verstanden wird.

- **Zeichne ein Emoji und beschreibe, welche Gefühle es darstellt.**
- **Welche Vorteile bieten Emojis?**
- **Diskutiere, warum Emojis manchmal missverstanden werden können.**

ERARBEITUNG

Information

Als Mensch ist man ständig umgeben von **Informationen**: Temperatur, Wetter, Uhrzeit, Personen im Raum, ...
Viele Informationen nimmt man gar nicht bewusst wahr.

A1 **a)** Sieh dich in deinem Klassenzimmer um. Notiere alle Informationen, die du finden kannst.

b) Vergleiche deine Liste mit einer anderen Person. Wer von euch hat mehr Informationen gefunden?

Daten

Einzahl: Datum
Mehrzahl: Daten

Um Informationen darzustellen, werden **Daten** genutzt. Daten sind wie Bausteine, aus denen Informationen bestehen in Form von Zeichen, Buchstaben und Ziffern.
Gleiche Daten können unterschiedliche Bedeutungen haben, also unterschiedliche Informationen darstellen:

0 **2** **1** **:** **5** — Interpretation →

- Ergebnis eines Spiels
- Maßstab (10 cm entspricht 25 cm)
- Division (10 geteilt durch 25)
- Uhrzeit: 10:25 Uhr
- Laufzeit eines Leichtathleten: 10 min 25 s

A2 Gib mögliche Informationen zu den dargestellten Daten an. Findest du mehrere Möglichkeiten? Vergleicht eure Ergebnisse in Partnerarbeit.

a) 15032024 **b)** 017512345 **c)** b a n d **d)** 112

Codierung

Codes sind Regeln, die bekannt sein müssen, um Informationen zu **codieren** und Daten zu **decodieren**. Meistens werden Codes dazu verwendet, Informationen in vereinfachter Form und damit möglichst geschickt zu transportieren.

Information:
Die Laufzeit eines Leichtathleten ist 10 min 25 s.

Codierung →

Datum:
10:25

← Decodierung

Beispiel 1: Toilettenschloss
An der Außenseite der Tür sieht man, ob die Toilette frei oder besetzt ist. „Frei" wird mit der Farbe Grün gekennzeichnet, also codiert. Rot steht für „besetzt". Diese einfache Codierung zeigt nur zwei Zustände.

Im Alltag begegnet man oft Codes, ohne diese bewusst wahrzunehmen.

Beispiel 2: Raumnummer in Gebäuden
Räume werden mit Buchstaben und Nummern codiert. So kann jeder Raum eindeutig einem Standort zugeordnet werden. „J" steht hier für das Gebäude, „3" für die dritte Etage und „09" für die Raumnummer auf der Etage. Die Figur zeigt, dass es sich um eine Toilette handelt.

SPRACHE

A3 Überlege, welche Codes dir im Alltag schon begegnet sind. Ergänze damit die nachfolgende Tabelle. Du kannst dazu die hinterlegte Datei verwenden.

Code	Daten	Information
Toilettenschloss	Farben: grün und rot	WC frei oder besetzt
Raumnummern	Buchstaben und Zahlen/Symbole	...
...	...	...

38315-002
Alle Hilfen zur Sprachförderung findest du hier. Entsprechende Aufgaben sind mit SPRACHE gekennzeichnet.

38315-074
Tabelle für A3

MERKE

Um **Informationen** einfacher darzustellen, nutzt man häufig **Daten**. Diese bestehen meist aus Zeichen, Buchstaben und Ziffern. Daten sind nach bestimmten Regeln **codiert**, damit sie eindeutig verstanden werden können. Der umgekehrte Vorgang (das Verstehen der codierten Daten) heißt **Decodierung**.
Ein **Code** ist das System dieser Regeln.

AUFGABEN

SPRACHE

1 Eine der bekanntesten Codierungsmöglichkeiten für Zahlen ist die der Römer.

a) Erlerne mithilfe des hinterlegten Applets die römische Zählweise. Erstelle eine Anleitung, um Dezimalzahlen von 1 bis 100 zu codieren.

b) Schreibe dein Geburtsdatum in römischer Schreibweise und lasse deinen Partner die „Nachricht" decodieren.

38315-075
römische Zählweise

2 **a)** Denke dir ein einfaches Codierungssystem für eine Nachricht aus und schreibe eine kurze Nachricht. Tausche deine codierte Nachricht mit einem Partner oder einer Partnerin und versucht die Nachrichten zu decodieren.

b) Diskutiert, warum es wichtig ist, dass alle den gleichen Code verstehen.

5.2 Verschiedene Arten der Codierung

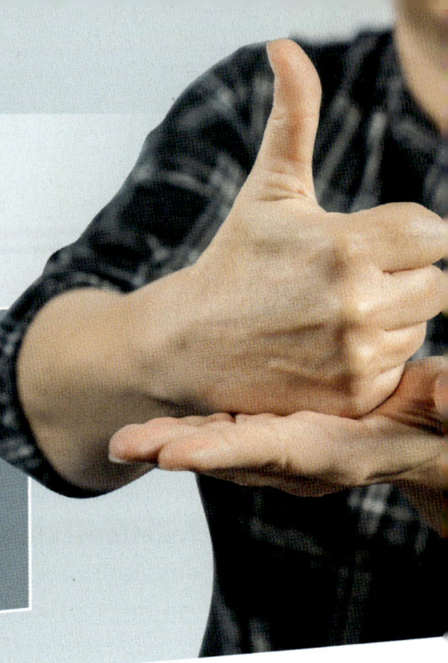

Geschriebene Texte sind nur eine von vielen Möglichkeiten für Menschen, Informationen auszutauschen.

- **Überlegt zu zweit weitere Möglichkeiten der Verständigung.**
- **Wie können Menschen, die sich nicht sehen oder hören können, Nachrichten übermitteln?**

ERARBEITUNG

Der Morsecode

langes Signal: -
kurzes Signal: .

Der **Morsecode** wurde ca. 1837 unter Mitwirkung von Samuel Morse erfunden. Mit dem Morsecode kann man Nachrichten mit kurzen und langen Signalen darstellen. Diese Art der Codierung war sehr praktisch, weil man damit Nachrichten über weite Entfernungen senden kann – zum Beispiel mit einem Telegrafen oder Lichtsignalen. Der Morsecode wird heute nur noch selten, z. B. in der Luftfahrt oder bei Notrufen genutzt.

38315-076
vollständige Morsecode-Tabelle

M O R S E   C O D E

-- --- .-. ... .   -.-. --- -.. .

SPRACHE

A1 **a)** Ein in Seenot geratenes Schiff sendet die Morsebotschaft SOS aus. Gib dafür den Morsecode mit Punkten und Strichen an.

b) Decodiere folgende Nachricht: -.. . -. -.- . / .-- . .. - . .-.

Der Schrägstrich zeigt an, dass ein neues Wort beginnt.

c) Codiere selbst eine Nachricht und sende sie mit Klopfen, Zwinkern oder einer Taschenlampe einer anderen Person. Diese soll deine Nachricht dann decodieren. Kontrolliert euch gegenseitig.

Brailleschrift

Die Braille-Schrift wird umgangssprachlich auch Blindenschrift genannt.

Die **Braille-Schrift** wurde 1825 von Louis Braille entwickelt, um blinden und sehbehinderten Menschen das Lesen und Schreiben zu ermöglichen. Diese Schrift besteht aus **Punkten**, die in einem bestimmten Muster angeordnet sind und mit den Fingern ertastet werden können. Sie erlaubt es Menschen, die nicht sehen können, eigenständig Bücher zu lesen, Notizen zu machen und wichtige Informationen im Alltag zu verstehen.

B R A I L L E

⠃ ⠗ ⠁ ⠊ ⠇ ⠇ ⠑

A2 **a)** Notiere Situationen, in denen du schon einmal die Braille-Schrift gesehen hast. Ergänze deine Liste mit einem Partner oder einer Partnerin.

b) Decodiere mithilfe der hinterlegten Braille-Tabelle folgenden Satz:

38315-077
vollständige Braille-Tabelle

MERKE

Es gibt viele unterschiedliche Arten der Codierung. Jede Codierung hat ihre eigenen Regeln, um Informationen zu übermitteln und darzustellen.
Der **Morsecode** und die **Brailleschrift** sind Beispiele für Codierungen.

AUFGABEN

SPRACHE

1 Arbeitet im Zweierteam.

a) Codiere einige Nachrichten mit dem Morsecode und tausche sie mit deinem Partner oder deiner Partnerin.

b) Decodiert die Nachrichten der anderen Person. Kontrolliert euch gegenseitig.

c) Führt a) und b) noch einmal durch und verwendet dabei die Brailleschrift.

SPRACHE

2 Eine weitere Codierung im Alltag findet man auf Hühnereiern.

a) Recherchiere die Informationen, die in einem solchen Code gespeichert werden und erstelle eine passende Übersicht.

38315-078
Informationen für Aufgabe 2

b) Lies die Codes der beiden abgebildeten Eier. Beschreibe, welche Informationen sich daraus ablesen lassen.

c) Notiere den Code für ein Ei, welches aus einem Betrieb in Hessen mit der Nummer 2609 und der Stallnummer 11 kommt. Das Ei stammt aus einer Freilandhaltung.

SPRACHE

3 Dem Strichcode begegnet man häufig beim Einkaufen.

a) Sieh dir den Strichcode auf einem Produkt an. In der Regel findest du einen auf Büchern oder Heften. Diskutiert in der Gruppe, welche Informationen sich dahinter verstecken könnten und warum es praktisch ist, dass fast alle Produkte einen Strichcode haben.

Einzigartiger Strichcode

9 783661 383156

kann an der Kasse eingescannt werden

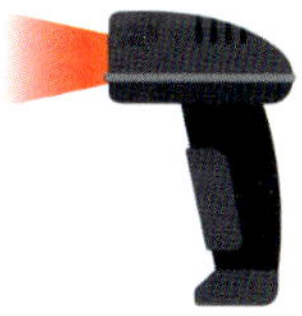

b) Recherchiere den Aufbau und den Verwendungszweck des Strichcodes. Erstelle einen Artikel, der beschreibt, was ein Strichcode ist, wie er funktioniert und warum er wichtig ist.

c) Auf der hinterlegten Webseite findest du die Möglichkeit, einen Strichcode zu ändern und zu beobachten, wie sich das auf die Codierung des Strichcodes auswirkt. Findest du heraus, wie es funktioniert?

38315-079
Strichcode

5.3 Bits und Bytes

Du musst dir vieles merken: Deine Hausaufgaben, das Geburtsdatum deiner Freundin und vielleicht noch eine Telefonnummer. Manche Dinge kannst du dir leicht merken, andere schreibst du lieber auf.

- **Wie merkst du dir wichtige Sachen?**
- **Warum ist es manchmal schwer, sich viele Sachen auf einmal zu merken? Überlegt gemeinsam, wie man es leichter schaffen kann.**

ERARBEITUNG

Der Code des Computers: Bits als kleinste Informationseinheit

Die meisten Daten werden heute mit Informatiksystemen (➥ **1.2**) verarbeitet und gespeichert. Dafür müssen Daten so codiert werden, dass die Systeme sie verstehen.

Auch bei vielen Alltagsbeispielen ist eine Unterscheidung zwischen ausschließlich zwei Zuständen möglich. Kennst du einige?

Menschen kommunizieren über erlernte Sprache. Heute gibt es über 7000 Sprachen.

↔

Informatiksysteme können nur zwei Zustände verstehen: Strom fließt („AN“) und Strom fließt nicht („AUS“).

bit: **b**inary dig**it**
binary (engl.): binär, zweiteilig
digit (engl.): Ziffer

Um die beiden Zustände „AN“ und „AUS“ einfach darstellen zu können, verwendet der Computer die Ziffern 1 und 0. Diese Ziffer mit den Zuständen 1 und 0 ist die kleinste Informationseinheit, die ein Informatiksystem speichern kann. Sie wird als **Bit** bezeichnet.

Zustand	Codierung
AN	1
AUS	0

Ein Bit kann die Zustände 0 oder 1 haben.

SPRACHE

A1 **a)** Schreibe alle möglichen Kombinationen auf, die mit zwei Bits möglich sind.

b) Wie viele Möglichkeiten gibt es mit drei oder mehr Bits? Erstelle eine Regel zur Berechnung der Anzahl an Kombinationen.

Byte

Häufig benötigt man mehr als nur ein Bit, um Daten zu speichern. Acht Bits zusammen ergeben ein **Byte**. Mit einem Byte kann ein Computer zum Beispiel einen Buchstaben darstellen. Je mehr Bytes der Computer zur Verfügung hat, desto mehr kann er speichern und verarbeiten. Bytes sind daher eine **Maßeinheit für den Speicher** eines Computers.

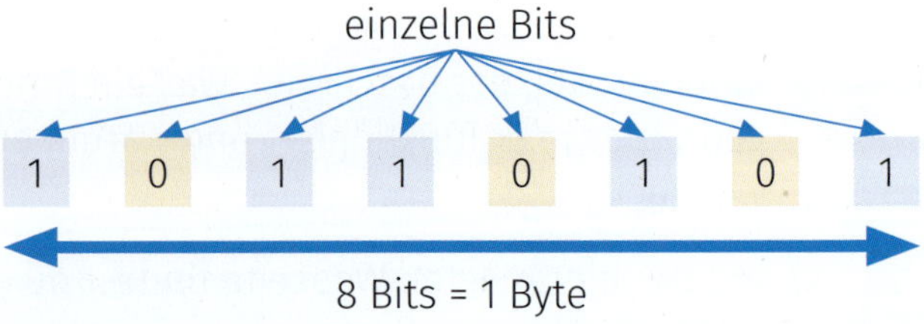

SPRACHE

A2 **a)** Bestimme die Anzahl möglicher Bit-Kombinationen für ein Byte.

b) Ermittle, wie viele Bits benötigt werden, um deinen Namen zu speichern.

Nimm an, dass pro Buchstabe ein Byte ausreicht.

c) Ermittle den ungefähr nötigen Speicherplatz, um die Namen aller Personen an deiner Schule in einer Datei zu speichern.

Weitere Maßeinheiten

Um Daten zu speichern, benötigt man in der Regel viele Bytes. Je nach Dateigröße muss man das Speichermedium passend wählen.

Bezeichnung	Abkürzung	Umrechnung	Beispiel
Bit	b oder Bit	–	„an“ oder „aus“?
Byte	B	8 Bit	ein Buchstabe
Kilobyte	kB	1000 B	Textdokument
...	...	...	...

SPRACHE

A3 **a)** Ergänze obige Tabelle. Du kannst auch die hinterlegte Vorlage nutzen. Recherchiere gegebenenfalls.

b) Finde heraus, wie viel Speicherplatz dein Smartphone (Tablet/PC) hat, wie viel noch frei ist und wodurch der Speicher belegt ist. Nenne Dateien oder Apps, die am meisten Speicher benötigen.

38315-080
Tabelle für A3

MERKE

Ein **Bit** ist die kleinste Informationseinheit im Computer und kann entweder den Zustand 0 (Strom aus) oder 1 (Strom an) darstellen. Acht Bits zusammen bilden ein **Byte**. Je mehr Bytes ein Computer zur Verfügung hat, desto mehr Daten kann er speichern und verarbeiten. Zum Beispiel benötigt ein Buchstabe häufig genau 1 Byte **Speicherplatz**.

AUFGABEN

SPRACHE

1

①

②

③

④

a) Rechne die Angaben ① bis ④ in die nächstkleinere Speichereinheit um.

b) Berechne, aus wie vielen Nullen und Einsen die Dateien bestehen und wie viele Nullen und Einsen auf dem USB-Stick gespeichert werden können.

c) Wie viele Dateien der jeweiligen Kategorie ① bis ③ könnte man auf dem USB-Stick abspeichern? Schätze zunächst und berechne dann.

SPRACHE

2 Sieh dir diese Seite des Schulbuchs an. Berechne den Speicherplatz, den man ungefähr benötigen würde, um den reinen Text zu speichern.

Hier: Jeder Buchstabe, jede Ziffer, jedes Leerzeichen benötigt ein Byte.

5.4 Das Binärsystem

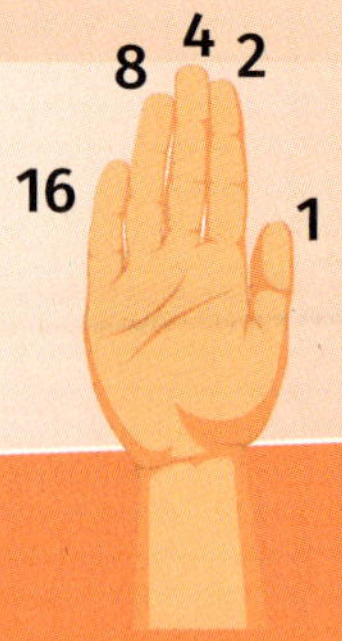

In anderen Kulturen und Zeiten sind Zahlen auf ihre eigene Art aufgeschrieben. Früher zählten die Menschen z. B. auf eine ganz andere Art als heute.

- **Sammelt gemeinsam verschiedene Arten von Zahlen und ihrer Darstellung.**
- **Zählen und Rechnen fällt nicht allen leicht, oft nimmt man zur Unterstützung die Finger. Gibt es noch andere Möglichkeiten? Diskutiert und vergleicht eure Ideen.**

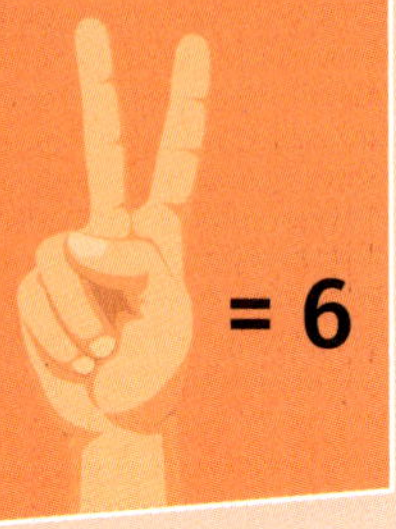

ERARBEITUNG

Binärzahlen

Ein Computer kann nur zwei Zustände unterscheiden – „Strom an" und „Strom aus", 1 oder 0. Alles, was man mit einem Computer macht – ob man Bilder speichert oder ein Spiel spielt – basiert also auf Nullen und Einsen.

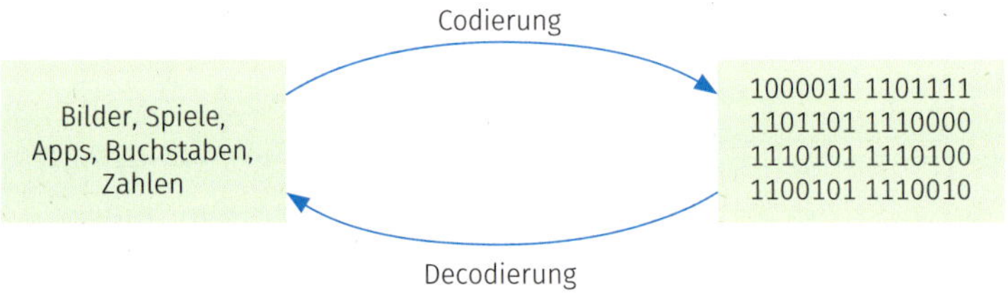

Mit der tiefergestellten 2 am Ende der Zahl macht man deutlich, dass die Zahl im Binärsystem geschrieben wurde.

Speichert ein Computer eine Zahl (z. B. 19), so muss diese ebenfalls mithilfe von Nullen und Einsen codiert werden. Diese Art der Zahlencodierung nennt man **Binärsystem**. Es nutzt eine andere Stellenwerttafel als das bekannte Dezimalsystem.
Beispiel 10011_2:

	· 2	· 2	· 2	· 2	· 2	· 2
Stellenwert	32	16	8	4	2	1
Ziffer		1	0	0	1	1

Zur Umwandlung in das Dezimalsystem addiert man alle Stellenwerte, bei denen eine 1 in der Tabelle eingetragen ist: $10011_2 = 1 + 2 + 16 = 19$.

SPRACHE

A1 **a)** Wandle folgende Binärzahlen in das Dezimalsystem um.

101_2 1100_2 10101_2

zur Erinnerung: Im Dezimalsystem sind die Stellenwerte Einer, Zehner, Hunderter usw.

b) Arbeitet im Zweierteam. Wählt jeweils drei Binärzahlen und lasst sie von der anderen Person in das Dezimalsystem umwandeln. Kontrolliert euch gegenseitig.

c) Erweitere die Stellenwerttafel nach links. Welche Stellenwerte folgen? Kontrolliere deine Vermutung durch Recherche.

Umwandlung vom Dezimal- in das Binärsystem

Umgekehrt kann man auch jede Zahl vom Dezimalsystem in das Binärsystem umrechnen. Dafür gibt es grundsätzlich zwei Möglichkeiten:

- Probieren:
  Finde eine Kombination von Stellenwerten, welche die gesuchte Zahl ergibt.
  $28_{10} = 11100_2$ weil: $28 = 1 \cdot 16 + 1 \cdot 8 + 1 \cdot 4$
- Rechnen:
  Man dividiert die Zahl im Dezimalsystem mehrmals nacheinander durch 2 – per Division mit Rest. Die Reste ergeben von rechts nach links angeordnet die Ziffern der Binärzahl.
  $28_{10} = \mathbf{11100_2}$

28 : 2 = 14 **R0**
14 : 2 = 7 **R0**
7 : 2 = 3 **R1**
3 : 2 = 1 **R1**
1 : 2 = 0 **R1**

Diese Kombination ist eindeutig. Das heißt, es gibt immer nur genau eine Kombination.

A2 Codiere folgende Dezimalzahlen als Binärzahlen.

5 9 16 26 63

MERKE

Computer rechnen im **Binärsystem**. **Binärzahlen** bestehen nur aus Nullen und Einsen. Das Binärsystem nutzt eine andere Stellenwerttafel als das Dezimalsystem. Durch Umrechnen kann man jede Zahl eindeutig als Dezimalzahl bzw. Binärzahl codieren bzw. decodieren.

AUFGABEN

1 Zähle von 0_{10} bis 15_{10} im Binärsystem. Lege hierzu eine Tabelle an.

Dezimal	Binär			
	8	4	2	1
0	0	0	0	0
1	0	0	0	1
2	0	0	1	0

2 Ermittle die größte Zahl im Dezimalsystem, die mit einem Byte dargestellt werden kann.

1 Byte = 8 Bit

SPRACHE
3 Jeder Finger deiner Hand soll für eine Stelle in der binären Stellenwerttafel stehen. Der Daumen ist die 1, der Zeigefinger die 2, der Mittelfinger die 4 usw.

a) Zähle mit einer Hand: Bis zu welcher Zahl kannst du mit nur 5 Fingern zählen?

b) Überlege dir eine Zahl, die du mit einer Hand binär zeigen kannst. Zeige die Zahl einer anderen Person. Kann er oder sie die Zahl decodieren?

Hinweis: Dein Gegenüber sieht deine Finger spiegelverkehrt.

SPRACHE
4 Finde mithilfe des hinterlegten Applets heraus, wie die Addition von Binärzahlen funktioniert. Schreibe eine Anleitung für deine Mitschülerinnen und Mitschüler.

```
  1010      1011      1101
 +0111     +1000     +1011
   11                  111
 10001     10011     11000
```

38315-081 Addition von Binärzahlen

5.5 ASCII

Unter Freunden versteht man sich oft „blind". Was passiert aber, wenn Symbole von anderen Personen ganz unterschiedlich verstanden werden? Das Problem kennt ihr schon von Emojis.

- **Ein Computer „versteht" nur 0 oder 1. Diskutiert, welche Probleme in der Kommunikation zwischen Computer und Mensch entstehen könnten.**
- **Sammelt Ideen zur Lösung des Problems.**

ERARBEITUNG

Zeichen als kleinste Einheit

Texte lassen sich gut verarbeiten, indem man sie in sinnvolle kleinste Einheiten zerlegt – die sogenannten **Zeichen**. Diese lassen sich unter anderem in die Kategorien Buchstaben, Ziffern, Satzzeichen und Sonderzeichen einteilen. Jedes Zeichen kann eindeutig durch eine Zahl codiert und so von Informatiksystemen verarbeitet werden.

A ⇄ **65** ⇄ **1000001**

Zeichen — Zahl — Computerspeicher

SPRACHE

A1 Gib für jede der oben genannten Kategorien fünf Beispielzeichen an und ergänze weitere Kategorien.

SPRACHE

A2 Begründe anhand von Beispielen, dass für Texte in unterschiedlichen Sprachen verschiedene Zeichen notwendig sein können.

Der ASCII-Code

ASCII: **A**merican **S**tandard **C**ode for **I**nformation **I**nterchange

Die weltweite Kommunikation von allen verbundenen Computern kann nur funktionieren, wenn ein komplett einheitliches System verwendet wird. Dabei hat sich als Grundlage der **ASCII-Code** durchgesetzt.

A	S	C	I	I
1000001	1010011	1000011	1001001	1001001

38315-082
vollständige ASCII-Tabelle

Der ASCII-Code nutzt 7 Bits pro Zeichen und kann damit $2 \cdot 2 \cdot 2 \cdot 2 \cdot 2 \cdot 2 \cdot 2 = 128$ Zeichen codieren. Davon sind 32 sogenannte Steuerzeichen wie „Ende der Nachricht" oder „Beginn einer neuen Zeile". Dieser Code enthält zwar alle 26 Groß- und Kleinbuchstaben, aber beispielsweise keine Umlaute.

ASCII-Code		Zeichen
dezimal	**binär**	
48	0110000	0
49	0110001	1
50	0110010	2
...		...
57	0111001	9

ASCII-Code		Zeichen
dezimal	**binär**	
65	1000001	A
66	1000010	B
67	1000011	C
...		...
90	1011010	Z

ASCII-Code		Zeichen
dezimal	**binär**	
97	1100001	a
98	1100010	b
99	1100011	c
...		...
122	1111010	z

Für Zeichen, die in ASCII nicht enthalten sind, z. B. Umlaute oder arabische Schriftzeichen, gibt es weitere Codierungen wie Unicode.

SPRACHE

A3 **a)** Notiere deinen Namen im ASCII-Code (dezimale und binäre Darstellung).

b) Decodiere: 33 107 105 116 97 109 114 111 102 110 73

c) Arbeitet im Zweierteam. Codiert jeweils eine kurze Nachricht im ASCII-Code, tauscht sie aus und decodiert sie. Kontrolliert euch gegenseitig.

MERKE

Ein Text wird als Abfolge von **Zeichen** aufgefasst und verarbeitet. Jedes Zeichen kann mittels eines **Codes** als Zahl gespeichert werden. Wird die Zahl als Binärzahl codiert, kann sie auch von einem Informatiksystem verstanden werden. Dafür bedarf es einheitlicher Codierungen von Zeichen zu Zahl, z. B. **ASCII**.

AUFGABEN

1 **a)** Decodiere folgende ASCII-Codes:

① 83 117 112 101 114 44 32 100 117 32 104 97 115 116 32 100 105 101 32 65 117 102 103 97 98 101 32 103 101 108 111 101 115 116 46

② 1010100 1100101 1111000 1110100 1100011 1101111 1100100 1101001 1100101 1110010 1110101 1101110 1100111 0100000 1101001 1110011 1110100 0100000 1110100 1101111 1101100 1101100 0101110

b) Codiere folgenden Text im ASCII-Code (dezimal und binär): Hessen ist spitze!

2 ASCII ist nicht nur für Buchstaben wichtig, sondern auch für andere Zeichen.

a) Finde die ASCII-Codierung für folgende Zeichen heraus: Leerzeichen (␣), Komma (,), Fragezeichen (?) und Ziffer 5.

b) Im ASCII-Code gibt es Steuerzeichen wie ‚Zeilenumbruch' oder ‚Tabulator'. Schreibe ein kurzes Gedicht. Welche Steuerzeichen verwendest du?

SPRACHE

3 Der ASCII-Code ist eine gute Grundlage. Er reicht jedoch nicht aus, um alle Zeichen darzustellen. Andere Codes wie Unicode lösen dieses Problem.

a) Finde heraus, welcher Code Umlaute darstellen kann und warum das mit ASCII nicht möglich ist.

b) Wähle ein Zeichen oder Symbol, das nicht in ASCII enthalten ist (z. B. ein Emoji) und stelle es in der binären Schreibweise dar.

5.6 Pixelgrafiken

Hast du dich schon einmal über die Grafik von Onlinespielen geärgert? Manche Spiele haben eine super Grafik, in anderen Spielen sehen Charakter und Umwelt sehr unecht und manchmal auch eckig aus.

- **Nenne Spiele mit einer guten bzw. schlechten Grafik.**
- **Warum ist vielen Menschen eine gute Grafik so wichtig?**

ERARBEITUNG

Pixel ist ein Kunstwort aus „picture" und „element"
picture (engl.): Bild
pixel (engl.): Bildpunkt

Pixelgrafiken

Die Welt ist voll von Bildern und Videos. Videos wiederum bestehen aus vielen schnell aufeinanderfolgenden Bildern. Aber wie werden Bilder für einen Computer codiert?

Meistens werden sie in sehr kleine, quadratische Teile zerlegt – sogenannte **Pixel**. Je mehr Pixel ein Bild hat, desto höher ist in der Regel seine Qualität. Das Bild erscheint klarer und schärfer. Bilder mit einer schlechten Qualität (siehe rechts) nennt man auch **verpixelt**.

38315-083
Bild für A1

SPRACHE

A1 **a)** Öffne das hinterlegte Bild und vergrößere es so stark wie möglich. Beschreibe deine Beobachtungen.

b) Geh mit deinem Gesicht sehr nahe an einen Bildschirm. Beschreibe Auffälligkeiten in Bezug auf die Pixel.

Auflösung von Pixelgrafiken

Die **Auflösung** einer Pixelgrafik gibt an, aus wie vielen Pixeln ein Bild besteht. Es gibt zwei Möglichkeiten, die Auflösung eines Bildes anzugeben.

Mega ≙ eine Million

Gesamtzahl der Pixel:	**Breite und Höhe:**
Ein Bild mit der Auflösung 1 Megapixel besteht aus einer Million Pixeln.	Ein Bild mit der Auflösung 800 × 600 ist 800 Pixel breit und 600 Pixel hoch.

Multipliziert man die Werte der Breite und Höhe, so erhält man die Gesamtzahl der Pixel.

A2 **a)** Berechne die Gesamtzahl der Pixel eines Bildes mit der Auflösung 1152 × 864.

b) Gib die Auflösung von Full HD in beiden gelernten Darstellungen an. Recherchiere, wenn nötig.

Full HD 1080P

Codierung von Pixeln

Reine Schwarzweißbilder lassen sich leicht codieren, indem man jeden Pixel als ein Bit auffasst. Dann steht üblicherweise 1 für schwarz und 0 für weiß.

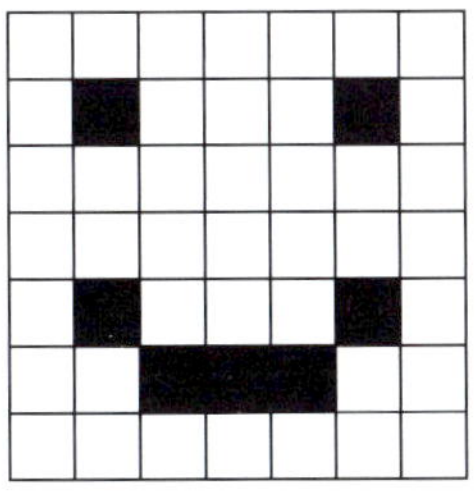

Schwarz-Weiß-Pixelgrafik
(wird am Bildschirm angezeigt)

Codierung →

← Decodierung

0	0	0	0	0	0	0
0	1	0	0	0	1	0
0	0	0	0	0	0	0
0	0	0	0	0	0	0
0	1	0	0	0	1	0
0	0	1	1	1	0	0
0	0	0	0	0	0	0

Code der Grafik
(im Hintergrund am PC gespeichert)

SPRACHE

A3 Öffne das hinterlegte Applet. Verändere die Nullen und Einsen und erzeuge auf diese Art Smileys. Hinweis: Lasse die ersten zwei Zeilen unverändert.

38315-084
Schwarz-Weiß-Smileys

Farbcodierung

Bei farbigen Bildern nutzt man das sogenannte **RGB-Verfahren**. Dabei wird jede Farbe aus den drei Grundfarben Rot (R), Grün (G) und Blau (B) gemischt. Durch Kombination der Grundfarben lassen sich alle möglichen Farben erzeugen.

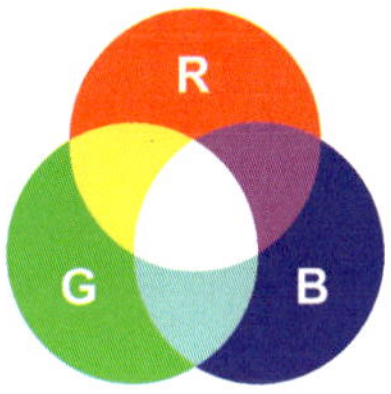

Legt man alle drei Lichtfarben übereinander, entsteht Weiß.

Die **Intensität**, mit der jede der drei Grundfarben zu einem Pixel beiträgt, wird oft in einem Byte pro Farbe gespeichert. So lassen sich insgesamt $256 \cdot 256 \cdot 256 \approx 16$ Millionen verschiedene Farben codieren. Es werden also für jeden Pixel drei Bytes benötigt.

Mit einem Byte lassen sich 256 verschiedene Werte speichern.

SPRACHE

A4 Öffne das hinterlegte Applet.

a) Erzeuge die „Farben“ Weiß und Schwarz sowie Grautöne dazwischen.

b) Stelle alle Regler auf 0. Beschreibe die Veränderung der Farbe, wenn du einen der Regler langsam auf 255 schiebst.

c) Stelle die Regler für Rot und Grün auf 255 sowie Blau auf 0. Beschreibe die Veränderung der Farbe, wenn du Blau langsam auf 255 schiebst.

38315-085
RGB-Mischer

MERKE

Pixelgrafiken bestehen aus vielen kleinen **Bildpunkten**, die **Pixel** genannt werden. Die **Auflösung** eines Bildes gibt an, aus wie vielen Pixeln es besteht. Das **RGB-Verfahren** nutzt zum Codieren farbiger Bilder die Farben Rot, Grün und Blau. Die **Intensität** dieser Grundfarben wird je in einem Byte gespeichert.

AUFGABEN

1 Ein Bild besteht aus 100 × 100 Pixeln und wird auf einer kleinen Karte gedruckt. Jetzt soll das gleiche Bild auf einem großen Poster gedruckt werden.

a) Beschreibe deine Erwartungen.

b) Erkläre, warum es wichtig ist, die richtige Auflösung für verschiedene Druckgrößen zu wählen.

SPRACHE

2 Ein Bild (RGB) hat eine Auflösung von 1200 × 800 Pixel.

a) Berechne die Gesamtanzahl der Pixel.

b) Berechne den benötigten Speicherplatz des Bildes.

5.7 Speicherbedarf

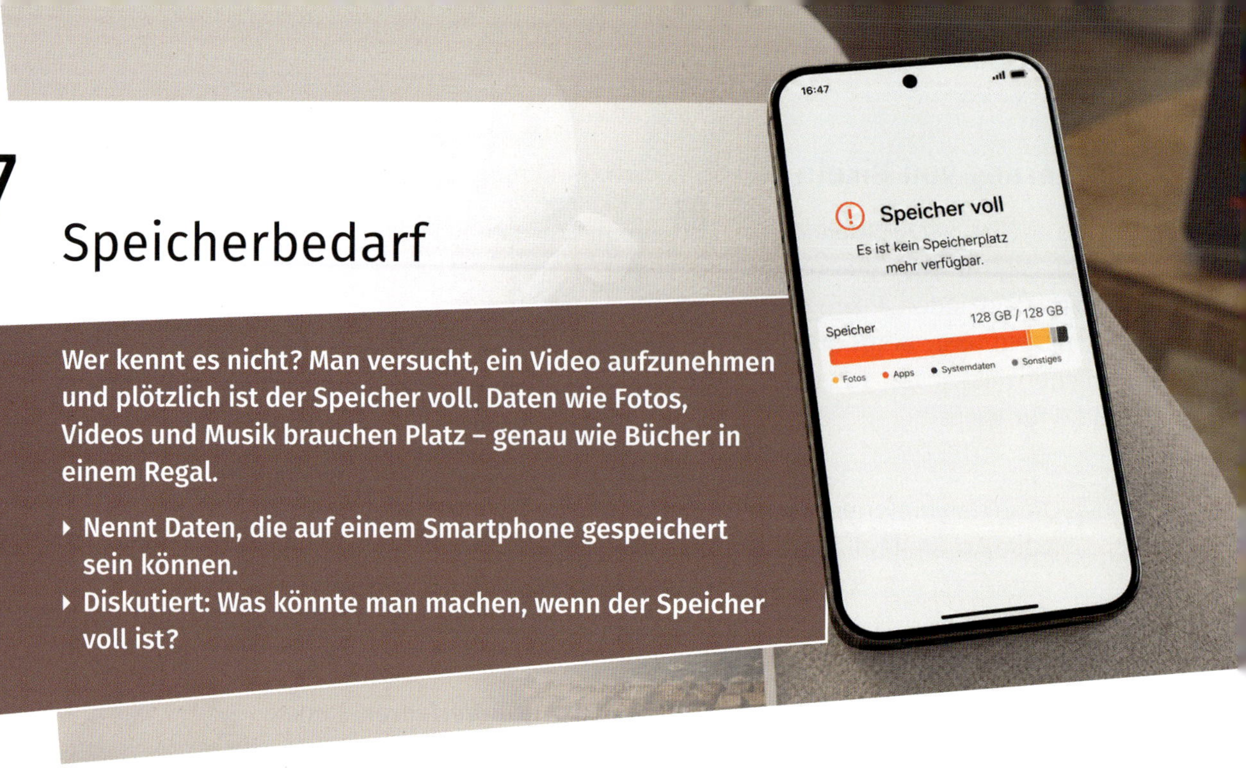

Wer kennt es nicht? Man versucht, ein Video aufzunehmen und plötzlich ist der Speicher voll. Daten wie Fotos, Videos und Musik brauchen Platz – genau wie Bücher in einem Regal.

- **Nennt Daten, die auf einem Smartphone gespeichert sein können.**
- **Diskutiert: Was könnte man machen, wenn der Speicher voll ist?**

ERARBEITUNG

einfache App (Taschenrechner, Notizen): 5–20 MB

Social-Media-App: 100–300 MB

Messenger-App: 50–150 MB

Spiele-App: 100 MB–1 GB

Lern-App (z. B. Sprachen): 50–150 MB

Video-Streaming-App: 100–300 MB

Speicherbedarf

Der **Speicherbedarf** hängt davon ab, um welche Art von Daten es sich handelt. Er wird in kB, MB oder GB angegeben.

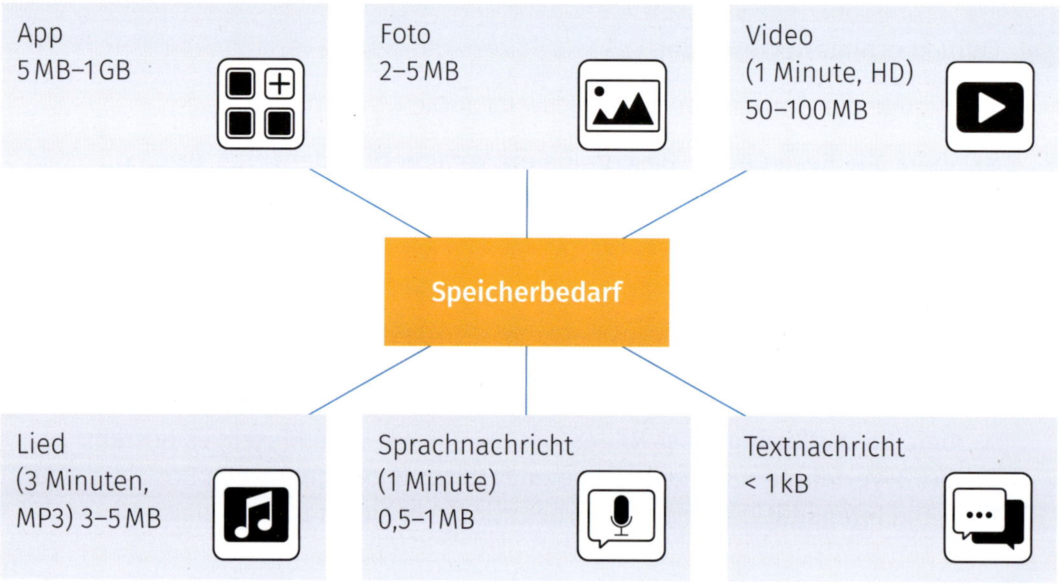

Moderne Smartphones haben meist Speicher von 64, 128 oder 256 GB. Dies ist nötig, da oft Tausende Fotos, Hunderte Videos und zahlreiche Apps gespeichert werden müssen.

A1 Spiele mit dem hinterlegten Applet. Du kannst ausprobieren, wie viele Daten auf einem Smartphone ungefähr Platz haben.

38315-086
Speicherbedarf Smartphone

Datenmengen

1 TB = 1000 GB
1 PB = 1000 TB (PB: Petabyte)

Auf Geräten wie Handys, Computern oder Servern werden riesige **Datenmengen** gespeichert. Ein Schulserver benötigt oft mehrere Terabyte (TB), um alle Daten zu speichern. Auf Video-Streaming-Plattformen werden täglich Millionen Gigabyte an neuen Videos hochgeladen.

A2 Beantworte folgende Fragen durch Recherche.

a) Wie viele Stunden YouTube-Videos werden täglich hochgeladen?

b) Wie viele Nachrichten werden täglich auf WhatsApp versendet?

c) Wie viele Selfies werden weltweit jeden Tag gemacht?

Datenvolumen

Das **Datenvolumen** beschreibt, welche Datenmenge über das Internet oder andere digitale Medien übertragen wird. Bei Internetanschlüssen zu Hause spielt das Datenvolumen meist keine Rolle. Bei Smartphone-Verträgen wird die monatliche Datenmenge vom Anbieter in der Regel beschränkt.

SPRACHE

A3 Spiele mit dem hinterlegten Applet. Du kannst ausprobieren, was du alles im Internet machen kannst, bevor dein Datenvolumen verbraucht ist.

38315-087
Datenvolumen

MERKE

Der **Speicherbedarf** beschreibt, wie viel Speicherplatz Daten auf einem Gerät benötigen. Je nach Art der Daten sind wenige Kilobyte bis zu Gigabyte nötig.
Das **Datenvolumen** gibt an, wie viel Daten über das Internet übertragen werden. Große Dateien oder Videostreams benötigen viel Datenvolumen.

AUFGABEN

SPRACHE

1 Erstelle eine Übersicht. Darin soll der Speicherbedarf von Text, Fotos und Videos verglichen werden. Ergänze deine Übersicht um mindestens zwei weitere digitale Medien.

SPRACHE

2 Ordne die Medien ihrer ungefähren Speichergröße zu.

Textnachricht | Foto | Video (HD, 10 Minuten)

Lied (8 Minuten) | Sprachnachricht

10 MB | 500 MB | 1 kB | 5 MB | 4 MB

SPRACHE

3 Auf der hinterlegten Webseite findest du eine Statistik. Fasse die darin enthaltenen Informationen zusammen. Was vermutest du für die Zukunft?

38315-088
Statistik

SPRACHE

4 Was kann man tun, um das Datenvolumen zu reduzieren? Diskutiert darüber im Zweierteam und erstellt gemeinsam in der Klasse eine Liste mit Möglichkeiten.

SPRACHE

5 Speicher benötigt Platz und kostet Geld. Daher gibt es verschiedene Techniken, um Speicherbedarf zu sparen, z. B. indem man Daten verkleinert (komprimiert). Informiere dich über eine Komprimierungstechnik, wie z. B. JPEG für Bilder oder MP3 für Audiodateien. Schreibe einen kurzen Bericht über Technik und Anwendung.

5.8 Üben und Vertiefen

1 SPRACHE

Postleitzahlen oder Festnetz-Telefonvorwahlen codieren (recht grob) Orte.

a) Gib die Postleitzahl und die Vorwahl deines Wohnortes an.
Kennst du eine Person mit derselben Vorwahl, jedoch anderer Postleitzahl oder umgekehrt?

b) Zu welchen Orten gehören die Postleitzahlen 07356, 98673 und 99510 und die Vorwahlen 03603, 03621 und 0631?

Datumsangaben lassen sich unterschiedlich codieren.

a) Gib mehrere Tage an, die mit der Codierung „04/08/12" gemeint sein könnten. Informiere dich ggf. über unterschiedliche Schreibweisen und Reihenfolgen.

b) Beschreibe Möglichkeiten, um die Angabe in Aufgabe a) eindeutig zu machen.

2 SPRACHE

Ordne beiden Situationen die Begriffe Daten und Information zu.

a) Mathilda hat bei sich Fieber gemessen: 38,5 °C.

b) Lutz kauft sich beim Bäcker ein belegtes Brötchen und bezahlt 2,80 €.

a) Gib Möglichkeiten an, welche Informationen durch die Daten „100" und „30" dargestellt werden.

b) „Im zwischenmenschlichen Alltag ist die Bedeutung von Daten nicht eindeutig, in anderen Bereichen muss sie es aber sein." Erkläre mit Beispielen.

38315-076
vollständige Morsecode-Tabelle

3

Um welche Codierung handelt es sich?

a) 0-DE-0682391

b) .. -. ..-. --- .-. -- .- - .. -.-

Decodiere die folgenden Nachrichten:

a) -- --- .-. ... . -. / -- .- -.-. .... - /
... .--. .- ... ...

b) 1-DE-1613445

4 Wahr oder falsch? Begründe und korrigiere falsche Aussagen.

a) Ein USB-Stick mit 128 GB Speicher kann weniger Daten speichern als eine 1,5 TB-Festplatte.

b) Die Bitfolge 01101 steht für die Zustände AUS AN AUS AN AN.

c) Bei der ASCII-Codierung wird jedes Zeichen mit 7 Bits codiert.

d) Beim Morsecode wird für jedes Zeichen gleich viel Sendezeit benötigt.

a) Ein USB-Stick mit 128 GB Speicher kann weniger Daten speichern als ein Speichermedium mit 1 000 000 000 Byte.

b) Der ASCII-Code reicht aus, um alle Zeichen darzustellen, zum Beispiel Umlaute oder Emojis.

c) Mit den Braille-Punkten kann man $2 \cdot 2 \cdot 2 \cdot 2 \cdot 2 \cdot 2 = 2^6$ Zeichen definieren.

5 **a)** Ordne die folgenden Zeichen(folgen) einer passenden Kategorie zu.

100101 | 🙂 | 112 | Barcode | RGB | 10 MB | Pixel | ASCII

Kategorien:

Information | Daten | Codierung | Speichergröße

b) Diskutiert anschließend über Begriffe, die mehreren Kategorien zugeordnet werden könnten.

6 Daten oder Information? Ordne zu und begründe deine Wahl.

18:30 | Der Unterricht beginnt um 18:30 Uhr. | 🙂 | „Ich freue mich." | 112

Notrufnummer | Winter | Sport | Freizeit | Spielfeld

SPRACHE

7 Im Alltag tauchen oft Daten in Form von Zeichenfolgen auf.

XVIII | 978-3-661-38121-3 | 16 GB | 0049 | baum.jpeg | Cmaj7

3:1 | DE41 1000 0000 0001 2345 xx | 51° 30' N, 7° 27' O | ;-) | $H_2 0$

a) Nenne Daten, die du den Karten entnehmen kannst und gib an, welche Informationen dargestellt werden.

Wenn du eine Bedeutung nicht kennst, recherchiere sie.

b) Erkläre an ausgewählten Karten, warum es sinnvoll ist, sich auf einheitliche Codierungen zu einigen.

c) Wähle ein Produkt, einen Gegenstand oder einen Hinweis und erfinde einen eigenen Code, der wichtige Informationen darüber enthält: das kann eine Zeichenfolge oder aber auch eine grafische Darstellung sein.

d) Tauscht die Codes untereinander aus. Erkennt ihr die Bedeutungen?

8 Eure Klasse gestaltet einen Tag der offenen Tür. Folgende Besucher werden erwartet:

- ein blinder Mensch
- ein Elternteil, das nur Englisch spricht
- ein Kind, das noch nicht lesen kann

a) Wähle für jede Person eine geeignete Codierung, um alle Projekte vorstellen zu können.

Tipp: Welche Projekte gibt es an eurer Schule überhaupt? Recherchiere!

b) Können alle Projekte allen Menschen zur Verfügung gestellt werden? Beschreibe Grenzen.

9 Ordne die verschiedenen Speichergrößen. Beginne mit der kleinsten.

1 Byte | 2 TB | 3 Kilobyte | 6 Gigabyte | 40 kB | 1 Bit | 5 MB | 512 Bit

5.8 Üben und Vertiefen

10 Finde jeweils einen passenden Code. Begründe deine Wahl.

a) Ein blinder Mensch möchte ein Buch lesen.

b) Ein Schiff sendet einen Notruf.

c) Ein Supermarkt erkennt Produkte.

d) Ein Computer speichert einen Buchstaben.

e) Die Herkunft eines Hühnereis wird codiert.

SPRACHE

11 Eine Buchseite im E-Book hat ca. 300 Wörter. Jedes Wort besteht durchschnittlich aus 6 Zeichen (inklusive Leerzeichen). Berechne den Speicherplatz eines solchen Buches mit 500 Seiten, wenn jedes Zeichen mit einem Byte codiert wird.

12 In einem Schulhaus findet man folgende Angaben.

F-2-13 F-1-08 E-3-02

a) Beschreibe die Bedeutung der einzelnen Bestandteile der Angaben.

b) Entwickelt in Kleingruppen ein eigenes System zur Codierung von Klassenräumen.

c) Tauscht eure Lösung mit einer anderen Gruppe aus und versucht sie zu decodieren.

SPRACHE

13 Beschreibe den Vorgang der Übermittlung einer Nachricht mithilfe der folgenden Fachbegriffe. Übertrage dazu den Text und vervollständige ihn. Manche Begriffe dürfen doppelt eingesetzt werden.

Sender Empfänger Code Codierung

Decodierung Codierungsvorschrift Braille

Eine Nachricht wird vom ____ in einen ____ umgewandelt und vom ____ in demselben ____ empfangen. Die Umwandlung durch den Sender wird ____ genannt, die durch den Empfänger wird ____ genannt.
Die ____ (im Bild rechts ____) muss allen bekannt sein, damit die Nachricht fehlerfrei übermittelt und verstanden werden kann.

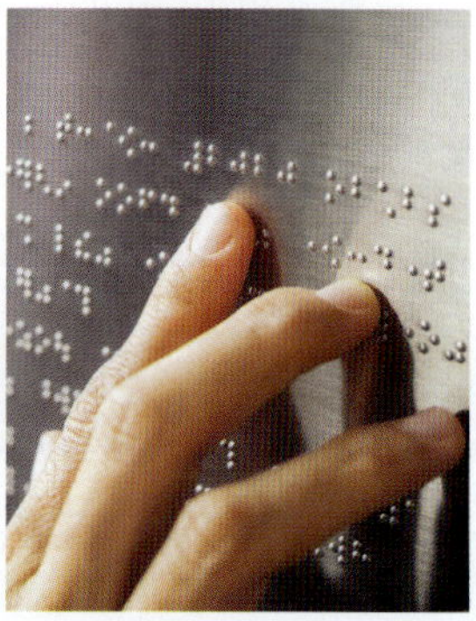

14 Beim Morsen ist ein langes Signal dreimal so lang wie ein kurzes.

38315-076
vollständige Morsecode-Tabelle

a) Gib den Buchstaben mit dem kürzesten und die drei Buchstaben mit dem längsten Morsecodesignal an.

b) Nenne jeweils mindestens drei Beispiele für Wörter mit vier oder mehr Buchstaben, die besonders viel oder wenig Zeit zum Versenden benötigen.

c) Elisa meint: „Der Morsecode ist das beste Kommunikationsmittel, da man sogar bei Stromausfall über die Ferne kommunizieren kann."
Stimmt ihr Elisa zu? Sammelt Vor- und Nachteile des Morsecodes.

15 Valentina und Cem einigen sich darauf, ihre Kommunikation mit Morsezeichen zu verschlüsseln, indem sie einfach lange und kurze Signale vertauschen. Die vertauschten Signale müssen aber immer den jeweilig anderen Buchstaben ergeben. So werden zum Beispiel U (..-) und G (--.) miteinander vertauscht.

a) Entschlüssle die Nachricht ONGDTEETK.

b) Erläutere, warum die Gesamtzahl der für eine Nachricht zu sendenden Signale (kurze oder lange Impulse) durch diese Verschlüsselung gleich bleibt.

c) Begründe, warum durch die Verschlüsselung in der Regel mehr Zeit benötigt wird, um die Nachrichten zu versenden.

d) Erkläre, warum die Verschlüsselung nicht immer durchführbar ist.

16 In der hinterlegten Übung kannst du dir verschiedene Morse-Nachrichten anhören oder ansehen.

38315-089
Morse-Code-Übung

a) Wähle eine passende Schwierigkeitsstufe und passe die Geschwindigkeit der Morse-Nachricht an. Decodiere die Nachricht passend, indem du deine Lösung in das Textfeld eingibst.

b) Erhöhe die Schwierigkeitsstufe und die Wiedergabegeschwindigkeit. Wer schafft die meisten Übersetzungen?

c) Vergleicht in der Klasse. Wer schafft die längste Serie ohne Fehler?

17 Entscheide und begründe, ob die folgenden Aussagen für Pixelgrafiken richtig sind.

a) Eine Vergrößerung verschlechtert oft die Qualität der Darstellung.

b) Eine Datei benötigt mehr Speicherplatz, je größer die Grafik ist.

c) Grafiken lassen sich beliebig vergrößern.

d) Für jeden Bildpunkt wird ein bestimmter Wert gespeichert.

5.9 Alles im Blick

Codierung im Alltag ➥ 5.1
Feststellbare Tatsachen in der Umwelt sind Informationen. Die Darstellung von Informationen durch Daten in Form von Zahlen, Texten oder Symbolen nennt man Codierung. Um aus Daten wieder Informationen zu schließen, müssen diese decodiert werden.

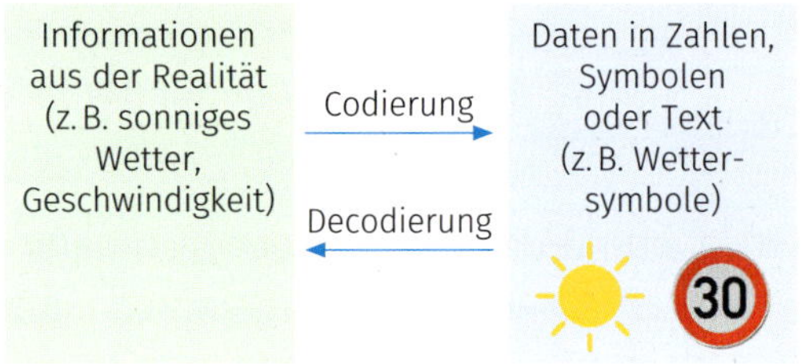

Verschiedene Arten der Codierung ➥ 5.2
Es gibt verschiedene Arten der Codierung, wie den Morsecode, die Brailleschrift oder den Erzeugercode auf Eiern. Die Codierungsart hängt immer vom Anwendungsfall ab.

Datenspeicherung, Bits und Bytes ➥ 5.3
Informatiksysteme speichern und verarbeiten Daten in Bits. Diese kleinste Speichereinheit besteht entweder aus einer Null oder einer Eins. Größere Einheiten sind Byte und Gigabyte.

1 **Byte** (B) = 8 Bit
1 **Kilobyte** (kB) = 1000 Byte
1 **Megabyte** (MB) = 1000 Kilobyte
1 **Gigabyte** (GB) = 1000 Megabyte
1 **Terabyte** (TB) = 1000 Gigabyte
1 **Petabyte** (PB) = 1000 Terabyte

Binärzahlen ➥ 5.4
Mit Bits kann man Dezimalzahlen so codieren, dass sie als Binärzahlen dargestellt sind und andersherum.

Binär- und Dezimalzahlen im Vergleich				
binär	0	1	10	11
	100	101	110	111
dezimal	0	1	2	3
	4	5	6	7

Codierung von Texten ➥ 5.5
Mit dem ASCII-Code kann ein Informatiksystem Buchstaben und Schriftzeichen in Zahlen codieren und Zahlen wieder zu Schrift decodieren.

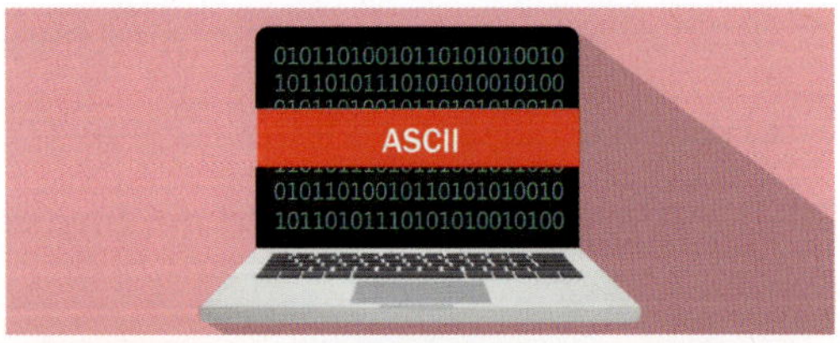

Codierung von Bildern ➥ 5.6
Informatiksysteme verstehen Bilder als eine Anordnung von Pixeln, also Bildpunkten. Alle Farben werden durch Kombination von Rot, Grün und Blau erzeugt.

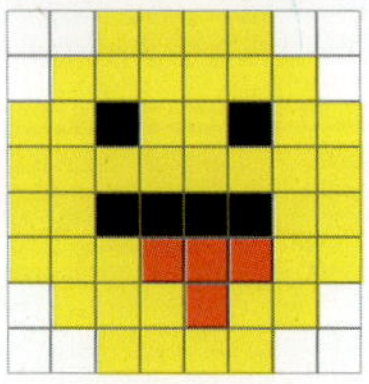

FACHBEGRIFFE

38315-090
Test zu den Begriffen

Hier findest du die wichtigsten Begriffe aus diesem Kapitel:

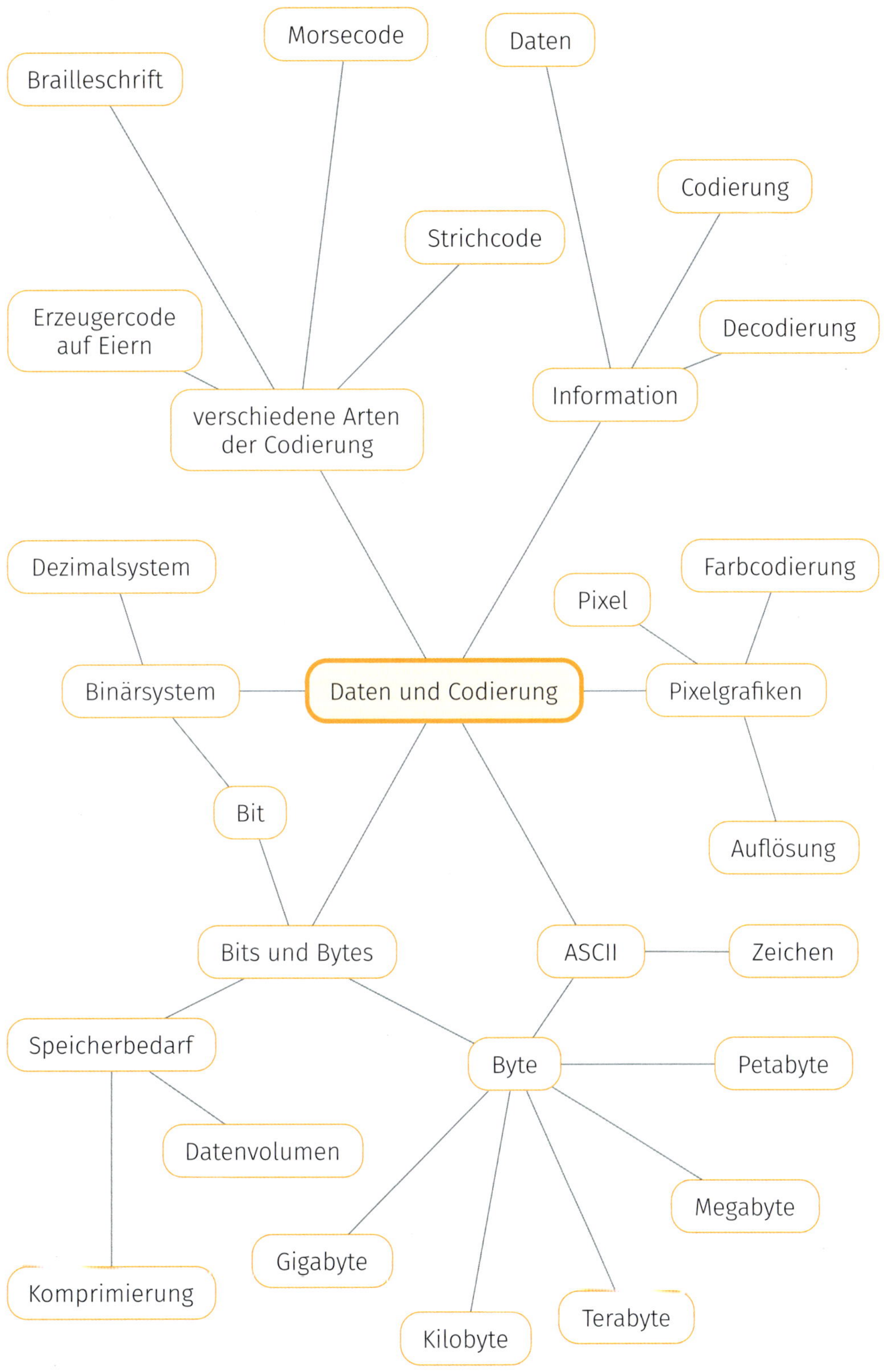

TESTE DICH

Bist du fit und beherrschst die wichtigsten Inhalte dieses Kapitels? Teste dich! Öffne dazu den hinterlegten **Abschlusstest** und beantworte die Fragen. Wenn du merkst, dass du dir bei einem Thema unsicher bist, lies auf der jeweiligen Seite nach.

38315-091
Abschlusstest

AUTO
MAX

6 Projektkapitel – Calliope und Co. im Einsatz

Einstieg

- Beschreibe die drei Bilder möglichst genau und ordne sie in den Kontext der Informatik ein.
- Finde Situationen, in denen du dir wünschst, von Informatiksystemen unterstützt zu werden.

Am Ende dieses Kapitels hast du gelernt, ...

- Sensoren auszulesen und Aktoren anzusteuern.
- einen Mikrocomputer mithilfe von Algorithmen zu steuern.

6.1 Sensoren und Aktoren

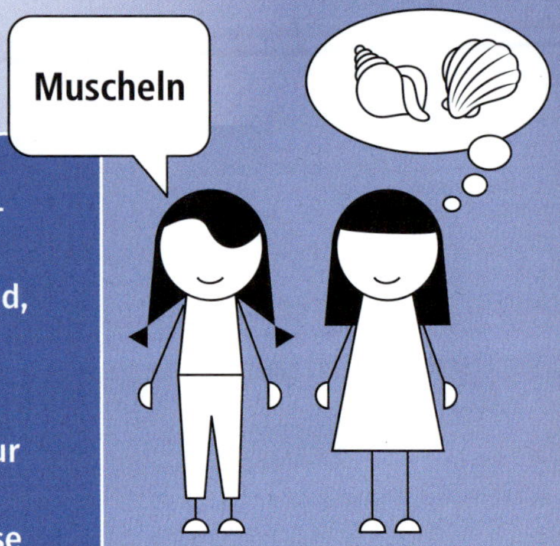

Mira möchte ihrer Freundin Elisabeth von ihrem Strandurlaub berichten. Damit Elisabeth einen möglichst genauen Eindruck bekommt, hat Mira ihr Muscheln, Sand, Meerwasser und Fotos mitgebracht.

- **Was können die zwei Mädchen nun alles tun?**
- **Wie können sie die Gegenstände möglichst sinnvoll zur Kommunikation einsetzen?**
- **Wie könntest du deiner Klasse von deiner letzten Reise berichten?**

ERARBEITUNG

Wahrnehmung der Umgebung bei Menschen

Menschen können viele Dinge aus der Umgebung wahrnehmen: Geräusche, Bewegungen, Gerüche und vieles mehr. Dafür werden verschiedene **Sinnesorgane** benötigt.

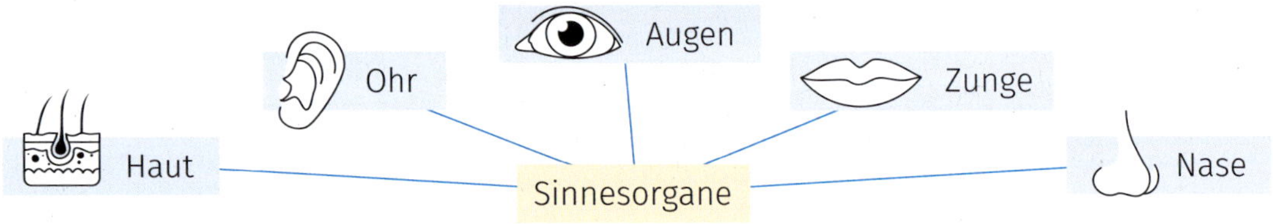

A1 Ordne die Sinnesorgane ihren Funktionen zu.

Sinnesorgan	Augen	Ohren	...
Funktion	Sehen	...	

Sensoren

Damit Computer und andere Endgeräte ebenfalls Dinge aus der Außenwelt wahrnehmen können, gibt es gewisse Bauteile – sogenannte **Sensoren**.

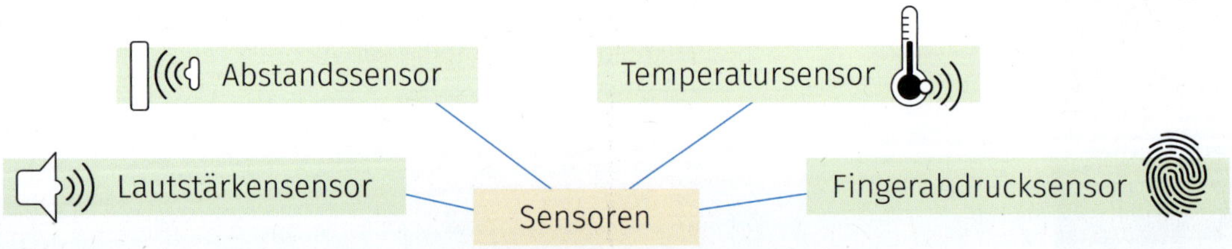

A2 Suche im Klassenraum und auf dem Schulhof nach verschiedenen Eindrücken.

a) Nenne die Sinnesorgane, die du zur Wahrnehmung der Eindrücke benötigst.

b) Gib Sensoren an, die ein Computer an deiner Stelle benötigen würde.

Kommunikation unter Menschen

Um eigene Gedanken anderen Menschen mitzuteilen, kann man verschiedene **Signale** senden. Informationen können zum Beispiel auf folgenden Wegen vermittelt werden.

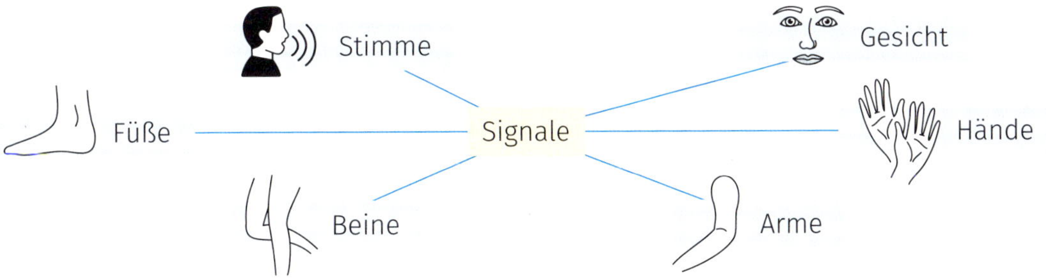

A3 Suche dir ein Signal aus. Jetzt darfst du nur über dieses kommunizieren. Schreibe eine Nachricht und teile sie den anderen in deiner Klasse nur mithilfe dieses Signals mit. Deine Nachricht könnte beispielsweise lauten:

Mein Lieblingsessen ist Pizza.

Hast du die Hausaufgaben schon gemacht?

Ich freue mich auf das Fußballspiel am Wochenende.

Aktoren

Auch Computer und andere Endgeräte können Informationen an die Außenwelt abgeben. Dafür gibt es bestimmte Bauteile – sogenannte **Aktoren**.

A4 Nenne weitere Aktoren von Computern, Smartphones oder Tablets.

MERKE

Damit ein Informatiksystem Informationen aus der Umwelt aufnehmen kann, gibt es **Sensoren**. Um Informationen der Außenwelt mitzuteilen, werden **Aktoren** verwendet. Sensoren zählen zu den Eingabegeräten, Aktoren zu den Ausgabegeräten (vgl. EVA-Prinzip).
Mit Sensoren und Aktoren kann ein Informatiksystem also Informationen senden und empfangen.

AUFGABEN

1 Beschreibe Paare von Sender und Empfänger, die zusammenarbeiten müssen, damit Menschen mit …

a) anderen Menschen kommunizieren können.

b) Computern kommunizieren können.

z. B. Mensch – Mensch: Stimme und Ohr

6.2 Einführung Calliope

ERARBEITUNG

Es gibt weitere, ähnlich aufgebaute Mikrocontroller, deren Funktionen sich größtenteils mit dem Calliope decken. Im Bild wird der Calliope mini 2 gezeigt. Der Einfachheit halber wird in den folgenden Texten nur noch der Begriff Calliope verwendet.

Was ist der Calliope?

Der Calliope ist ein kleiner Computer. Er enthält einige Ein- und Ausgabegeräte, sodass man nicht unbedingt weitere Geräte anschließen muss.

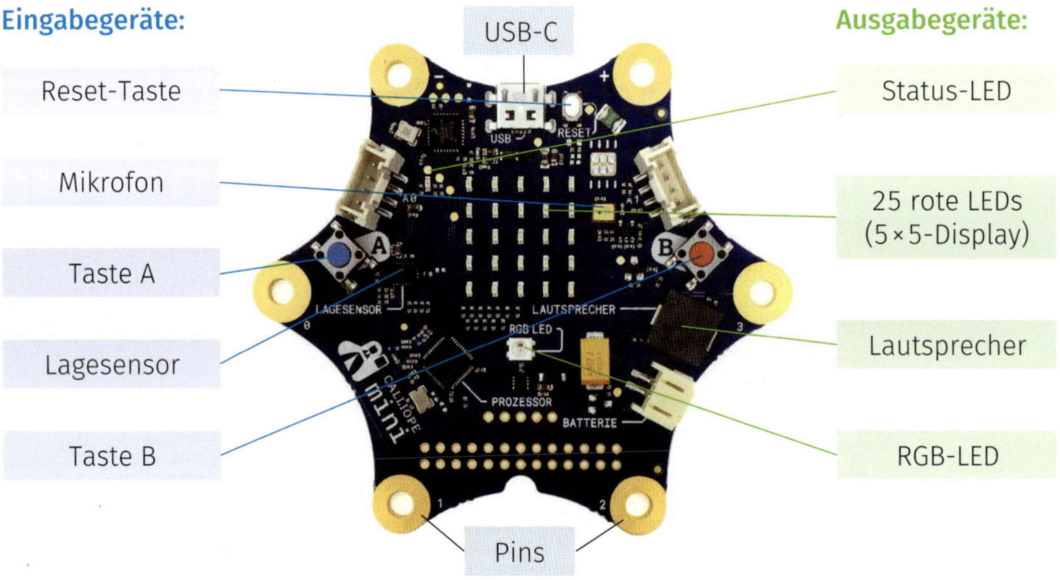

A1 Nimm deinen Mikrocontroller in Betrieb. Stelle sicher, dass die eingelegten Batterien funktionieren oder verwende zur Stromversorgung eine USB-Verbindung.

Was kann man mit dem Calliope machen?

Der Calliope verfügt über sogenannte **Sensoren** und **Aktoren**.

- Lichtsensor: Messung der Helligkeit
- Lautstärkesensor (Mikrofon): Wie laut sind die Geräusche in der Umgebung?
- Lagesensor: In welcher Lage befindet sich der Calliope (z. B. wie stark wird er gekippt)?

Es gibt unzählige weitere Sensoren und Aktoren, die sich an den Calliope anschließen lassen.

Es lassen sich darüber hinaus weitere Sensoren an den Calliope anschließen:

- Feuchtigkeitssensor
- Abstandssensor
- CO_2-Sensor

Durch Sensoren kann der Calliope Informationen aus der Umgebung aufnehmen. Diese Informationen können in den Programmcode wie eine Variable (➥ 4.7) einfließen.

Aktoren (z. B. 5x5-LED, RGB-LED, Lautsprecher, ...) können die Ausgabe eines Programmes darstellen.

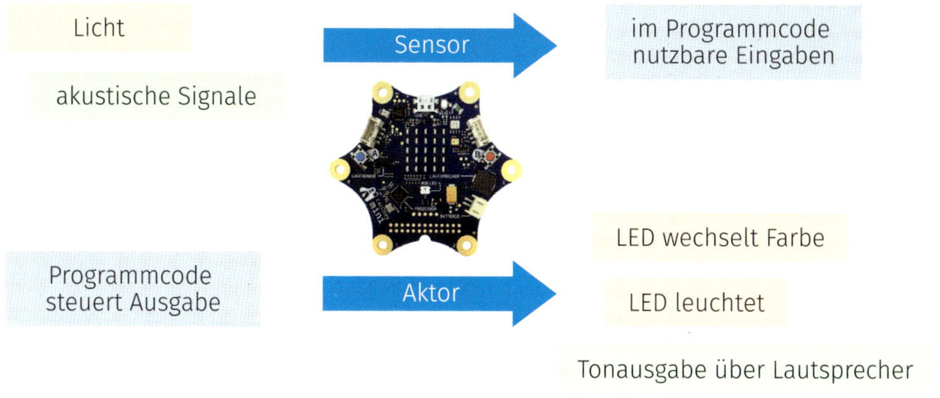

A2 Beschreibe anhand der obigen Abbildung die Schritte des EVA-Prinzips.

Wie arbeitet man mit dem Calliope?

Der Calliope lässt sich mithilfe geeigneter Software (MakeCode ➥ **6.3**) programmieren. Die grafischen Programmierblöcke ähneln dabei denen von Scratch. Im Gegensatz zu Scratch kann man die Ergebnisse jedoch nicht nur am Bildschirm, sondern hautnah am Calliope sehen. Um spannende Programme zu schreiben, benötigt man die Kontrollstrukturen, die bereits aus ➥ **Kapitel 4** bekannt sind (Anweisung, Sequenz, Schleife, Verzweigung). Außerdem werden häufig Variablen benötigt.

In Kapitel 6.3 kannst du die Kontrollstrukturen am Beispiel von MakeCode wiederholen.

38315-092
Software inkl. Erklärvideo für den Calliope

A3 Öffne MakeCode in einem Browser und verschaffe dir einen Überblick.

Wie simuliert man Programme?

Programme in MakeCode lassen sich **simulieren**. Dadurch sieht man das Verhalten des Calliopes am Bildschirm.

A4 Füge die unten abgebildeten Blöcke in MakeCode zusammen. Stelle sicher, dass der Calliope deinen Namen anzeigt, wenn die Taste A gedrückt wird. Finde den Simulationsmodus und teste dein Programm.

Wie zieht man Programme auf den Calliope?

Ist der Calliope mit dem Computer verbunden, erscheint ein neues Laufwerk „mini". Programme (.hex-Dateien) kann man auf dieses Laufwerk wie auf einen USB-Stick ziehen. Auf dem Laufwerk „mini" wird immer nur ein Programm gespeichert.

Zieht man also ein neues Programm auf das Laufwerk, so wird das alte ersetzt. Im Batteriebetrieb führt der Calliope also immer das zuletzt auf ihn übertragene Programm aus.

A5 Verbinde deinen Calliope mit dem Computer. Lade das Programm aus ➥ **A4** auf den Calliope und teste es im Batteriebetrieb.

6.3 MakeCode

ERARBEITUNG

Anweisung und Sequenz

Auch in MakeCode kann man Sequenzen aus Anweisungen zusammenbauen. Anweisungen, um z. B. das 5×5-Display oder die RGB-LED zum Leuchten zu bringen, finden sich bei dieser Software in der Kategorie Grundlagen.

Kategorie	Beispielblöcke
Grundlagen	

A1 Baue mithilfe der RGB-LED eine Ampel mit Rot-, Gelb- und Grünphase. Zu Beginn soll die Ampel zehn Sekunden auf Rot stehen, dann für zwei Sekunden auf Gelb umspringen, um anschließend grün zu sein.

Schleifen

Schleifen werden benötigt, um komplexe Programme zu schreiben. Die entsprechenden Anweisungen finden sich in der Kategorie Schleifen.

Kategorie	Beispielblöcke
Schleifen	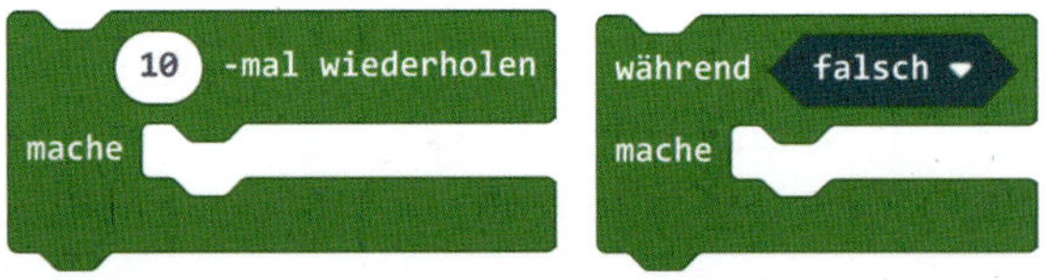

A2 Nach einer 10-sekündigen Grünphase springt die Ampel über Gelb wieder auf Rot.

a) Erweitere das Programm aus → A1 passend.

b) Sorge dafür, dass die Ampel das Verhalten aus a) in Dauerschleife ausführt.

Dauerschleife = Endlosschleife
Dauerschleifen findet man bei MakeCode in der Kategorie Grundlagen.

Verzweigungen

Mit Verzweigungen lassen sich in MakeCode, ähnlich wie in Scratch, Bedingungen in Programmcodes integrieren. Je nachdem, ob die Bedingung wahr oder falsch ist, lassen sich so unterschiedliche Anweisungen ausführen.

Kategorie	Beispielblöcke
Logik	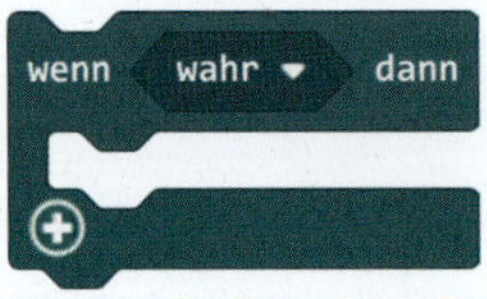

Die alternativen Handlungsanweisungen, die man bei Scratch als „falls ..., dann ... sonst ...“ findet, lassen sich bei MakeCode mit + erzeugen.

A3 Manche Fußgängerampeln zeigen so lange Rot, bis ein Knopf gedrückt wird: Erst dann springen sie auf Grün. Die Autoampel ist somit die meiste Zeit grün.

a) Erstelle ein neues Projekt, bei dem die RGB-LED durchgängig grün leuchtet. Erst wenn der Knopf A gedrückt wird, springt sie wieder über Gelb auf Rot. Auf dem 5×5-Display erscheint dann ein passendes Zeichen für die Fußgänger.

RGB-LED: Autoampel
Display: Fußgängerampel

b) Verändere das Projekt so, dass das Zeichen für die Fußgänger nach zehn Sekunden verschwindet und die Autoampel über Gelb wieder auf Grün springt.

Neben einer Verzweigung ist bei b) eine Dauerschleife hilfreich.

Variablen

Variablen sind bei der Programmierung unerlässlich. Ohne sie lassen sich viele Probleme kaum lösen, weshalb sie für die Steuerung des Calliopes von großer Bedeutung sind. Bei MakeCode findet man alle wichtigen Blöcke in der Kategorie Variablen.

Kategorie	Beispielblöcke
Variablen	gruen; setze gruen auf 0; ändere gruen um 1

A4 Die Fußgängerampel soll nun um einen Timer erweitert werden.

a) Baue diesen Timer. Definiere dafür eine Variable und weise ihr den Wert 10 zu. Auf dem Display soll nun von 10 bis 0 rückwärts gezählt werden.

Der Calliope hat einen Zeitgeber, der hier aber nicht verwendet werden soll.

b) Verwende den Timer bei der Grünphase der Fußgängerampel aus → A3.

5 × 5 Display = Display

Sensoren auslesen

Wie im vorherigen Kapitel bereits thematisiert, lassen sich über Sensoren Werte aus der Umgebung des Calliopes messen. Diese fließen dann in den Programmcode ein wie eine Variable. Man findet die passenden Blöcke bei MakeCode in der Kategorie Eingabe.

Sensoren machen Eingaben, Aktoren machen Ausgaben.

Kategorie	Beispielblöcke
Eingabe	Knopf A ist geklickt; Lichtstärke; Kompassausrichtung (°)

Man kann die Umgebungswerte (z. B. die Lichtstärke) auch im Simulationsbereich verändern, um geschriebene Programme besser zu testen. Sobald in einem Programmcode eine Sensorgröße verwendet wird, erscheint im Simulationsbereich ein Regler.

A5 Bei manchen Autoampeln blinkt nachts nur das gelbe Licht. Erweitere die Ampel aus → A3 und → A4. Die Ampel soll beim Starten des Programms überprüfen, ob es Tag oder Nacht ist. Ist es hell genug, so soll das Programm wie bisher funktionieren. Ab einer gewissen Dunkelheit soll die Ampel durchgehend gelb blinken.

Nutze den Lichtsensor.

6.4 Projekte ohne Erweiterungen

Mit dem Calliope mini kannst du deine eigenen Spielideen in die Realität umsetzen. Deiner Kreativität sind dabei keine Grenzen gesetzt. Hier findest du einige Vorschläge, mit denen du üben kannst, deine eigenen Spiele zu erstellen.
Tipp: Wenn du unsicher bist, welche Grenzwerte für die Messungen gelten sollen, kannst du diese recherchieren oder durch eine Ausgabe auf dem Calliope selbst erforschen.

SCHWERPUNKT

A1 Würfel

Für viele Spiele benötigt man einen Würfel. Auf der LED-Anzeige soll deshalb eine zufällige Zahl erscheinen, wenn man den Calliope schüttelt.

- Setze statt der Zahl 0 das Passende ein.
- Kann man auch einen Würfel bauen, der mehr als sechs Zahlen anzeigen kann? Finde eine Lösung.

Bonus: Erstelle einen Würfel, der Buchstaben oder Farben ausgibt.

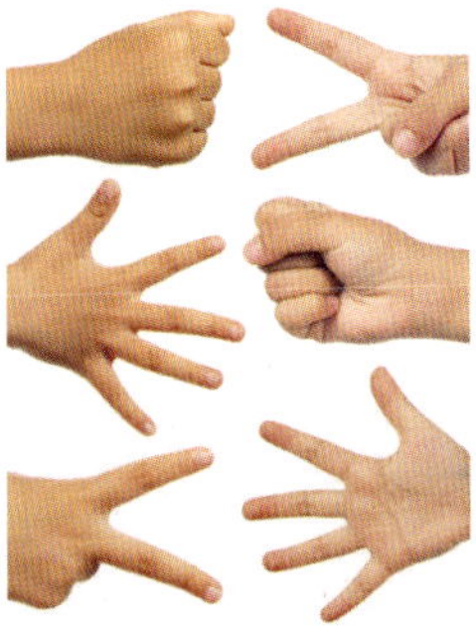

A2 Schere, Stein, Papier

Bei Schere-Stein-Papier entscheidet allein der Zufall. Es ist auch bekannt als Schnick-Schnack-Schnuck. Der Calliope soll über die Wahl von Schere, Stein oder Papier entscheiden.

- Erstelle zunächst passende Symbole für Stein, Schere und Papier, die auf der LED-Anzeige erscheinen sollen.

Bonus: Es gibt Versionen mit mehr als drei Varianten. Erstelle weitere Möglichkeiten.

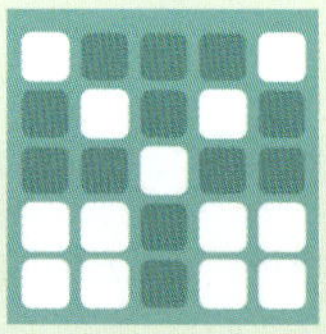

Beispiel für Schere

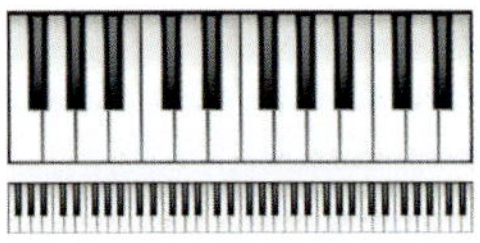

A3 Klavier

In diesem Projekt sollen die Knöpfe und Pins des Calliope zum Einsatz kommen. So viele Tasten erinnern doch an ein Klavier, oder?

- Weise jedem Knopf und jedem Pin einen eigenen Ton zu.
- So kannst du mit dem Calliope musizieren.
- Schaffst du eine Melodie, die von anderen Personen erkannt wird?

A4 Fahrradlicht

Nun werden die LED-Anzeige und die RGB-LED genauer betrachtet.

- Stell dir vor, du bist morgens mit dem Fahrrad auf dem Weg in die Schule. Der Calliope soll nun prüfen, ob es dunkel ist und bei Bedarf die LEDs anschalten.
- Wenn es wieder heller geworden ist, sollen sie wieder ausgehen.

A5 Lautstärkenampel

Im Klassenzimmer ist es mal wieder so laut, dass man sich gar nicht mehr richtig konzentrieren kann? Dafür kommt ein neuer Lautstärke-Wächter zum Einsatz: der Calliope.

- Erstelle ein Programm, welches anzeigt, ob die Lautstärke in Ordnung ist.
- Signalisiere das auf verschiedene Arten. Wie wäre es mit der RGB-LED oder der LED-Anzeige?
- Finde weitere Möglichkeiten, Signale zu geben.

Bonus: Erstelle verschiedene Modi für eine Stillarbeitsphase, eine Murmelphase, eine Diskussionsrunde und die Pause.

A6 Morsen

–·–·	·–	·–··	·–··	··	–––	·––·	·
C	A	L	L	I	O	P	E

Erinnerst du dich noch an das Kapitel über die verschiedenen Codes?
Da kam auch der Morsecode vor. In diesem Projekt soll der Calliope nun per Knopfdruck Buchstaben morsen.

- Erstelle ein Programm, bei dem der Knopf A für „kurz“ und der Knopf B für „lang“ steht.
- Wenn der Touchpin P0 aktiviert wird, soll der Buchstabe übermittelt und angezeigt werden.
  Tipp: Erstelle dazu eine Variable, um die bisherigen Eingaben zu speichern, bis der Buchstabe fertig eingegeben ist. Wie kann man „kurz“ und „lang“ als Zahl speichern?

Bonus 1: Touchpin P1 soll für ein fertiges Wort stehen, welches ausgegeben wird, wenn der Pin gedrückt wird. Was musst du dafür noch zwischenspeichern?
Bonus 2: Wie kannst du das Programm erweitern, um mit anderen zu kommunizieren?

A7 Rechentrainer

Die nächste Mathearbeit steht an – Kopfrechnen ist also angesagt. Damit dafür keine langweiligen Aufgaben im Heft gelöst werden müssen, soll der Calliope als Rechentrainer eingesetzt werden.

- Mit der Taste A sollen zwei zufällige neue Zahlen generiert werden. Diese sollen dann addiert werden. Lass die Aufgabe auf der LED-Matrix anzeigen.
- Um dein Ergebnis zu überprüfen, soll mit dem gleichzeitigen Drücken der Tasten A und B die Lösung angezeigt werden.
- Da nicht nur die Addition in der Klassenarbeit abgefragt wird, möchtest du mit der Taste B den Modus zwischen den vier Grundrechenarten wechseln.
  Tipp: Wie kannst du weitere Modi hinzufügen und sicherstellen, dass der Calliope immer weiß, in welchem Modus du gerade bist?

6.5 Projekte mit Erweiterungen

Für den Calliope mini gibt es zahlreiche Erweiterungen, mit denen du noch mehr Projekte realisieren kannst.

Dazu zählen beispielsweise Sensoren. Diese ermöglichen es dem Calliope, seine Umgebung wahrzunehmen – so ähnlich, wie du deine Umgebung wahrnimmst. Auf diese Eindrücke kann dann entsprechend reagiert werden. Wie diese Reaktion ausfallen soll, entscheidest du mit deinem Programm. Vielleicht hilft es dir, zu überlegen, wie du auf die jeweiligen Informationen reagieren würdest.

SCHWERPUNKT

A1 Regensensor

Feuchtigkeitssensor benötigt

In diesem Projekt soll der Calliope mini auf Regen reagieren.

Stell dir vor, du hast zu Hause die Fenster offen und plötzlich fängt es an zu regnen. Allerdings bemerkst du es nicht sofort, weil du in dein Spiel vertieft bist.

- Der Calliope soll dich auf den Regen aufmerksam machen, damit du alle Fenster schließen kannst. Finde eine Lösung.

A2 Pflanzenstation

Feuchtigkeitssensor benötigt

Der Feuchtigkeitssensor soll nun eine Pflanze überwachen.

Damit es einer Pflanze gut geht, benötigt sie die richtige Menge an Wasser, Wärme und Sonne.

- Der Calliope hat einige Sensoren, die fest verbaut sind. Nenne diejenigen, die dabei helfen, die oben genannten Kriterien zu überprüfen.
- Der Calliope soll nun auf verschiedenen Wegen signalisieren, wenn die Pflanze deine Aufmerksamkeit benötigt.
  a) Es soll ein Ton abgespielt werden, wenn es zu trocken ist und du die Pflanze gießen musst.
  b) Zusätzlich soll ein Smiley auf der LED-Matrix anzeigen, ob die Feuchtigkeit aktuell in einem guten Bereich liegt oder nicht.
  c) Die Farbe der RGB-LED soll anzeigen, ob es aktuell hell genug ist.
  d) Per Knopfdruck soll die aktuelle Temperatur auf der LED-Matrix angezeigt werden.

Bonus 1: Aktuell musst du die Temperatur noch aktiv abfragen und dann selbst entscheiden, ob diese so in Ordnung ist. Überlege dir auch für die Temperatur eine automatische Meldung, die dich über einen ungünstigen Zustand informiert. Implementiere sie in deinem Programm.
Bonus 2: Für eine Pflanze ist es auch nicht gut, wenn sie zu viel Wasser, Sonne oder Wärme abbekommt. Ergänze auch hierfür Warnungen in deiner Pflanzenstation. Achte darauf, dass man die Meldungen unterscheiden kann. Beispielsweise sollte der Ton für „zu trocken" ein anderer sein als der Ton für „zu nass".

A3 Abstandshalter

Ultraschall-sensor benötigt

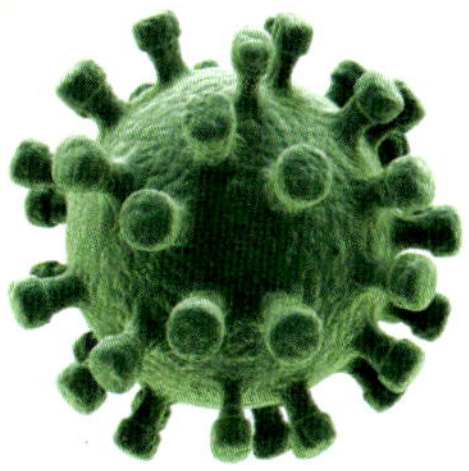

Mit dem Ultraschallsensor lassen sich Abstände messen.

Stell dir vor, du besuchst einen Freund, der krank ist.
Ihr möchtet genügend Abstand halten, damit du dich nicht ansteckst.

- Erstelle ein Programm, damit dich der Calliope mit einem Ton warnt, wenn ihr euch zu nahe kommt.

Bonus: Bestimmt kennst du einen Abstandssensor auch aus dem Auto. Auch hier wird ein Ton gespielt, wenn man beim Einparken zu nah an eine Mauer oder ein anderes Fahrzeug kommt. Je näher man kommt, desto intensiver wird das Signal. So etwas möchtest du jetzt auch für dein Fahrrad, damit die Autos dich mit genügend Sicherheitsabstand überholen.

A4 Abstand schätzen

Ultraschall-sensor benötigt

In diesem Projekt geht es um das Schätzen von Abständen.

- Wie weit ist es beispielsweise bis zur nächsten Wand?
- Alle Personen aus deiner Klasse sollen einen Tipp abgeben. Der Calliope zeigt auf Knopfdruck die richtige Lösung an.

A5 Luftqualität

CO_2-Sensor benötigt

Im letzten Kapitel gab es ein Projekt für einen Lautstärkewächter im Klassenraum. In diesem Projekt soll das Programm so erweitert werden, dass noch besser auf eine angenehme Lernatmosphäre geachtet wird.

- Wähle ein Signal, das weiterhin eine Rückmeldung zur Lautstärke gibt.
- Wähle ein anderes Signal. Es soll verdeutlichen, ob die Temperatur im Raum zu kalt, zu warm oder genau richtig ist.
- Wähle ein drittes Signal, welches vor einem zu hohen CO_2-Spiegel im Raum warnt.
- Der CO_2-Sensor kann außerdem die Luftfeuchtigkeit messen. Finde dafür eine Einsatzmöglichkeit.

Bonus: Fallen dir noch weitere Faktoren im Klassenraum ein, auf die der Calliope achten könnte?

6.6 Automatisierung

Nora und Johanna helfen ihren Eltern im Haushalt. Auf dem Plan stehen Wäschewaschen, Geschirrspülen und Kochen. Plötzlich fällt der Strom aus und die Waschmaschine, die Spülmaschine und der Herd funktionieren nicht mehr. Ihre Schwester Pauline sitzt zu dem Zeitpunkt in der Schule.

- **Was können Nora und Johanna jetzt tun und welche Aufgaben könnten davon noch betroffen sein?**
- **Diskutiert mögliche Probleme in der Schule. In welchen Fächern wird der Unterricht besonders stark beeinflusst?**

ERARBEITUNG

Im Supermarkt

In einem Pfandautomaten im Supermarkt sind bereits mehrere Prozesse automatisiert. Gibt jemand eine Flasche in den Pfandautomaten ein, beginnt dieser mit der Verarbeitung – der Barcode wird gescannt. Handelt es sich um eine Pfandflasche, wird der Pfandwert ermittelt, der Ausgabebetrag erhöht und die Flasche einsortiert. Legt man eine ungültige Flasche ein, wird diese wieder ausgegeben. Mithilfe des Displays lässt sich der aktuelle Ausgabebetrag ausgeben und der Wert wird auf null gesetzt.

Mit einem Scanner kann der Barcode gelesen und decodiert (Codierung ➥ **Kapitel 5**) werden.

Pfandautomat im Supermarkt

A1 Vor der Einführung von Pfandautomaten hat ein Mensch die Pfandflaschen angenommen. Gib Vor- und Nachteile dieser Entwicklung an.

Automatisierung im Alltag

Auch alltägliche Aufgaben werden immer häufiger von Automaten und Robotern übernommen. Im Haushalt gibt es zum Beispiel Saugroboter.

A2 **a)** Nenne neben dem Pfandautomaten weitere Computer, die du im Alltag nutzt.

b) Beantworte für die in a) genannten Beispiele folgende Fragen:
- Musst du den Computer steuern oder arbeitet er automatisiert?
- Wie verändert sich dadurch dein Tagesablauf?

Automatisierung von Berufen

Einer Studie nach arbeitet derzeit fast die Hälfte der Beschäftigten in Deutschland in Berufen mit einer hohen Automatisierungswahrscheinlichkeit. Damit ist nicht gemeint, dass diese Arbeitsplätze verloren gehen. Stattdessen können einfache Teile dieser Berufe von Automaten und Programmen übernommen werden. Für die Menschen bleiben dann schwierigere Tätigkeiten übrig. Berufe werden also durch die Automatisierung nicht einfacher, sondern anspruchsvoller. Aus diesen Gründen empfehlen die Autoren der Studie mehr und bessere Ausbildung für alle.

Selbstbedienungskasse im Supermarkt

A3 In einem Supermarkt arbeiten zehn Personen. Nun werden dort Pfandautomaten und Selbstbedienungskassen eingeführt.

a) Erläutere mithilfe der Studie die möglichen Auswirkungen auf die Arbeit dieser zehn Personen.

b) Begründe, weshalb die Autoren der Studie höhere Bildungsausgaben fordern.

MERKE

Automatisierung verändert den Alltag und das Leben der gesamten Gesellschaft. Die Auswirkungen der Automatisierung haben einen starken Einfluss auf die Entwicklung der Arbeit. Daher sollte man sich bei der Berufswahl mit den Auswirkungen der Automatisierung auf die Arbeitswelt auseinandersetzen.

AUFGABEN

1 Diskutiert in der Klasse Vor- und Nachteile von Automaten.

2 Begründe, auf welche Automaten du in deinem Alltag nicht mehr verzichten könntest. Beschreibe einen Automaten, den du gerne erfinden würdest.

3 Die Erfindung von neuen Technologien führt manchmal dazu, dass alte Technologien oder Berufe ersetzt werden.

a) Gib an, welche Technologie ersetzt bzw. neu erfunden wurde.

①

②

b) Nenne eine weitere Technologie, die eine andere ersetzt hat.

4 Recherchiert in Gruppen zu den Themen Automatisierung in verschiedenen Berufsgruppen und Fachkräftemangel. Tragt eure Ergebnisse in der Klasse zusammen und diskutiert einen möglichen Zusammenhang.

7 Verschlüsselungsverfahren

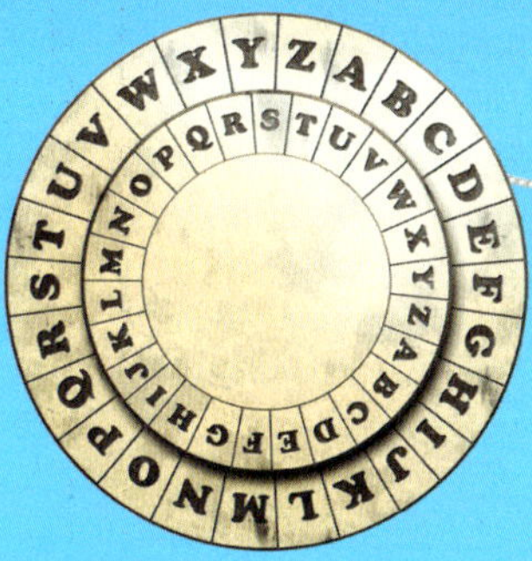

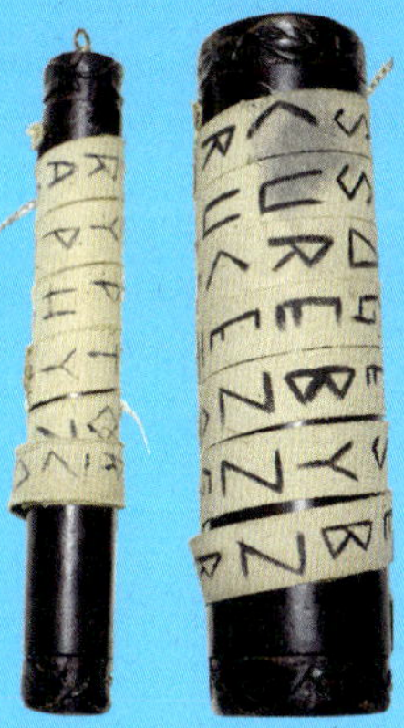

Einstieg

Wie hält man Informationen vor Unbefugten geheim? Damit haben sich schon die alten Griechen und Römer beschäftigt. Ihre Verfahren wurden weiterentwickelt und bilden die Grundlagen für Verschlüsselungen in unserer heutigen Kommunikation.

- Wie hältst du eine Nachricht vor anderen geheim?
- Kennst du eine Geheimsprache oder eine Geheimschrift?
- Formuliere eine Frage zum Thema des Kapitels, die du gerne beantwortet haben möchtest.

Am Ende dieses Kapitels hast du gelernt, ...

- das Grundprinzip einer Verschlüsselung zu beschreiben.
- wofür man Verschlüsselungen benötigt.
- verschiedene Verschlüsselungsverfahren anzuwenden.
- Verschlüsselungsverfahren in Bezug auf ihre Sicherheit zu bewerten.
- die Schutzziele Verfügbarkeit, Integrität und Vertraulichkeit zu unterscheiden.
- sichere Passwörter und weitere Schutzmaßnahmen für Daten zu beschreiben.

7.1 Geheimnisse bewahren mit Verschlüsselungen

Lucca hat ein Briefchen von Lena an Olga abgefangen und liest es laut vor: „Ich finde Dimitri ja so unglaublich süß …“ Die ganze Klasse lacht, bis auf Lena, Olga und Dimitri. Lena denkt sich: „Ich müsste irgendeine Geheimschrift haben, damit das nicht nochmal passiert.“

- **Hilf Lena bei ihrer Idee.**

ERARBEITUNG

Ein Dritter, der versucht, eine geheime Nachricht zu entschlüsseln, wird **Spion** oder **Angreifer** genannt.

Grundlagen der Verschlüsselung

Der **Sender** (Verfasser) einer vertraulichen Nachricht möchte sicherstellen, dass die Nachricht nur vom (beabsichtigten) **Empfänger** verstanden wird und nicht ungewollt von einem Dritten.

Die Existenz der Nachricht darf bekannt sein, aber der Inhalt der Nachricht muss geheim bleiben. Der Sender verwandelt dazu seine Nachricht **(Klartext)** in einen sogenannten **Geheimtext**. Dieses Vorgehen nennt man **Verschlüsselung**.

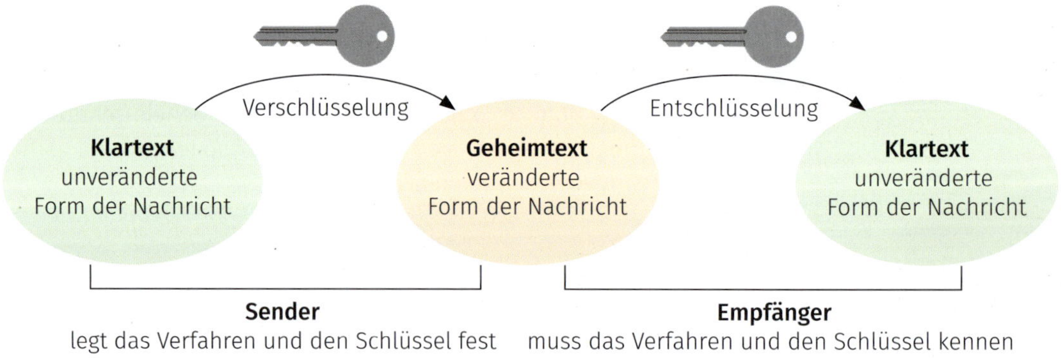

Die Herausforderung besteht für den Sender darin, eine Nachricht so zu **verschlüsseln**, dass sie nur vom Empfänger enträtselt **(entschlüsselt)** werden kann. Dafür einigen sich Sender und Empfänger auf ein **Verschlüsselungsverfahren** – also darauf, wie der Geheimtext entsteht. Zu diesem Verfahren gibt es einen **Schlüssel**. Er enthält Vorgaben darüber, wie das Verschlüsselungsverfahren konkret durchgeführt wird.

SPRACHE

A1 Chris findet am Nachmittag einen Zettel mit einer Nachricht in seinem Rucksack. Er vermutet, dass er von Britta stammt. Versucht im Zweierteam, den Geheimtext zu enträtseln (zu knacken). Erklärt, wie ihr vorgegangen seid.

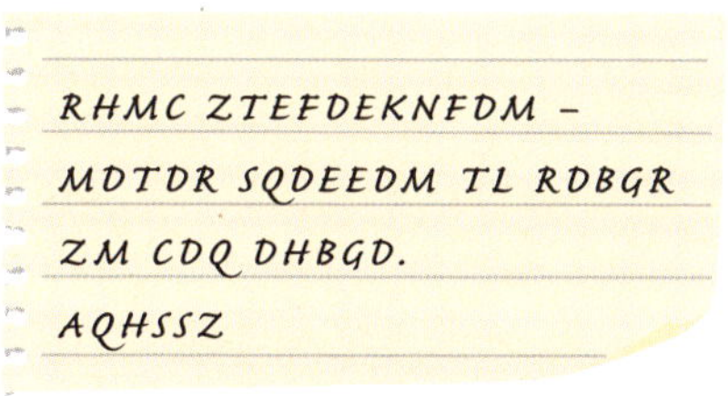

Tipp:
Beginnt mit dem Absender.

Die Räubersprache

Ein einfaches Verschlüsselungsverfahren ist die sogenannte **Räubersprache**. Diese funktioniert so:

Konsonanten sind alle Buchstaben des Alphabets mit Ausnahme der Vokale (a, e, i, o, u).

1. Verdoppele jeden Konsonanten.
2. Setze zwischen jeden verdoppelten Konsonanten den Buchstaben „o".
3. Vokale (a, e, i, ...), Umlaute (ä, ö, ü) und Doppellaute (au, ei, ...) notierst du unverändert.

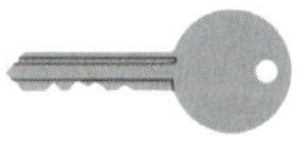

Hallo Klartext → Verschlüsselung → **Hohalollolo Geheimtext**

Schlüssel:
Konsonant wird zu Konsonant + o + Konsonant

SPRACHE

A2 **a)** Überprüfe, ob Lenas Nachricht aus dem Einstieg richtig verschlüsselt wurde.
„Icochoh fofinondode Dodimomitotrori joja soso unongoglolauboblolicochoh sosuesossos!"

b) Verschlüssele Lenas nächste Nachricht an Olga analog.
„Meinst du, ich sollte ihn nach seiner Nummer fragen?"

c) Entschlüssele Olgas Antwort an Lena.
„Joja, woweror nonicochohtot wowagogtot, doderor nonicochohtot gogewowinonnontot!"

38315-002
Alle Hilfen zur Sprachförderung findest du hier. Entsprechende Aufgaben sind mit SPRACHE gekennzeichnet.

MERKE

Bei einer **Verschlüsselung** wird ein **Klartext** mit einem vorher vereinbarten **Verschlüsselungsverfahren** in einen **Geheimtext** umgewandelt. Der **Schlüssel** enthält konkrete Vorgaben zur Umwandlung zwischen Klar- und Geheimtext.

AUFGABEN

1 Neben der Räubersprache gibt es noch weitere ähnliche Geheimsprachen, z. B. die Löffelsprache oder die Hühnersprache.

a) Informiere dich über die Regeln der Löffel- und Hühnersprache und formuliere eine ähnliche Anleitung mit Beispiel wie bei der Räubersprache (s. o.).

b) Tauscht in der Klasse Geheimtexte zur Räuber-, Löffel- und Hühnersprache aus und entschlüsselt eure Nachrichten.

7.2 Verschlüsselungsverfahren

Mika entdeckt im Sommerurlaub eine Flaschenpost und öffnet sie. Darin verbirgt sich eine verschlüsselte Botschaft, die er gerne knacken möchte.

- Kannst du Mika helfen, die Nachricht zu entschlüsseln?
- Beschreibe die Bedeutung der Trennungsstriche.

ERARBEITUNG

Welche Verschlüsselungsverfahren gibt es?

Beim Verschlüsseln unterscheidet man zwischen zwei Methoden:

Transposition
Die Buchstaben eines Klartextes werden anders angeordnet, aber nicht verändert.

↔

Substitution
Die Buchstaben eines Klartextes werden durch andere Buchstaben oder Zeichen ersetzt.

A1 Gib an, ob im Beispiel des Einstiegs eine Transposition oder eine Substitution verwendet wurde.

Die Gartenzaun-Verschlüsselung als Beispiel für Transposition

Verschlüsselungsverfahren:
Die Buchstaben des Klartextes schreibt man ohne Leerzeichen und versetzt von oben nach unten und wieder zurück (Zick-Zack-Form) in mehrere Tabellenzeilen (siehe rechts).

Schlüssel:
Anzahl der waagrechten „Zaunlatten" bzw. Tabellenzeilen; hier: 3

Klartext: DIGITALE WELT

Schema einer dreizeiligen Gartenzaun-Verschlüsselung

1	D				T				W			
2		I		I		A		E		E		T
3			G				L				L	

Anzahl der Tabellenspalten = Anzahl der Buchstaben des Klartextes (ohne Leerzeichen)

Der **Geheimtext** entsteht, indem man die Buchstaben zeilenweise und ohne Leerzeichen abschreibt; hier: DTWIIAEETGLL

A2 Entschlüssele die folgenden Wörter mithilfe des Gartenzaunverfahrens. In den Klammern ist der Schlüssel angegeben. Überlege dir wieder zunächst, wie viele Spalten du brauchst und achte auf die Zick-Zack-Form bei der Eintragung.

a) DTKIEETV (2) **b)** GEUATNANRZ (3) **c)** SRAUEGMCTPEH (3)

Die Cäsar-Verschlüsselung als Beispiel für Substitution

Bereits in der Antike soll Gaius Julius Cäsar von seinen Feldzügen in Gallien geheime Nachrichten verschlüsselt an Freunde und Verwandte geschickt haben. Er nutzte das Verschlüsselungsverfahren auch, um militärische Befehle verschlüsselt zu senden.

Die dargestellte Cäsar-Scheibe dient zur Verschlüsselung von Wörtern mit dem Verschieben von jeweils 3 Buchstaben.

38315-093
interaktive Cäsar-Scheibe

Verschlüsselungsverfahren	Jeder Buchstabe im Alphabet wird um einen festgelegten Wert nach vorne verschoben.
Schlüssel	ein festgelegter Wert (Cäsar verwendete den Schlüssel 3.) Dadurch wird z. B. der Klartextbuchstabe A zum Geheimbuchstaben D.

Bei der **Cäsar-Verschlüsselung** wird das Klartextalphabet also um eine bestimmte Anzahl verschoben (z. B. 3 Stellen). Das muss vor der Verschlüsselung festgelegt werden. Auch der Empfänger muss den festgelegten Wert kennen. Damit ist es möglich, Wörter zu verschlüsseln und somit vor unbefugten Personen zu schützen. Dadurch kann man beispielsweise „DIGITALE WELT" verschlüsseln.

Klarwort	D	I	G	I	T	A	L	E	W	E	L	T
Verschlüsselung um 3 Stellen	G	L	J	L	W	D						

A3 Vervollständige die Verschlüsselung für das Wort „DIGITALE WELT".

MERKE

Bei einer **Transposition** bleiben die Buchstaben wie sie sind, sie werden nur anders angeordnet. Ein Beispiel dafür ist die **Gartenzaun-Verschlüsselung**. Bei der **Substitution** werden die Buchstaben des Klartextes durch andere Zeichen ersetzt. Ein Beispiel für die Substitution ist die **Cäsar-Verschlüsselung**.

AUFGABEN

1 Verschlüssle das Wort FLASCHENPOST mithilfe des Gartenzaunverfahrens. Verwende dabei einmal den Schlüssel 3 und einmal den Schlüssel 4.

2 Entschlüssle den nebenstehenden, mit Cäsar verschlüsselten Text. Er ist mit einer Verschiebung um drei Stellen verschlüsselt.

WUHIIHQ ZLU XQV QDFK
GHU VFKXOH
DQ GHU EXVKDOWH?

38315-094
Bastelvorlage Cäsar-Scheibe

7.3 Sicherheit von Verschlüsselungen

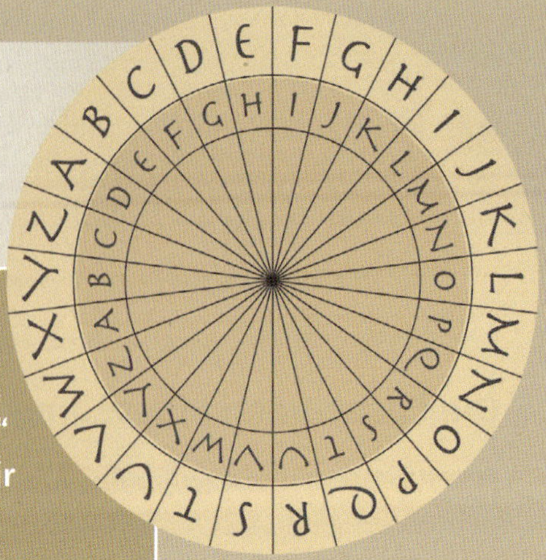

Sina behauptet: „Die Cäsar-Verschlüsselung ist absolut sicher! Wenn man den Schlüssel nicht kennt, hat man keine Chance, den Code zu knacken.“ Mohammed lacht: „Das sehe ich ganz anders. Gib mir ein bisschen Zeit und ich entschlüssle den Code.“

- **Überlege, was Mohammed meinen könnte.**
- **Wovon hängt die Sicherheit einer Verschlüsselung ab?**

ERARBEITUNG

Entschlüsselung durch Ausprobieren: Die Brute-Force-Methode

Ziel von Verschlüsselungen ist es, dass Sender und Empfänger Informationen sicher austauschen können. Die Sicherheit einer Verschlüsselung hängt vor allem von der Anzahl der möglichen Schlüsselkombinationen ab.
Ein Verfahren, bei dem zum Knacken eines Geheimtextes nacheinander alle möglichen Schlüssel ausprobiert werden, nennt man **Brute-Force**.
Die Wissenschaft, die sich mit Methoden zum Verschlüsseln und Entschlüsseln von Nachrichten beschäftigt, heißt **Kryptologie**. Ihr Ziel ist es, Verfahren zu finden und zu verbessern, um Daten sicher versenden zu können.

brute force (engl.): rohe Gewalt

Tipp: Mit einer Cäsar-Scheibe gelingt es dir ganz schnell.

A1 Beim Cäsar-Verfahren sind insgesamt nur 25 verschiedene Schlüssel möglich. Der Geheimtext „MNHOREGENAX“ wurde mittels Cäsar-Verfahren gebildet – Schlüssel unbekannt. Knacke die Verschlüsselung durch die Brute-Force-Methode.

Entschlüsselung durch Häufigkeitsanalyse

Basiert eine Verschlüsselung auf einer Verschiebung des Alphabets, lässt sich der Schlüssel oft anhand der Buchstabenhäufigkeit im Geheimtext ableiten. Je länger ein Text ist, desto besser funktioniert die **Häufigkeitsanalyse**.

Im Deutschen ist E der häufigste Buchstabe.

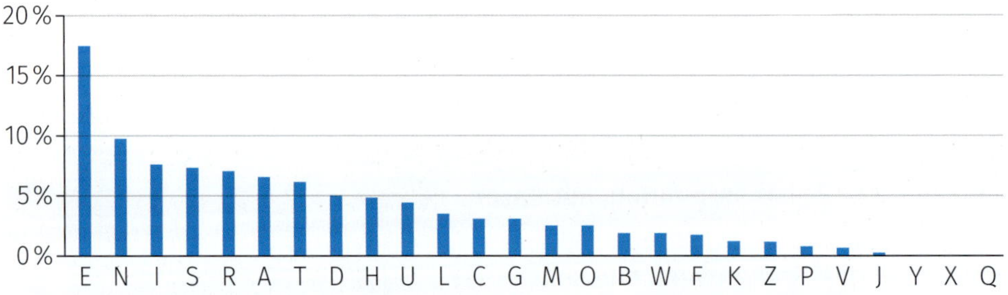

Buchstabenhäufigkeit in deutschen Texten
Die Buchstaben ä, ö, ü werden wie ae, oe, ue gezählt, ß wie ss.

A2 Betrachte den hinterlegten Geheimtext. Er wurde mit Cäsar (Schlüssel unbekannt) verschlüsselt.

a) Entschlüssle den Text mithilfe der Häufigkeitsanalyse. Du kannst dazu das hinterlegte Applet verwenden.

b) Begründe, welche Nachteile die Häufigkeitsanalyse mit sich bringt.

38315-095
Geheimtext und Applet
Häufigkeitsanalyse (Cäsar)

Verschlüsselungen in der digitalen Welt

Damit E-Mails, Chats oder Telefongespräche vor Unbefugten sicher sind, müssen verschiedene Verschlüsselungstechniken in die jeweiligen Anwendungen integriert werden.

A3 Finde heraus, wie eine Transportverschlüsselung oder eine Ende-zu-Ende-Verschlüsselung funktioniert und in welchem Bereich sie eingesetzt wird.

MERKE

Mithilfe einer **Häufigkeitsanalyse** lassen sich mit Substitution verschlüsselte Texte häufig entschlüsseln. Gelingt dies nicht, müssen alle möglichen Schlüssel durchprobiert werden **(Brute-Force-Methode)**. Die Wissenschaft, die sich mit Verschlüsselungsverfahren beschäftigt, heißt **Kryptologie**.

AUFGABEN

38315-093
interaktive Cäsar-Scheibe

1 Beurteile die Sicherheit des Cäsar-Verfahrens.

2 Die Sicherheit einer Verschlüsselung hängt u. a. von der Anzahl der möglichen Schlüssel ab. Die Cäsar-Verschlüsselung ist also sehr unsicher.

a) Überlege, wie das Verfahren verbessert werden könnte.

b) Erfinde ein alternatives Verschlüsselungsverfahren, bei dem Schlüssel verwendet werden können, die länger als nur ein Zeichen sind.

SPRACHE

3 Eine Verbindung im Browser erfolgt in der Regel verschlüsselt. Erkennungsmerkmale sind das **geschlossene Schloss** und „https://“

Welche Informationen lassen sich über die Art und Stärke der Verschlüsselung herausfinden?

SPRACHE

4 Bei gut umgesetzten modernen Verschlüsselungsverfahren ist Brute-Force die einzig mögliche Angriffsmethode. Gehe von einem PC aus, der rund 2 Milliarden Kombinationen in der Sekunde testen kann. Berechne die Zeit, die zum Durchtesten aller Kombinationen benötigt wird, wenn …

a) der Schlüssel aus sieben Kleinbuchstaben besteht.

b) der Schlüssel aus acht Großbuchstaben besteht.

7.4 Datensicherheit

Als Mario nach der Schule nach Hause kommt, kann er sein Handy nirgends finden. Auf dem Schulhof hatte er es noch. „So ein Mist, das Handy muss im Bus oder an der Haltestelle herausgefallen sein! Darauf sind alle meine Bilder, Nachrichten mit Freunden und meine Spielstände.“

- **Was sollte Mario am besten tun?**
- **Gib ihm Tipps, wie er seine Daten zukünftig besser sichern kann.**

ERARBEITUNG

Schutzziele der Datensicherheit

Über Datenschutz ist bereits einiges bekannt (➥ **Kapitel 1**). Dabei wird durch Regeln sichergestellt, dass mit personenbezogenen Daten verantwortungsbewusst umgegangen wird.

Datensicherheit beschreibt hingegen technische Möglichkeiten, Daten (vor Fremden) zu schützen.

Informationen und Daten sollten immer nach drei wesentlichen **Schutzzielen** abgesichert sein:

A1 Recherchiere, was man unter nebenstehenden Begriffen versteht.

Schutzziel 1: Verfügbarkeit von Daten

lokale Speicher: z. B. USB-Stick oder externe Festplatte

backup (engl.): Datensicherung

Verliert man ein Endgerät (Smartphone, Tablet, ...), hat man ein großes Problem – die Daten sind nicht mehr **verfügbar**. Man kann also auf Fotos und Dokumente, die auf dem Gerät gespeichert sind, nicht mehr zugreifen.
Eine regelmäßige Datensicherung ist daher sehr wichtig. Das kann mithilfe lokaler Speicher oder in einer Cloud erfolgen. Eine Datensicherung wird auch Backup genannt.

A2 **a)** Diskutiert in der Klasse, ob und wo ihr eure Daten sichert.

b) Vergleicht, wie oft ihr eure Daten sichert.

Schutzziel 2: Integrität von Daten

Gespeicherte Daten müssen verlässlich sein, d. h. sie dürfen nicht von Dritten verändert werden. Unter **Integrität** versteht man den Schutz vor unbemerkten Veränderungen. Es gibt verschiedene Maßnahmen, um die Integrität von Daten zu überprüfen.

SPRACHE

A3 Beschreibe eine Situation, in der ...

a) ein menschlicher Fehler versehentlich zur Veränderung von Daten führt.

b) ein Virus zur unbemerkten Veränderung von Daten führen kann.

Schutzziel 3: Vertraulichkeit von Daten

Daten müssen **vertraulich** behandelt werden, d.h. sie dürfen nur befugten Personen zugänglich gemacht werden. Dafür sorgt die Verschlüsselung der Daten und die Beschränkung des Zugriffs. Um Zugriff auf ein System zu erhalten, benötigt man ein persönliches Benutzerkonto und ein sicheres Passwort. Ein Administrator regelt, wer welche Rechte im System hat.

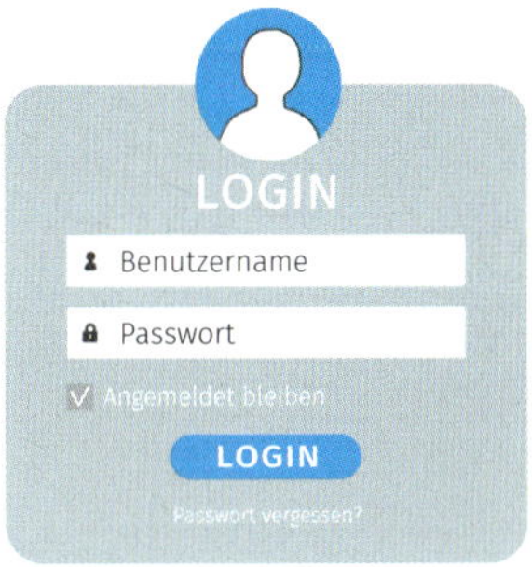

A4 Im Schulnetzwerk gibt es die Rechtegruppen Schüler, Lehrer und Administrator.

Schreibrecht: Berechtigt einen Benutzer zum Speichern, Ändern und Löschen von Daten

Administrator
alle Rechte

Schüler
Leserecht: Stundenplan
Leserecht: Vertretungsplan

Lehrer
Lese- und Schreibrecht: Klausuraufgaben
Lese- und Schreibrecht: Klassenbuch

Ergänze jeweils zwei weitere Rechte und entscheide, ob Lese- oder Schreibrechte benötigt werden.

38315-096
Tabelle für A4

MERKE

Die drei wichtigsten Schutzziele der Datensicherheit sind **Verfügbarkeit**, **Integrität** und **Vertraulichkeit** von Daten. Backups, Verschlüsselungen, Zugriffsbeschränkungen und sichere Passwörter sind Maßnahmen, um die Sicherheit von Daten zu gewährleisten.

AUFGABEN

1 Begründe jeweils, welches Schutzziel verletzt wird.

Lisa hat ihre Mathe-Hausaufgabe auf dem Tablet geschrieben. Am nächsten Tag ist die Datei weg, obwohl sie sie gespeichert hatte.

Tom merkt, dass seine Note in der Online-Schulplattform plötzlich schlechter ist, obwohl er sicher ist, dass er eine bessere bekommen hat.

Aisha hat ein Online-Tagebuch. Eines Tages entdeckt sie, dass ihre private Seite von anderen gelesen werden kann.

Paul kann sich nicht mehr in sein Lieblings-Online-Spiel einloggen, weil der Server ausgefallen ist.

7.5 Sichere Passwörter

Stefan spielt während der Busfahrt ein Spiel am Handy. Zuhause stellt er fest, dass sein Smartphone nicht mehr in seiner Tasche ist. Darauf waren doch alle seine Bilder und die Nachrichten mit all seinen Freunden.

- **Was kann mit seinem Smartphone alles passieren?**
- **Wie kann er die Inhalte auf seinem Smartphone vor anderen Personen schützen?**

ERARBEITUNG

Das eigene Passwort

Es ist völlig normal, dass man die eigene Haustür abschließt. Niemals würde man für verschiedene Häuser das gleiche Schloss und denselben Schlüssel benutzen. Viele Menschen machen aber etwas ganz Ähnliches im Internet: Oft verwenden sie für verschiedene Konten dasselbe Passwort.

Zusätzlich werden häufig zu schwache Passwörter verwendet. Das kann fatale Folgen haben. Die eigenen Passwörter sollten immer bestimmte Kriterien erfüllen und man sollte stets verantwortungsvoll mit ihnen umgehen.

38315-097
Checkliste

SPRACHE

A1 Öffne die Checkliste und überprüfe, welche Aussagen auf dich und deine Passwörter zutreffen.

Doppelter Schutz – die Zwei-Faktor-Authentifizierung

Der Begriff Authentifizierung beschreibt, wie die Identität einer Person überprüft wird.

Manchmal genügt ein Benutzername und Passwort nicht mehr, um sich in ein Benutzerkonto einzuloggen. Dann muss man auch noch eine weitere Komponente zur Sicherheit verwenden (z. B. Einmalcode per SMS). Dieses Vorgehen nennt man **Zwei-Faktor-Authentifizierung**.

Zwei-Faktor-Authentifizierung	
Authentifizierung durch etwas, das man weiß ein selbst erstelltes sicheres Passwort	**Authentifizierung durch etwas, das man besitzt** ein einmaliges Passwort, welches man z. B. per SMS empfängt

SPRACHE

A2 **a)** Arbeitet in Kleingruppen und recherchiert im Internet, welche Kriterien ein starkes Passwort erfüllen sollte. Haltet eure Ergebnisse auf einem Plakat oder als digitale Präsentation fest.

b) Überprüfe dein eigenes Passwort anhand der Kriterien, die du in Teilaufgabe a) gesammelt hast. Sind deine Passwörter sicher? Du kannst auch deine Checkliste aus A1 verwenden.

38315-098
sichere Passwörter

Sicherheit von Passwörtern

Je länger ein Passwort ist, desto sicherer ist es. Man sollte außerdem stets darauf achten, ein Passwort immer nur einmal zu verwenden. Damit man sich nicht alle Passwörter merken muss, kann man **Passwort-Manager** nutzen. Hier werden Passwörter wie in einem Tresor gespeichert.

SPRACHE

A3 Lies dir auf der hinterlegten Seite die Informationen zu Passwort-Managern durch und beschreibe die Funktionsweise mit eigenen Worten.

38315-099
Webseite zu Passwort-Managern

MERKE

Passwörter sollten möglichst sicher sein. Für die Wahl von Passwörtern gibt es Kriterien, die sich mit der Zeit ändern können. Zum besseren Schutz vor Kriminellen gibt es die **Zwei-Faktor-Authentifizierung**. Passwort-Manager dienen zum sicheren Speichern und Verwalten von Passwörtern.

AUFGABEN

1 Lena, Tom und Mehmet haben sich jeweils ein Passwort ausgedacht. Leider sind die Passwörter sehr unsicher.

Snoopy2024 Barca10 Mehmet2015

a) Nenne für jede Person das Passwort, das sie vermutlich gewählt hat.

b) Beschreibe, warum die Person das Passwort gewählt haben könnte.

SPRACHE

2 Erstelle ein sicheres Passwort. Du kannst dein Passwort auch würfeln. Achte auf die Kriterien aus Aufgabe A2 und bedenke, dass du dein Passwort niemandem verrätst. Du kannst hierfür auch das hinterlegte Applet nutzen.

38315-100
Applet zum Würfeln von Passwörtern

SPRACHE

3 Ein richtiger Umgang mit Passwörtern ist sehr wichtig, um sich vor Datendiebstahl und Datenmissbrauch zu schützen. Leider gehen viele Kinder noch unachtsam mit ihren Passwörtern um. Erstellt für die Schülerinnen und Schüler der Klasse 5 eine kurze Präsentation, in der ihr die Kriterien eines sicheren Passworts vorstellt und auf einen richtigen Umgang mit den Passwörtern verweist. Alternativ könnt ihr auch ein Video drehen.

7.6 Escape-Room

A	B	C	D	E	F	G	H	I
↓	↓	↓	↓	↓	↓	↓	↓	↓
D	E	F	G	H	I	J	K	L

+3

1 Cäsar

Finde die richtige Alphabet-Verschiebung!

2 Räuber

Enttarne die Räubersprache und lies die Botschaft!

Dodie Zozahohlol

isostot zozwowei.

Deine Mission

- vier Räume
- Rätsel lösen
- Lösungszahlen finden
- Ausgang öffnen

Exit-Code

[?] [?] [?

Vier Zahlen – ein Code –ein Weg nach drau

3 Gartenzaun

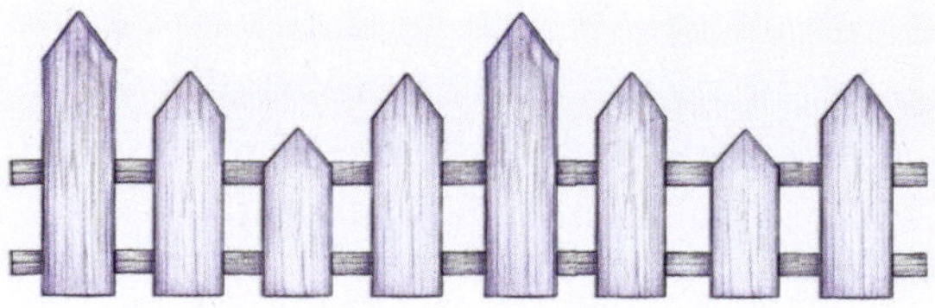

Folge dem Muster des Zauns
und lies das versteckte Wort!

4 Morse

• • • – – – • • •

Arbeite genau und übersetze
die Botschaft!

A .–
B –...
C –.–.

[?]

Jetzt loslegen!

38315-101
Escaperoom

Dein Ausblick

Welches Rätsel war am kniffligsten?

7.7 Üben und Vertiefen

1

a) Entschlüssele die folgenden Geheimwörter. Sie wurden mit dem Cäsarverfahren verschlüsselt. Die Zahl in Klammern gibt den Schlüssel an.

GHOILQ (3) ILVFK (3)
OEXDI (4) RFZX (5)

b) Verschlüssele den Text „WIE GEHT ES DIR" mit einer Cäsar-Verschlüsselung mit dem Schlüssel 2.

c) Ali behauptet: „Es gibt bei der Cäsar-Verschlüsselung insgesamt 26 Schlüssel." Nimm Stellung zu dieser Aussage.

Gegeben ist der folgende mit Cäsar verschlüsselte Text:
HLYY ECPQQPY HTC FYD XZCRPY?
FX PWQ

a) Bestimme den Schlüssel. Tipp: Er steckt im letzten Geheimwort.

b) Entschlüssele den Geheimtext.

c) „Ich verschlüssele meine Nachricht zuerst mit dem Schlüssel 5 und diesen Geheimtext dann nochmals mit dem Schlüssel 8."
Diskutiert: Ist diese doppelte Verschlüsselung sicher?

2 Mit einer Cäsar-Scheibe kann man eigene Geheimtextalphabete erstellen, indem man auf der inneren Scheibe alle Buchstaben durcheinanderwürfelt, wie man möchte. Jeder Buchstabe darf natürlich nur einmal vorkommen.

a) Erstelle eine solche Scheibe mit deinem eigenen Geheimtextalphabet. Verschlüssle damit den Titel deines Lieblingsbuches oder -films. Suche dir eine Person zum Entschlüsseln.

b) Beurteilt das Verfahren.

Arbeitet im Team: Findet heraus, wie viele verschiedene dieser Geheimtextalphabete es gibt.
Tipp: Berechnet zuerst zu einem kleineren Alphabet (mit z. B. vier Buchstaben), wie viele Möglichkeiten es gibt.

3

a) Entschlüssele die folgenden Geheimwörter. Sie wurden mit dem Gartenzaunverfahren verschlüsselt. Die Zahl in Klammern gibt den Schlüssel an.
IRINOMTKFA (3)
WCEEDOHNNE (2)
SMEFREOMREIN (2)

b) Verschlüssele den Text „WIE GEHT ES DIR" mithilfe des Gartenzaunverfahrens (Schlüssel 2).

Gegeben ist der folgende Geheimtext:
EAGPYILDNZRATNUUR
Er wurde mit dem Gartenzaunverfahren verschlüsselt.

a) Bestimme den Schlüssel, der im folgenden Text versteckt ist:
„Mein Geburtstag ist Ende März."

b) Entschlüssele den Geheimtext.

c) „Je mehr Zeilen man nimmt, desto schwieriger wird es für einen Angreifer." Beurteile diese Aussage.

4 Verschlüssle den Text „Was machst du heute Nachmittag?“. Wende dabei die Cäsar-Verschlüsselung mit dem Schlüssel 2 an.

SPRACHE

5 a) Suche dir einen Partner oder eine Partnerin und schreibt euch jeweils ein Briefchen. Verschlüsselt eure Botschaft mit Cäsar und Schlüssel 5.

b) ① Schreibe erneut ein Briefchen und verschlüssle es mit einer Cäsar-Verschlüsselung, aber mit einem beliebigen Schlüssel. Notiert auch den Schlüssel auf dem Blatt.

② Legt eure verschlüsselten Briefchen auf einen Sammelplatz, den die Lehrkraft bestimmt.

③ Nimm dir ein anderes Briefchen und schreibe es wieder in Klartext auf.

SPRACHE

6 Hinterlegt findest du eine digitale Cäsar-Scheibe. Du kannst aber auch eine gebastelte Scheibe verwenden. Arbeitet in Zweierteams.

38315-093
interaktive Cäsar-Scheibe

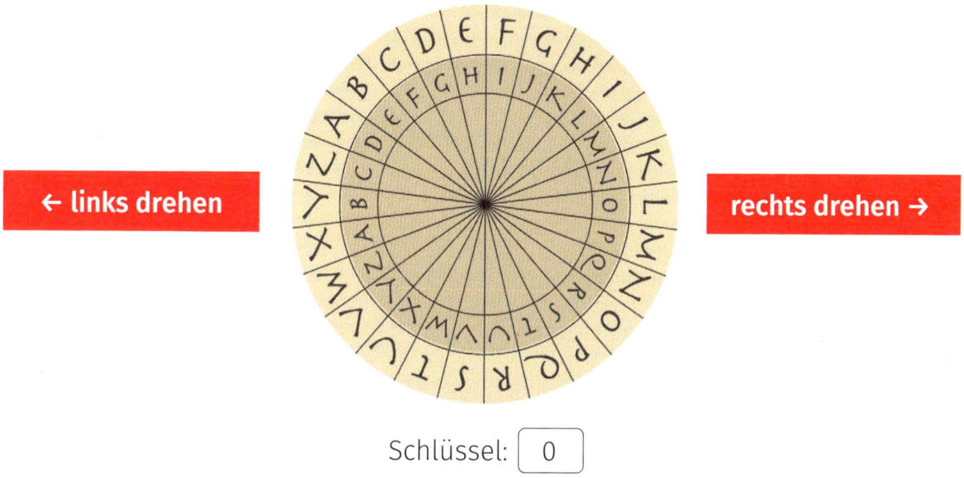

a) Schreibt jeweils fünf Paare aus Wörtern und Schlüsseln auf je einen Zettel.

Die Wörter sollen alle aus gleich vielen Buchstaben bestehen.

b) Verschlüsselt die Wörter mit den jeweiligen Schlüsseln und ergänzt die Geheimwörter auf den Rückseiten der Zettel.

c) Ab sofort ist der Einsatz der Cäsar-Scheibe nicht mehr erlaubt. Tauscht nun euer erstes Geheimwort aus und entschlüsselt es. Wer schneller korrekt entschlüsselt, bekommt einen Punkt. Spielt auf diese Weise alle fünf Runden.

d) Spielt im K.-o.-System in der ganzen Klasse.

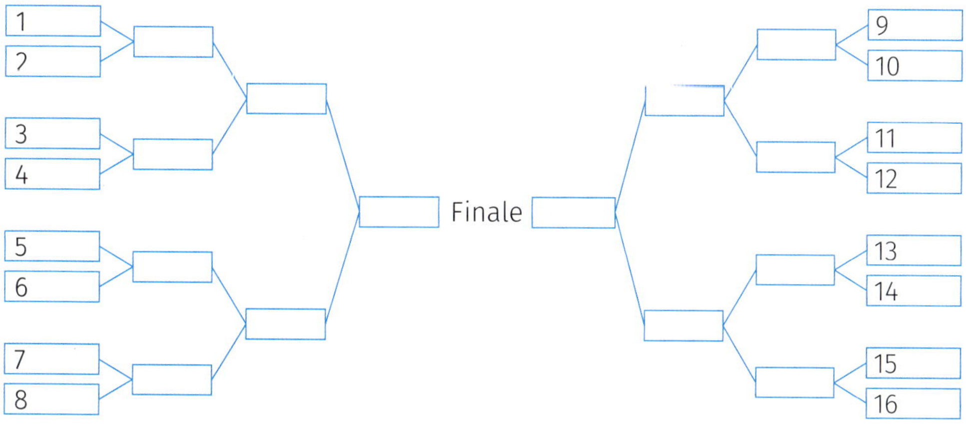

Findet ihr einen Gewinner oder eine Gewinnerin?

Beim K.-o.-System gibt es Freilose, wenn die Zahl der Teilnehmenden nicht genau 8, 16, 32, … beträgt.

7.7 Üben und Vertiefen

38315-102
Digitale Übungen

7 Hinterlegt findest du eine digitale Übung ...

a) ... zum Verschlüsseln mit dem Cäsar-Verfahren.

b) ... zum Entschlüsseln mit dem Cäsar-Verfahren.

Übe mindestens so lange, bis du dreimal hintereinander keinen Fehler gemacht hast.

SPRACHE

8 Die folgenden Klartexte wurden mithilfe des Cäsar-Verfahrens (Schlüssel: 3) verschlüsselt. Überprüfe die Geheimtexte und verbessere sie, falls notwendig. Erkläre auch, was gegebenenfalls falsch gemacht wurde.

Klartext	Geheimtext
① Heute gehen wir Eis essen	① KHXWH JHKHQ ZLU HLV HVVHQ
② Erdbeere	② HUGFIIVI
② Zitrone	③ DMXVSRI
④ Schokolade	④ UEJQMQNCFG
⑤ Vanille	⑤ YDQLOOH

9 Ein Wort wurde auf zwei verschiedene Arten verschlüsselt.

ISHCREEHTI

CEEHHIIRST

a) Versucht, das Wort in Partnerarbeit zu entschlüsseln.

b) Beschreibt anschließend das Verschlüsselungsverfahren.

10 Hannah schlägt vor: „Wenn die Cäsar-Verschlüsselung so einfach zu knacken ist, dann verschlüssele ich meinen Text einfach zweimal, dann ist er doppelt geschützt!"

a) Beurteile Hannahs Vorschlag.

b) Beschreibe Möglichkeiten, um die Cäsar-Verschlüsselung etwas sicherer zu machen.

11 **a)** Testet das Gartenzaunverfahren mit Wörtern oder Texten eurer Wahl. Tauscht in der Klasse eure Geheimtexte und Schlüssel zum Entschlüsseln aus.

b) Beschreibt Möglichkeiten, den Schlüssel geheim auszutauschen.

SPRACHE

12 Für einen vertraulichen Umgang mit Daten wird oft mit einer Zwei-Faktor-Authentifizierung gearbeitet. Beispielsweise kann ein Passwort um einen weiteren Sicherheitsfaktor (einen Einmalcode z. B. per SMS) ergänzt werden.

a) Überlege, warum die Zwei-Faktor-Authentifizierung beim Online-Banking eingesetzt wird.

b) Beim Geldabheben an einem Bankautomaten gibt es ebenfalls zwei Faktoren zur Authentifizierung. Nenne diese beiden Faktoren.

13 Die Vigenère-Verschlüsselung ist ein Verschlüsselungsverfahren aus dem 16. Jahrhundert. Dieses Verfahren galt lange Zeit als unlösbar. Erst nach 300 Jahren konnte es zum ersten Mal geknackt werden.

	A	B	C	D	E	F	G
A	A	B	C	D	E	F	G
B	B	C	D	E	F	G	H
C	C	D	E	F	G	H	I
D	D	E	F	G	H	I	J
E	E	F	G	H	I	J	K
F	F	G	H	I	J	K	L

38315-103
Vigenère entschlüsseln (Übung)

a) Recherchiere, wie die Vigenère-Verschlüsselung funktioniert. Finde heraus, wie man eine Vigenère-Verschlüsselung entschlüsselt, wenn der Schlüssel bekannt ist.

b) Übe das Entschlüsseln mithilfe des hinterlegten Applets.

c) Schreibe einen Text und verschlüssele ihn nach der Vigenère-Verschlüsselung. Tausche deinen Geheimtext sowie den Schlüssel mit einer anderen Person aus deiner Klasse. Entschlüsselt den jeweils anderen Text und kontrolliert euch gegenseitig.

14 a) Recherchiere, was man unter lokalem Sichern/Speichern und Sichern in einer Cloud versteht.

b) Vergleiche lokales Sichern und Sichern in einer Cloud. Stelle Vor- und Nachteile in einer Tabelle gegenüber.

15 Beim Schutzziel der Vertraulichkeit kommt es darauf an, dass nur berechtigte Personen Zugang zu den jeweiligen Daten haben. Diskutiere für a) und b), an welchen Stellen das Schutzziel verletzt werden könnte.

a) Einige Urlaubsfotos werden in eine Cloud geladen.

b) Einige Urlaubsfotos werden auf einer externen Festplatte gespeichert.

SPRACHE

16 Beim Schutzziel der Verfügbarkeit geht es darum, dass berechtigte Personen jederzeit auf ihre Daten zugreifen können. Diskutiere für a) bis c), unter welchen Umständen die Verfügbarkeit der Daten nicht gegeben ist und welche Konsequenzen das hat.

a) Die Fotos eines Smartphones werden in der Cloud ausgelagert. Auf dem Smartphone selbst verbleiben die Fotos in nur sehr geringer Qualität.

b) Einige Urlaubsfotos werden auf einer externen Festplatte gespeichert. Der zur Verfügung stehende Laptop hat nur einen USB-C-Anschluss.

c) Ein Laptop verfügt über keine Festplatte. Alle Daten (inklusive Betriebssystem) befinden sich in der Cloud.

SPRACHE

17 Beim Schutzziel der Integrität sollen Daten vor unbemerkter Veränderung bewahrt werden. Diskutiere für a) und b), an welchen Stellen das Ziel verletzt werden könnte.

a) Ein Dokument enthält die Kontostände von Bankkunden. Auf das Dokument kann von einem Laptop eines Bankmitarbeiters zugegriffen werden. Der Mitarbeiter verwendet kein Passwort für seinen Laptop.

b) Eine Webseite wird mit HTTP übertragen. Die Übertragung ist im Gegensatz zu HTTPS nicht verschlüsselt.

7.8 Alles im Blick

Grundlagen der Verschlüsselung ➥ 7.1

Bei einer Verschlüsselung wird der Klartext mit einem Verschlüsselungsverfahren in einen Geheimtext umgewandelt. Sender und Empfänger müssen nur den Schlüssel als Geheiminformation austauschen.

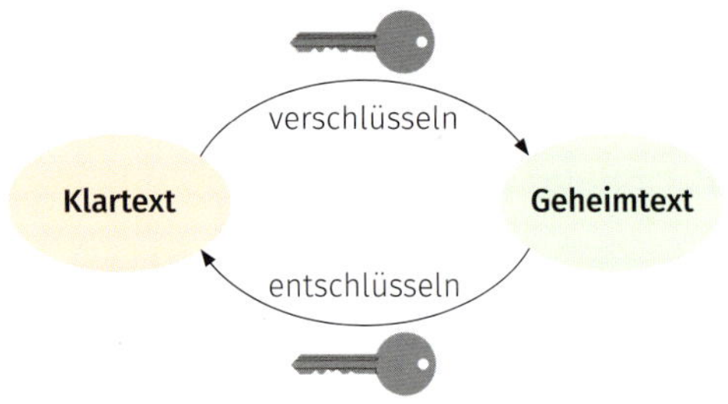

Verschlüsselungsverfahren ➥ 7.2

Bei Transpositionen wird die Reihenfolge der Buchstaben eines Klartextes vertauscht. Bei einer Substitution werden die Buchstaben des Klartextes durch andere Zeichen ersetzt.

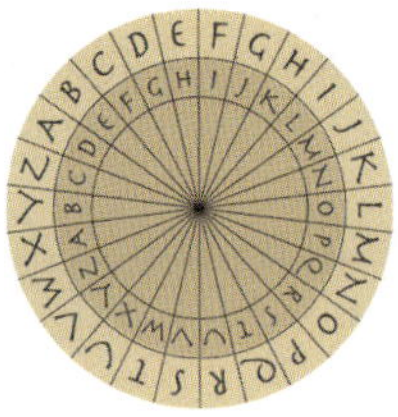

Sicherheit von Verschlüsselungen ➥ 7.3

Die Sicherheit von Verschlüsselungen hängt vor allem von der Anzahl der möglichen Schlüsselkombinationen ab. Probiert man diese alle aus, nennt man das Brute-Force-Verfahren. Auch die Häufigkeitsanalyse wird häufig genutzt.

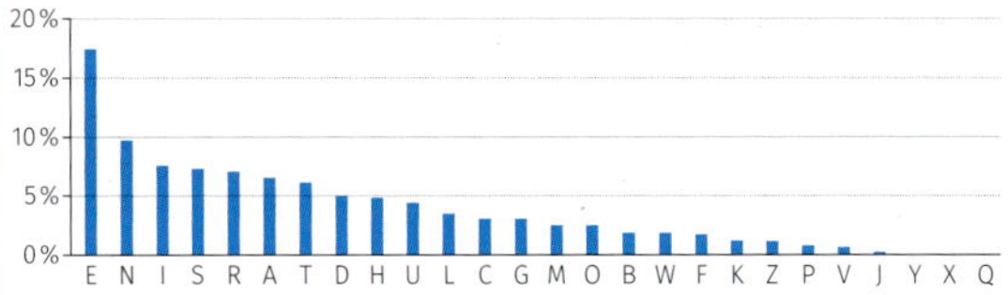

Buchstabenhäufigkeit in deutschen Texten
Die Buchstaben ä, ö, ü werden wie ae, oe, ue gezählt, ß wie ss.

Datensicherheit ➥ 7.4

Neben dem Datenschutz ist beim Umgang mit Daten auch die Datensicherheit sehr wichtig. Die drei wichtigsten Schutzziele der Datensicherheit sind Verfügbarkeit, Integrität und Vertraulichkeit von Daten.

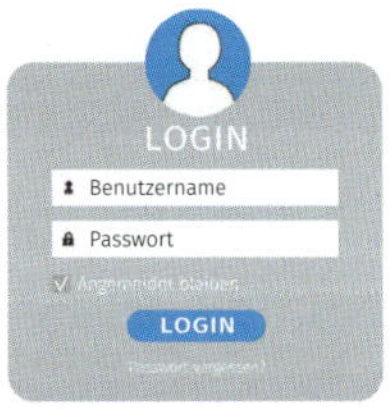

Sichere Passwörter ➥ 7.5

Passwörter sollten möglichst sicher sein. Zum besseren Schutz vor Kriminellen gibt es die Zwei-Faktor-Authentifizierung. Passwort-Manager dienen zum sicheren Speichern und Verwalten von Passwörtern.

Hier findest du die wichtigsten Begriffe aus diesem Kapitel:

FACHBEGRIFFE

38315-104
Test zu den Begriffen

TESTE DICH

Bist du fit und beherrschst die wichtigsten Inhalte dieses Kapitels? Teste dich! Öffne dazu den hinterlegten **Abschlusstest** und beantworte die Fragen. Wenn du merkst, dass du dir bei einem Thema unsicher bist, lies auf der jeweiligen Seite nach.

38315-105
Test und Diagnosebogen

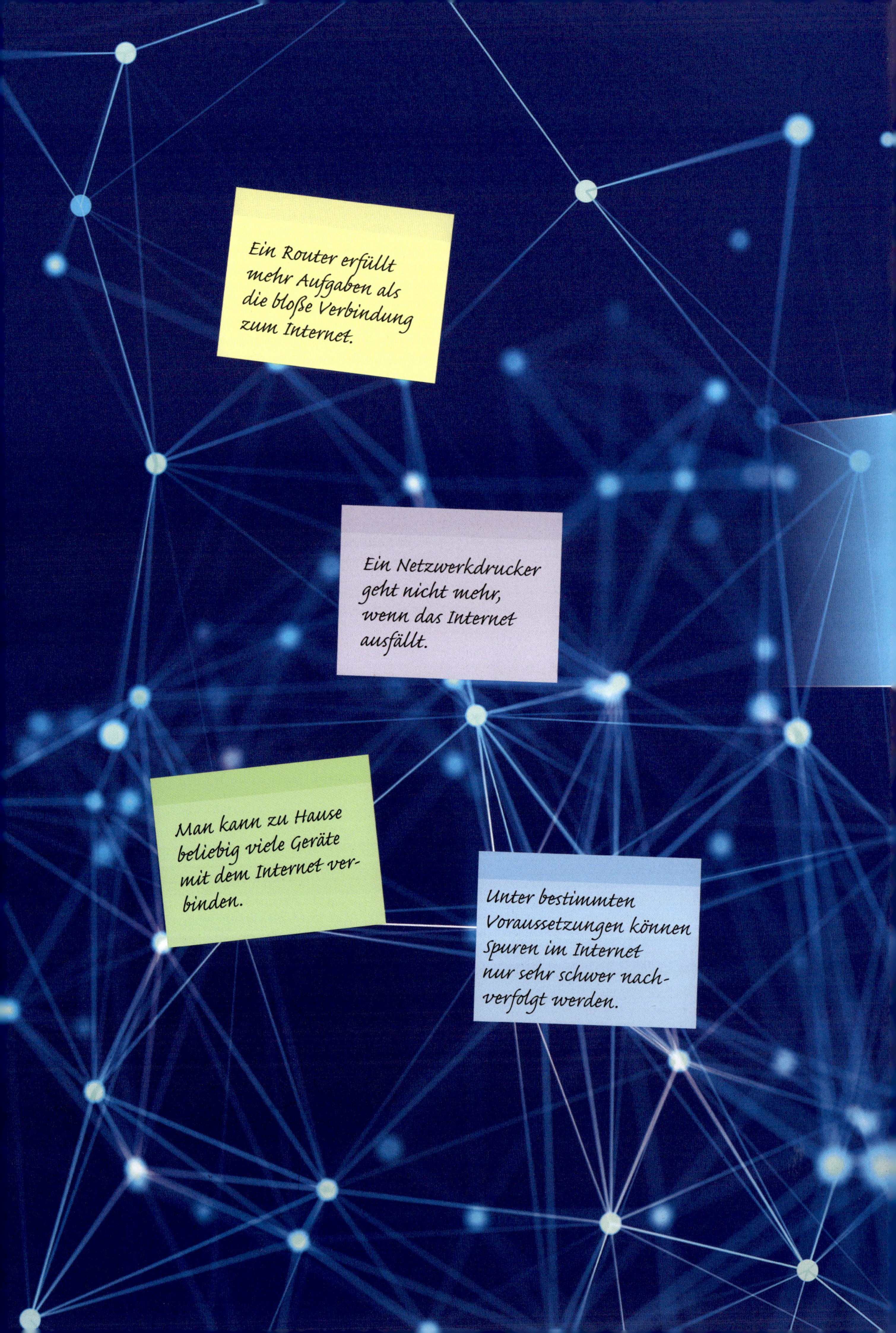
Ein Router erfüllt mehr Aufgaben als die bloße Verbindung zum Internet.
Ein Netzwerkdrucker geht nicht mehr, wenn das Internet ausfällt.
Man kann zu Hause beliebig viele Geräte mit dem Internet verbinden.
Unter bestimmten Voraussetzungen können Spuren im Internet nur sehr schwer nachverfolgt werden.

8 Vernetzung – Das Internet

Einstieg

- Nenne mehrere Geräte, mit denen du dich mit dem Internet verbinden kannst.
- Beschreibe, wie du vorgehst, wenn du im Internet surfen möchtest.
- Gar nicht so leicht! Beantworte die Aussagen auf der linken Seite mit wahr oder falsch. Vergleicht eure Ergebnisse in der Klasse. In welchen Fällen wart ihr euch unsicher?

Am Ende dieses Kapitels hast du gelernt, …

- das World Wide Web vom Internet abzugrenzen und welche Internetdienste es gibt.
- was Netzwerke sind und wie diese sich einteilen lassen.
- wie das Internet als dezentrales Netz aufgebaut ist.
- das Client-Server-Prinzip anhand von einfachen Beispielen zu erklären.

8.1 Internetnutzung

Jeden Tag wächst die Anzahl der Menschen, die über einen Zugang zum Internet verfügen. Auch die Nutzungszeiten und Anwendungsmöglichkeiten nehmen immer weiter zu.

- **Welche konkreten Auswirkungen hätte es auf dein Leben und das Leben anderer Menschen, wenn es ab morgen kein Internet mehr geben würde?**

ERARBEITUNG

Was kann das Internet?

World Wide Web (engl.): weltweites Netz

Der Begriff **World Wide Web** (kurz: **WWW**) wird häufig fälschlicherweise mit dem Internet gleichgesetzt. Das World Wide Web ist aber nur eine Anwendung von vielen. Es umfasst einen kleinen Teil des Internets, nämlich Webseiten mit Links und Multimediainhalten. Das Internet bietet u.a. noch Folgendes an:

- Elektronische Post (E-Mail)
- Diskussionsforen und Chat
- Datenaustausch (FTP)
- Internet-Telefonie über VoIP
- Fernsehen (Livestreams oder Video-on-Demand)
- Internetradio

File Transfer Protocol (engl.): Dateiübertragungsprotokoll

Voice over Internet Protocol (engl.): Sprachübertragung über das Internetprotokoll

Man spricht bei obigen Beispielen von sogenannten **Internetdiensten**.

A1 Erkläre den Unterschied zwischen dem Internet und dem World Wide Web.

Wie funktioniert das Internet?

interconnected networks (engl.): zusammengeschaltete Netzwerke

Internetdienste werden durch bestimmte Computer **(Server)** bereitgestellt. Um sie zu nutzen, muss man eine Verbindung zu diesen Servern herstellen. Die Server und alle anderen internetfähigen Geräte bilden zusammen ein riesiges Netz – das Internet. Das **Internet** besteht also im Grunde aus ganz vielen miteinander kommunizierenden Computern.

A2 Kommunikation hat sich in den letzten Jahren stark verändert. Früher gab es weder Computer noch Smartphones noch Internet. Vergleiche die Kommunikation von damals und heute. Nenne dabei Vor- und Nachteile.

Einige Internetdienste im Detail

World Wide Web

- Webseiten mit Text und Multimediainhalten
- Browser zum Aufrufen von Webseiten
- Einbindung von Bild, Ton, Video und Animation

E-Mail

- wie Postkartenversand, aber elektronisch
- Versand von Texten, Grafiken und Dokumenten
- schnelle und vielgenutzte Kommunikationsart

electronic **mail** (engl.): elektronische Post

Voice over IP

- Umwandlung akustischer Signale in Datenpakete
- verschlüsselte Übertragung zum Empfänger

Video on Demand

- Bereitstellung von Videomaterial auf Abruf
- gleichzeitiger Abruf durch viele Menschen möglich

Video-**o**n-**D**emand (engl.): Video auf Anforderung bzw. Abrufvideo

SPRACHE

A3 a) Erstelle eine Liste häufig genutzter Browser und erkläre den Begriff Hyperlink.

b) Finde Unterschiede zwischen E-Mail und normaler Post. Gehe dabei auf Vor- und Nachteile ein.

c) Die Telefonie über Internet wird immer häufiger verwendet. Beschreibe Vor- und Nachteile der Telefonie mittels Voice over IP.

d) Erörtere Chancen und Risiken von Video on Demand.

Hyperlink (engl.): Über-Verknüpfung, kurz auch Link genannt

MERKE

Das **Internet** verbindet weltweit unzählige internetfähige Geräte zum Austauschen von Daten. E-Mail, WWW und Streaming sind nur einige Beispiele unter vielen **Internetdiensten**, die durch das Internet zur Verfügung stehen.

AUFGABEN

1 Erstelle eine Tabelle mit von dir häufig genutzten Internetdiensten. Vermerke darin auch die durchschnittlichen täglichen Nutzungszeiten. Vergleicht eure Tabellen in der Klasse.

SPRACHE

2 Neben den oben genannten gibt es noch weitere Internetdienste.

a) Nenne mindestens drei weitere Dienste. Recherchiere gegebenenfalls.

b) Führt im Zweierteam eine Internetrecherche über Internetdienste in Deutschland durch und präsentiert eure Ergebnisse vor der Klasse.

c) Beurteilt anhand der Recherche, wie sich die Internetdienste in den nächsten Jahren entwickeln werden. Begründet eure Prognosen.

8.2 Netzwerke

Adriana möchte ihren Geburtstag als LAN-Party feiern.

- **Hast du schon einmal an einer LAN-Party teilgenommen?**
- **Was braucht man dafür?**
- **Welche E-Sport-Arten kennst du?**

ERARBEITUNG

Local **A**rea **N**etwork (engl.): lokales örtliches Netzwerk

Wireless **L**ocal **A**rea **N**etwork (engl.): kabelloses LAN

Router (engl.): Gerät zur Weiterleitung von Daten zwischen Netzwerken

Heimnetzwerk

In vielen Haushalten werden Computer, Drucker, Smartphones, Spielekonsolen und vieles mehr miteinander verbunden. Man spricht dann von einem sogenannten **Heimnetzwerk**. Die Geräte werden über LAN-Kabel oder per WLAN mit einem Router verbunden. Man spricht in diesem Zusammenhang auch von einem zentralen **Knoten** im Netzwerk. Tauscht ein Gerät mit einem anderen Informationen aus, läuft die Kommunikation immer über den Router.

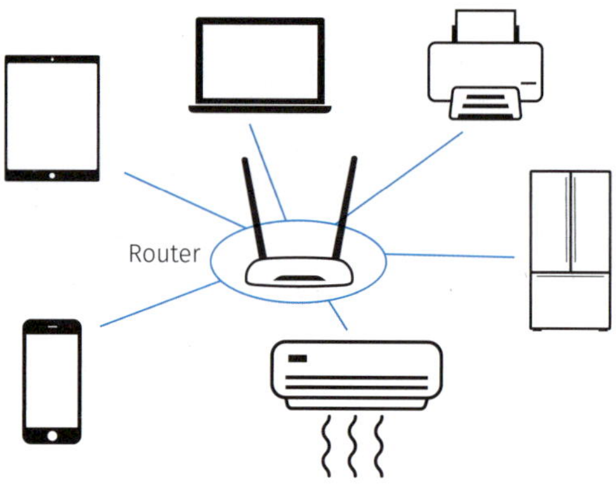

A1 **a)** Skizziere den Aufbau deines Heimnetzwerkes. Nutze eine Linie für Kabelverbindungen und das WLAN-Symbol für kabellose Verbindungen.

b) Vergleicht eure Heimnetzwerke in der Klasse. Findet wichtige Gemeinsamkeiten und Unterschiede heraus.

Was ist eigentlich ein Netzwerk?

Netzwerke verbinden verschiedene Computer, Geräte oder Systeme, damit diese miteinander kommunizieren können. Auf diese Weise können Daten ausgetauscht werden.

Unter dem Begriff **Netzwerktopologie** versteht man die prinzipielle Anordnung der Geräte in einem Netzwerk. Obiges Heimnetzwerk ist z.B. sternförmig angeordnet. Der Router ist der zentrale Knoten.

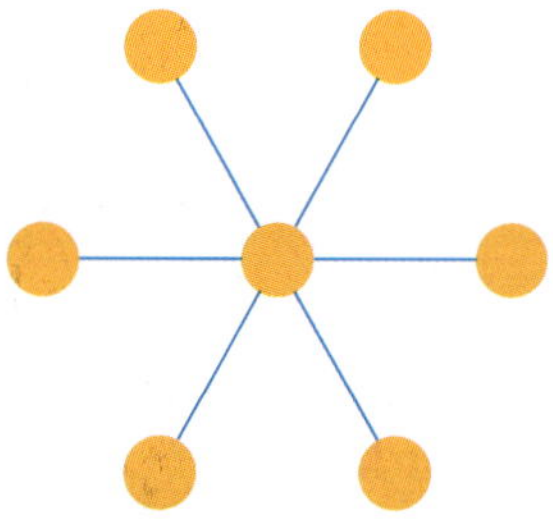

Sterntopologie

A2 Beschreibe Konsequenzen eines defekten Routers in einem sternförmigen Heimnetzwerk.

Vermaschte Netze

Ein zentraler Knoten in einem Netzwerk hat Vor- und Nachteile. Deshalb gibt es neben dem Stern noch weitere Netzwerktopologien.

In einem **vermaschten Netz** gibt es keinen zentralen Knoten. Die einzelnen Endgeräte sind wie in einem Spinnennetz miteinander verbunden. Es muss dabei jedoch nicht zwischen allen Geräten eine direkte Verbindung geben.

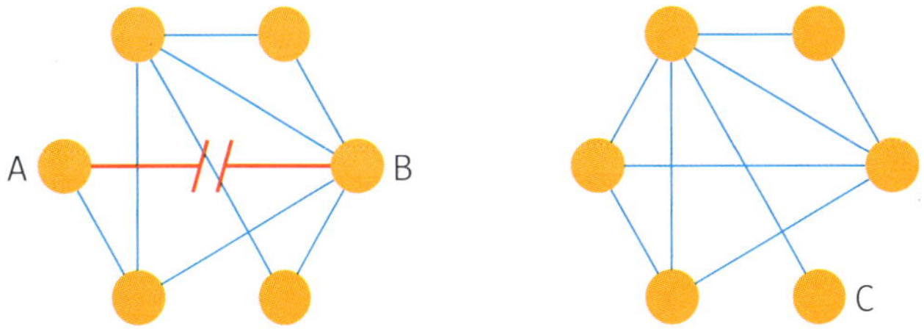

A3 a) Im linken Netz wurde die direkte Verbindung zwischen A und B unterbrochen. Zeichne das Netz in dein Heft. Markiere alle Ausweichverbindungen zwischen Gerät A und B.

b) Betrachte den Knoten C im rechten Netz. Beschreibe dessen Besonderheit. Gehe dabei auch auf mögliche Probleme ein.

MERKE

Ein **Netzwerk** verbindet mehrere Endgeräte, damit diese Informationen austauschen können. Unter einer **Netzwerktopologie** versteht man die Anordnung der Geräte in einem Netzwerk. Zwei häufige Formen sind die **Stern-** und die **vermaschte** Topologie.

AUFGABEN

1 Wenn in einem sternförmigen Netzwerk ein Endgerät ausfällt, hat das andere Konsequenzen als ein Ausfall des Routers. Beschreibe etwaige Unterschiede.

2 Man kann einen Drucker als Netzwerkdrucker einrichten. Dazu wird er mit dem Router verbunden. Darüber hinaus kann man Drucker auch per USB-Kabel an Geräte anschließen. Nenne Vor- und Nachteile der beiden Möglichkeiten.

3 Vergleiche die Sterntopologie mit der vermaschten Topologie. Liste dabei jeweilige Vor- und Nachteile auf.

SPRACHE

4 Netzwerke können auch zu einem Ring angeordnet sein.

a) Beschreibe Konsequenzen eines defekten Gerätes (z. B. Drucker) im abgebildeten, ringförmigen Netzwerk.

b) Beurteile die Eignung des Netzwerktyps als Heimnetzwerk.

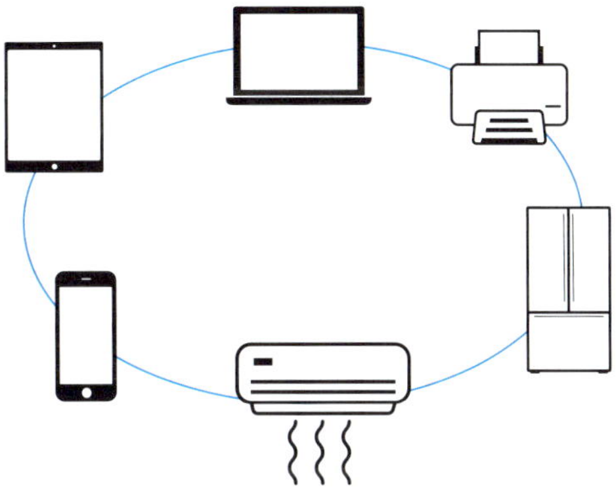

8.3 Das Netz der Netze

Alice lebt in Norddeutschland und möchte eine Messenger-Nachricht an ihren Freund Bob senden. Bob lebt allerdings im Süden von Deutschland.

- **Diskutiert darüber, wie die Nachricht von Alice zu Bob gelangt.**
- **Schätzt die Zeit, welche die Nachricht benötigt.**
- **Beschreibe Störungen, die bei der Übertragung der Nachricht auftreten können.**

ERARBEITUNG

Vernetzung von Netzen

In einem Heimnetzwerk kann man die Geräte eines Haushaltes miteinander verbinden. Um Daten mit einem anderen Heimnetzwerk auszutauschen, müssen beide Netzwerke mit dem Internet verbunden sein.

A1 Betrachte obige Heimnetzwerke von Alice und Bob, die mit dem Internet verbunden sind. Beschreibe, wie eine Nachricht von Alice zu Bob gelangt.

Was ist eigentlich das Internet?

Das Internet verbindet unzählige Geräte und Netzwerke weltweit zu einem gigantischen Netzwerk. Teil des Internets sind beispielsweise:

- Heimnetzwerke
- Satelliten
- Server
- Smartphones
- Firmennetzwerke
- städtische Netzwerke
- Cloud-Dienste
- Schulnetzwerke
- Computer
- Mobilfunkmasten

Auch Mobilfunkmasten müssen an das Internet angeschlossen werden.

A2 Betrachte obige Bestandteile des Internets. Gib für jedes Beispiel an, ob es sich um etwas relativ Neues oder eher Altes handelt.

Knotenpunkte des Internets

Damit Informationen im Internet den richtigen Weg finden, gibt es weltweit ein gigantisches Netz aus Kabeln. Diese sind über sogenannte **Knotenpunkte** miteinander verbunden. Knotenpunkte ähneln einem Router im Heimnetzwerk – sie können jedoch viel größere Datenmengen verarbeiten. Man kann sich das Netz vorstellen wie Straßen, die mit Kreuzungen verbunden sind. Um von einem Punkt zum anderen zu gelangen, gibt es viele mögliche Wege.

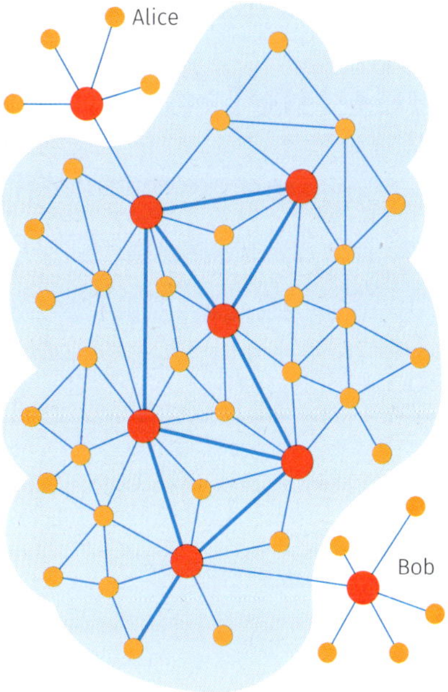

Man kann sich einen Knotenpunkt vorstellen wie eine Kreuzung im Straßenverkehr.

Auch auf Stadt-, Landstraßen und Autobahnen gibt es Unterschiede bei der Geschwindigkeit.

A3 Begründe, warum eine Nachricht von Alice an Bob ankommt, selbst wenn einige Knoten ausfallen.

Welchen Weg nehmen die Daten?

Das Internet ist ein stark vermaschtes Netz (➥ 8.2 A3). Fällt eine Verbindung aus, gibt es genügend Ausweichverbindungen. Deshalb kann das Internet zeitweise zwar an bestimmten Orten, aber kaum als Ganzes ausfallen. Auf welchem Weg sich Daten durch das Netz bewegen, wird von speziellen Algorithmen festgelegt. Dabei wird nicht immer der kürzeste Weg gewählt. Ist eine „Direktverbindung" etwa stark ausgelastet, kann eine längere, aber dafür weniger ausgelastete Verbindung gewählt werden.

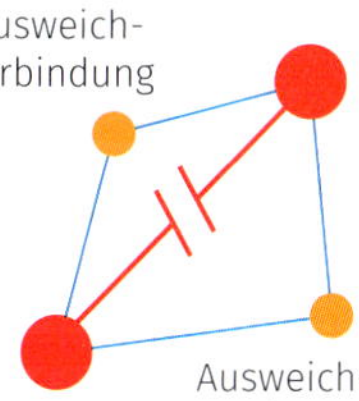

A4 Informiere dich im WWW über Übertragungsgeschwindigkeiten zwischen Knotenpunkten. Begründe damit, welche Konsequenzen das für die Übertragung beispielsweise von Messenger-Nachrichten hat.

MERKE

Das **Internet** wird oft als Netz der Netze bezeichnet. Es verbindet alle Netzwerke und internetfähigen Geräte weltweit zu einem gigantischen vermaschten Netz. Durch die vielen Maschen ist es sehr ausfallsicher.

AUFGABEN

1 Es gibt kleinere und größere Internetknoten. Sie unterscheiden sich dadurch, wie viele Daten sie gleichzeitig weiterleiten können.

a) Sieh dich auf der hinterlegten Knotenkarte in Deutschland um.

b) Sprecht darüber gemeinsam in der Klasse.

30315-106
Karte mit Internetknoten

SPRACHE

2 Selbst wenn ein Haushalt an das Netz angeschlossen ist, kann noch nicht direkt mit dem Surfen begonnen werden.

a) Erläutere, was man unter einem Internetprovider versteht.

b) Nenne einige wichtige deutsche Provider. Recherchiere gegebenenfalls.

c) Beschreibe, wie Provider dafür sorgen, dass man ohne gültigen Vertrag das Internet nicht trotzdem kostenlos nutzen kann.

8.4 Internet – Kabel, Kabel, Kabel

Alice möchte eine Messenger-Nachricht aus Deutschland zu ihrer Urlaubsbekanntschaft Sam in die USA schicken.

- **Diskutiert darüber, wie die Nachricht von Alice zu Sam gelangt.**
- **Schätzt die Zeit, die die Nachricht benötigt.**
- **Welche Störungen bei der Übertragung könnte es geben?**

ERARBEITUNG

Wie kommt das Internet ins Haus?

Damit Haushalte, Firmen oder Schulen mit dem Internet verbunden werden können, müssen sie mit dem Netz aus Leitungen und Knoten verbunden sein. Dafür werden in Häusern Internetkabel verlegt und mit dem öffentlichen Netz verbunden. Viele Anbieter werben derzeit mit **Glasfaserverbindungen**. Das sind spezielle Kabel, die Daten mit sehr hoher Geschwindigkeit übertragen.

Glasfaserausbau für schnelles Internet

Glasfaserkabel bis zur Hauswand

A1 a) Begründe, warum es trotz vermaschtem öffentlichen Netz leicht passieren kann, dass ein Haushalt ohne Internet ist.

b) Diskutiere Gründe, warum man darauf achten sollte, mit dem Glasfasernetz verbunden zu sein.

Wo verläuft das Netz?

In ➥ **Kapitel 8.3** wird das Netz aus Knoten und Verbindungen betrachtet. Die Verbindungen sind in der Regel **Glasfaserkabel**. Diese verlaufen meist **unterirdisch** und häufig unter Straßen oder anderen Verkehrslinien. Der genaue Ort wird teils geheim gehalten, um die Kabel vor Kriminellen zu schützen.

SPRACHE

A2 Beschreibe eine Situation, in der es gefährlich werden könnte, wenn Kriminelle genau wissen, wo sich die unterirdischen Kabel befinden.

Meer? Kein Problem

Damit das Internet nicht auf Kontinente beschränkt ist, müssen diese miteinander verbunden werden. Dafür gibt es mittlerweile hunderte sogenannte **Unterseekabel**. Eines dieser Kabel verbindet z. B. auf einer Länge von etwa 6 600 km Spanien mit den USA. Die Kabel werden mithilfe spezieller Schiffe von einem zum anderen Kontinent verlegt. Meist verlaufen sie auf dem Grund des Meeres.

A3 Auf der hinterlegten Karte findest du eine Übersicht über alle Unterseekabel.

38315-107
Karte mit Unterseekabeln

a) Finde heraus, mit welchen Ländern Deutschland per Unterseekabel direkt verbunden ist.

b) Recherchiere die Dicke solcher Kabel.

c) Diskutiere mögliche Gefahren von Unterseekabeln.

Satelliten

Neben Kabeln gibt es auch **Satelliten**, die Daten im Internet übertragen. Zwar übernehmen sie nicht die Hauptlast, jedoch spielen sie mittlerweile eine immer wichtigere Rolle.

A4 Finde mindestens drei Situationen, in denen Internetsatelliten hilfreich sein können.

MERKE

Häuser sollten heutzutage mithilfe von **Glasfaserkabeln** an das Netz angeschlossen werden. Für die Datenübertragung sorgen **unterirdische Kabel, Unterseekabel** und **Satelliten**.

AUFGABEN

SPRACHE

1 Du möchtest eine Messenger-Nachricht an einen Freund in Deutschland schicken.

a) Begründe, warum es vorkommen kann, dass die Nachricht durch das Netz einen Umweg über die USA nimmt.

b) Beschreibe einen möglichen Weg.

2 Finde heraus, welche Rolle die Satelliten der Firma Starlink im Zusammenhang mit dem Angriffskrieg von Russland gegen die Ukraine gespielt haben.

Im Februar 2022 hat Russland die Ukraine überfallen und damit völkerrechtswidrig einen Krieg begonnen.

8.5 Netzwerkkommunikation

Aylin möchte sich mit Freunden zum Kino verabreden. Sie schickt eine Nachricht in die Gruppe. Schon nach wenigen Sekunden treffen die Antworten ein.

- **Wie wird eine Nachricht zwischen zwei Nutzern übertragen?**
- **Welche Bedeutung haben Haken in Messengern?**

ERARBEITUNG

Ein **Server** stellt für alle, die Zugang zu ihm haben, etwas zur Verfügung. Im Internet gibt es unzählige Server.

Das Client-Server-Prinzip

Die Kommunikation im Internet funktioniert häufig nach dem sogenannten **Client-Server-Prinzip**. Der Client braucht etwas und stellt deshalb eine Anfrage (= **request**) an einen **Server**. Der Server antwortet (= **response**) auf die Anfrage des Clients.

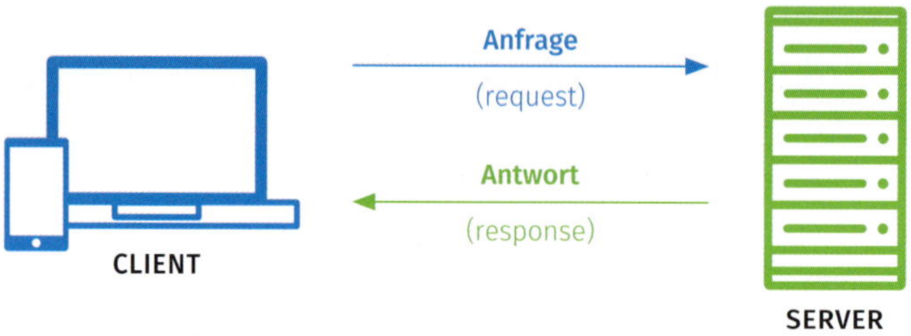

SPRACHE

A1 Recherchiere, welche Funktionen ein Server übernehmen kann.

Client-Server-Prinzip: Beispiel Webseiten

Wenn man im World Wide Web eine Webseite aufruft, kommt das Client-Server-Prinzip zum Tragen. Der Browser eines Nutzers ist in diesem Fall der Client. Er stellt beim Server, auf dem die Webseite liegt, eine Anfrage. Der Server antwortet, indem er die Webseite an den Browser sendet. Anschließend kann der Nutzer die Webseite verwenden.

A2 **a)** Erkläre obige Grafik in deinen Worten.

b) Ein Server muss jederzeit auf eine Anfrage reagieren können. Diskutiere mögliche Konsequenzen in Bezug auf das Thema Nachhaltigkeit.

Client-Server-Prinzip: Beispiel Chat

Täglich nutzen Menschen Messengerdienste zum Chatten. Auch dabei kommt das Client-Server-Prinzip (sogar mehrfach) zum Tragen.

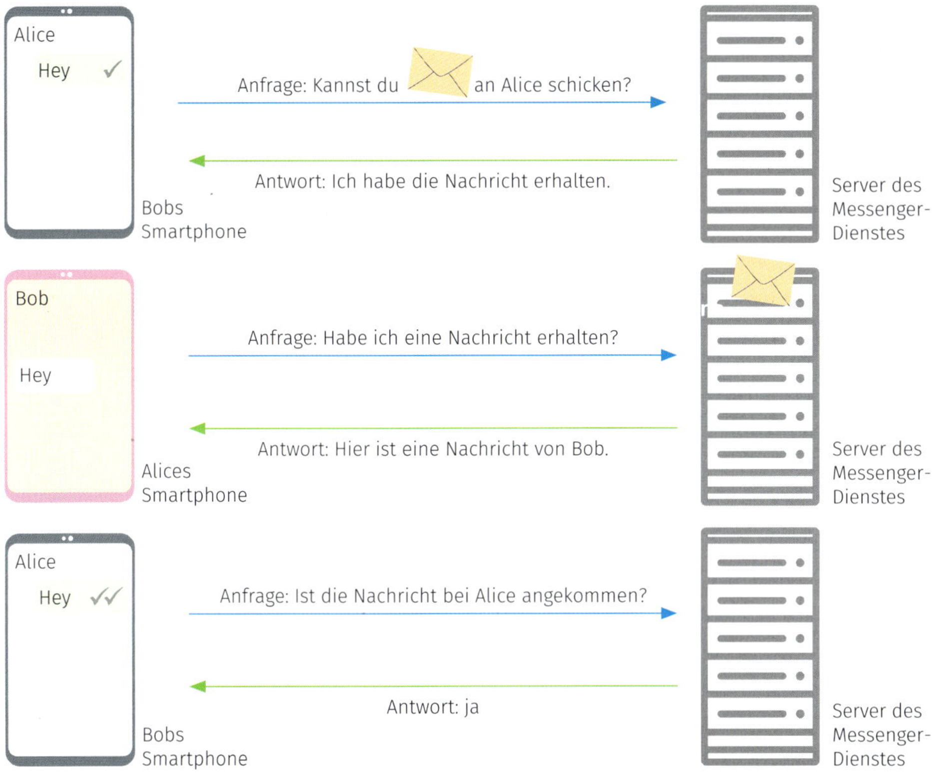

✓ Nachricht wurde verschickt, ist also beim Server angekommen

✓✓ Nachricht ist bei Empfänger angekommen

A3 Das Client-Server-Prinzip kommt in obiger Grafik dreimal vor. Erkläre es jeweils in eigenen Worten.

MERKE

Bei den meisten Anwendungen im Internet kommt das **Client-Server-Prinzip** zum Tragen. **Clients** stellen dabei eine Anfrage an einen Server (**request**). Die Server geben dem Client daraufhin eine Antwort (**response**).

AUFGABEN

SPRACHE

1 Du befindest dich auf deiner Schulhomepage und möchtest eine PDF-Datei herunterladen. Dazu klickst du auf „Download". Beschreibe das Client-Server-Prinzip an diesem Beispiel.

2 Bei vielen Messengern kann man sehen, ob die andere Person die Nachricht gelesen hat. Dabei kommt das Client-Server-Prinzip ebenfalls zum Tragen. Zeichne dafür Grafiken in obigem Stil und erkläre sie.

In vielen Messengern lässt sich die Funktion deaktivieren.

8.6 IP-Adressen und DNS

Um ein Paket oder einen Brief zustellen zu können, müssen Postboten einige Informationen haben.

- **Gib Informationen an, die auf dem Brief bzw. Paket stehen müssen.**
- **Vergleiche die Zustellung eines Briefes mit dem Versenden einer digitalen Nachricht.**

ERARBEITUNG

Adressierung

Wenn eine Nachricht ein ganz bestimmtes Gerät erreichen soll, muss dessen Adresse bekannt sein. Eine weltweit festgelegte **Adressierung** sorgt für einen reibungslosen Datenaustausch. Zu diesem Zweck erhält jedes Gerät eine eindeutige **IP-Adresse**. Diese Adressen werden beim Versenden von Daten benötigt.

Internet Protocol (engl.): Internetprotokoll

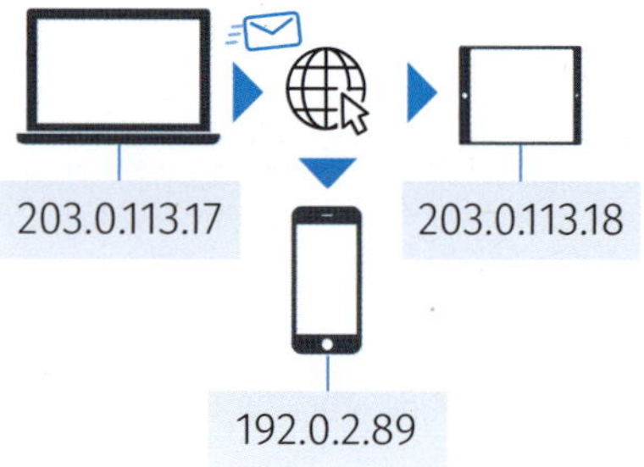

SPRACHE

A1 Jannis hat seinen Laptop und Drucker mit dem Heimnetzwerk verbunden. Die restlichen Geräte seiner Familie sind drahtlos mit dem zentralen Router verbunden. Erkläre, wie die Kommunikation zwischen diesen Geräten erfolgt und veranschauliche es anhand einer Skizze.

IP-Adressen

So wie jeder Haushalt in Deutschland eine eindeutige Adresse hat, besitzen alle Geräte in einem Netzwerk eine individuelle **IP-Adresse**. Diese besteht aus einer Zeichenfolge, die ein Gerät eindeutig identifiziert und den anderen Geräten erlaubt, dies zu erkennen. Es gibt zwei Arten von IP-Adressen:

IPv4 – IP Version 4
IPv6 – IP Version 6

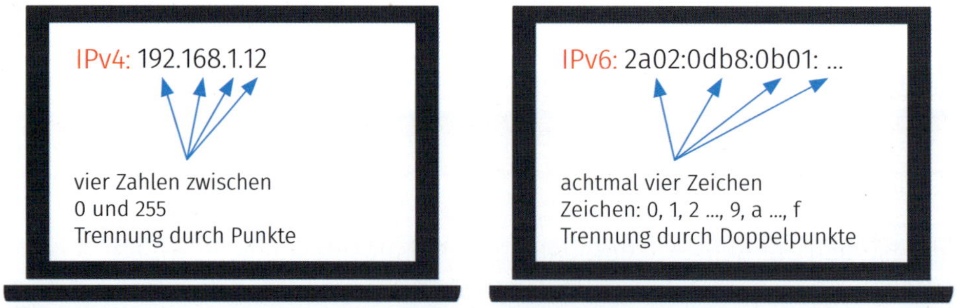

SPRACHE

A2 Es gibt etwa 4 Milliarden mögliche IPv4-Adressen.

a) Finde die IP-Adresse deines Endgerätes aus. Wähle dafür eine passende Webseite.

b) Finde Gründe, warum IPv4 langfristig durch IPv6 ersetzt werden soll.

DNS

Beim Surfen im World Wide Web gibt man üblicherweise einen Domainnamen in die Adresszeile des Browsers ein.

🔒 www.fragfinn.de

Die Kommunikation im Internet findet aber bekanntermaßen über IP-Adressen statt. Domainnamen (z. B. www.fragfinn.de) sind leichter zu merken als IPs. Deshalb kommt das **Domain Name System** (kurz: **DNS**) zum Einsatz. Es wird häufig als „Telefonbuch des Internets" bezeichnet. Es hat die Aufgabe, die Zuweisung zwischen Domainnamen und IP-Adressen zu verwalten:

Bei vielen Browsern ist es voreingestellt, dass es automatisch zu einer Suchmaschinenanfrage kommt, wenn man keine gültige Adresse in die Adresszeile eingibt.

A3 Erkläre die abgebildete Grafik in deinen Worten.

MERKE

In einem Netzwerk erhält jedes Gerät eine eindeutige **IP-Adresse**. Man unterscheidet zwischen **IPv4-** und **IPv6-**Adressen. Das **DNS** erleichtert das Aufrufen von Webseiten mittels Domainnamen.

AUFGABEN

SPRACHE

1 IP-Adressen können statisch oder dynamisch sein. Finde heraus, was man darunter versteht und vergleiche beide Arten hinsichtlich Vor- und Nachteilen.

2 Betrachte noch einmal Bobs Nachricht an Alice aus → 8.5.

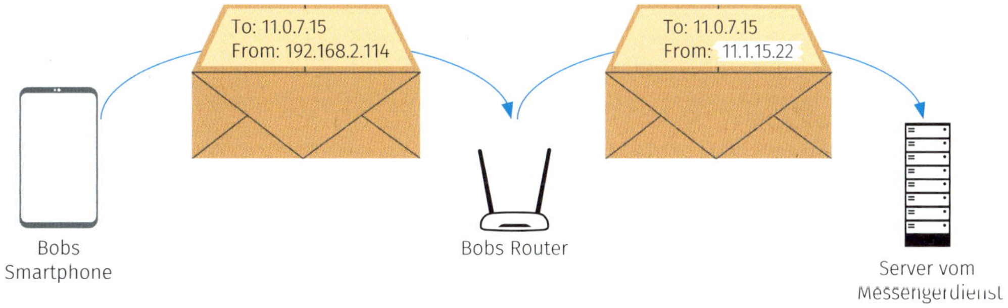

a) Beschreibe deine Beobachtungen bezüglich der IP-Adressen beim Versenden der Nachricht.

b) Das englische Verb „to route" bedeutet auf Deutsch übersetzt so viel wie „leiten", „senden" oder „steuern". Erläutere mithilfe dieser Information die Rolle von Routern in Netzwerken.

8.7 Üben und Vertiefen

1 Das World Wide Web ist nicht mit dem Internet gleichzusetzen.

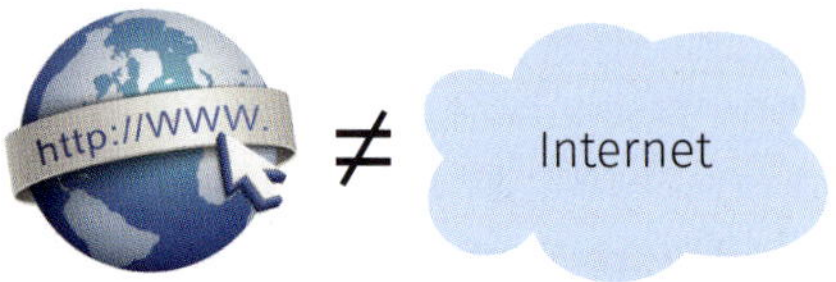

a) Beschreibe den Unterschied zwischen dem WWW und dem Internet.

b) Nenne einen Internetdienst, der nicht Teil des WWW ist.

a) Beschreibe mindestens drei Internetdienste.

b) Gib für jedes der Beispiele konkret an, was man damit machen kann.

c) Grenze das WWW mithilfe von a) und b) vom Internet ab.

2 Die sternförmigen und vermaschten Netze sind zwei wichtige Beispiele für Netzwerktopologien.

a) Zeichne ein Beispiel für ein sternförmiges Netzwerk.

b) Nenne einen Vor- und einen Nachteil von sternförmigen Netzen.

c) Beschreibe, wie sich vermaschte von sternförmigen Netzen unterscheiden.

a) Zeichne ein sternförmiges Netz mit mindestens fünf Geräten und einem Drucker.

b) Beschreibe für jedes Gerät, welche Konsequenzen ein Ausfall für den Rest des Netzwerkes hat.

c) Stell dir vor, in deinem Netz hätte jedes Gerät (inklusive Router) eine Verbindung zu jedem anderen Gerät. Beantworte b) unter diesen Voraussetzungen erneut.

3 Viele Anwendungen im Internet funktionieren nach dem Client-Server-Prinzip.

a) Beschreibe das Prinzip anhand eines Webseitenaufrufes.

b) Gib an, welche Konsequenz ein Ausfall eines Servers hat.

a) Beschreibe das Prinzip am Beispiel eines Messengerdienstes.

b) Viele Messengerdienste haben u.a. Server in den USA. Nenne Konsequenzen, die das mit sich bringt.

c) Beurteile b) hinsichtlich des Themas „Datenschutz“.

4 Es gibt auch die Möglichkeit, zwei Computer mit einem sogenannten Crossover-Kabel zu verbinden.

a) Finde heraus, um was es sich dabei handelt.

b) Nenne Vorteile gegenüber den bereits kennengelernten Verbindungstypen.

5 a) Neben dem WWW stellt das Internet noch Dienste für den Informations- und Datenaustausch bereit. Ordne zu, welcher Dienst für was zuständig ist.

E-Mail | Chat | FTP | Internettelefonie

VoIP bzw. Voice over IP | elektronische Post zum Austausch von Nachrichten

Austausch von Dateien (Bild, Text, Audio, Video usw.) | Nachrichtenaustausch zwischen beliebig vielen Personen

FTP = **F**ile **T**ransfer **P**rotocol (engl.): Dateiübertragungsprotokoll

b) Welche Internetdienste nutzt du regelmäßig? Beschreibe dies anhand konkreter Beispiele.

c) Erkläre in eigenen Worten den Unterschied zwischen dem World Wide Web und dem Internet.

SPRACHE

6 An Internetknoten laufen die Daten aller Geräte von verschiedenen Netzwerken zusammen. Für den Transport der Daten sorgen verschiedene Verbindungen.

a) Vervollständige die Tabelle. Übernimm sie dazu in dein Heft oder verwende die hinterlegte Datei. Recherchiere wenn nötig im Internet.

Verbindungsart	Art der Signalübertragung	Übertragungsgeschwindigkeit	Reichweite
Kupferkabel 			
Glasfaserkabel 			
Funkverbindung 			

b) Nenne Einsatzbereiche der Verbindungsarten aus Teilaufgabe a).

38315-108
Tabelle zu Aufgabe 6

7 Eine Nachricht soll von Deutschland in die USA gesendet werden.

a) Beschreibe einen möglichen Weg der Nachricht durch das Internet. Verwende dabei die Begriffe Heimnetzwerk, Router, Internetknoten, Glasfaserkabel und Unterseekabel.

b) Erkläre, warum die Nachricht trotzdem ankommen kann, wenn eine Verbindung zwischen zwei Internetknoten ausfällt.

8.7 Üben und Vertiefen

SPRACHE

8 Informatiksysteme können ganz unterschiedliche Funktionen haben. Viele arbeiten aber auf die gleiche Weise: Mithilfe von Hardware und Software tauschen sie Informationen über Netzwerke (z. B. das Internet) aus.

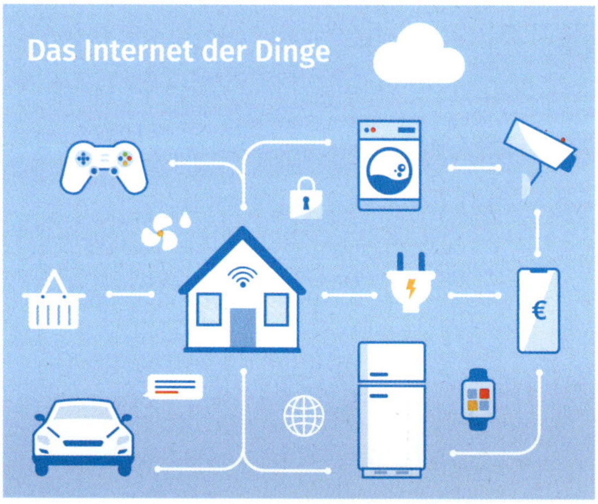

Laptop, Smartphone oder Tablet sind offensichtliche Informatiksysteme, aber auch in anderen Lebensbereichen sind sie nicht mehr wegzudenken.

a) Diskutiert in Zweierteams, wie der Begriff „Internet der Dinge" zu verstehen ist.

b) Wählt ein „Ding" aus der Grafik oder aus eurem Alltag aus und beschreibt seine Verwendung im „Internet der Dinge".

SPRACHE

9 Es gibt viele Wege, mindestens zwei Informatiksysteme miteinander zu verbinden.

a) Erläutere die Verbindung über LAN.

b) Begründe, warum Sicherheitsexperten dem WLAN die Verbindung mit LAN-Kabel vorziehen.

SPRACHE

10 Es gibt interne und externe IPs. Betrachte nochmal das sternförmige Heimnetzwerk aus ➥ **Kapitel 8.2**. In der Grafik ist nun die interne IP jedes Geräts angegeben.

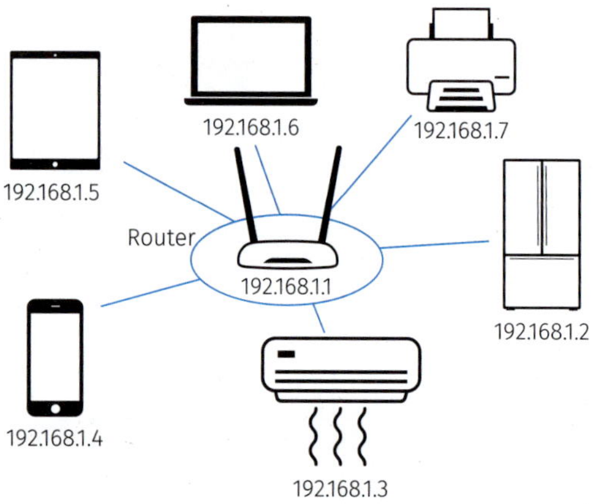

a) Beschreibe Gemeinsamkeiten aller IPs.

b) Innerhalb eines Netzwerks wird mit der internen IP kommuniziert. Spielt ein Rollenspiel: Jedes Gerät im Netzwerk wird von einem Schüler oder einer Schülerin gespielt. Jede Person schreibt die eigene IP dazu auf einen Zettel und hält sie so, dass sie jeder sehen kann.

Der Router hat die wichtigste Aufgabe.

c) Stellt euch im Klassenzimmer sternförmig auf und versendet Nachrichten. Beispiele:

① Laptop: „192.168.1.1, bitte sende ein Dokument zum Drucken an 192.168.1.7."
Router: „192.168.1.7, hier ist ein Dokument von 192.168.1.6 zum Drucken."

② Kühlschrank: „192.168.1.1, bitte sage 192.168.1.4, dass meine Tür offen ist."
Router: „192.168.1.4, die Tür von 192.168.1.2 ist offen."

SPRACHE

11 Neben internen IPs (➥ **Aufgabe 9**) gibt es auch externe. Abgebildet sind zwei Heimnetzwerke.

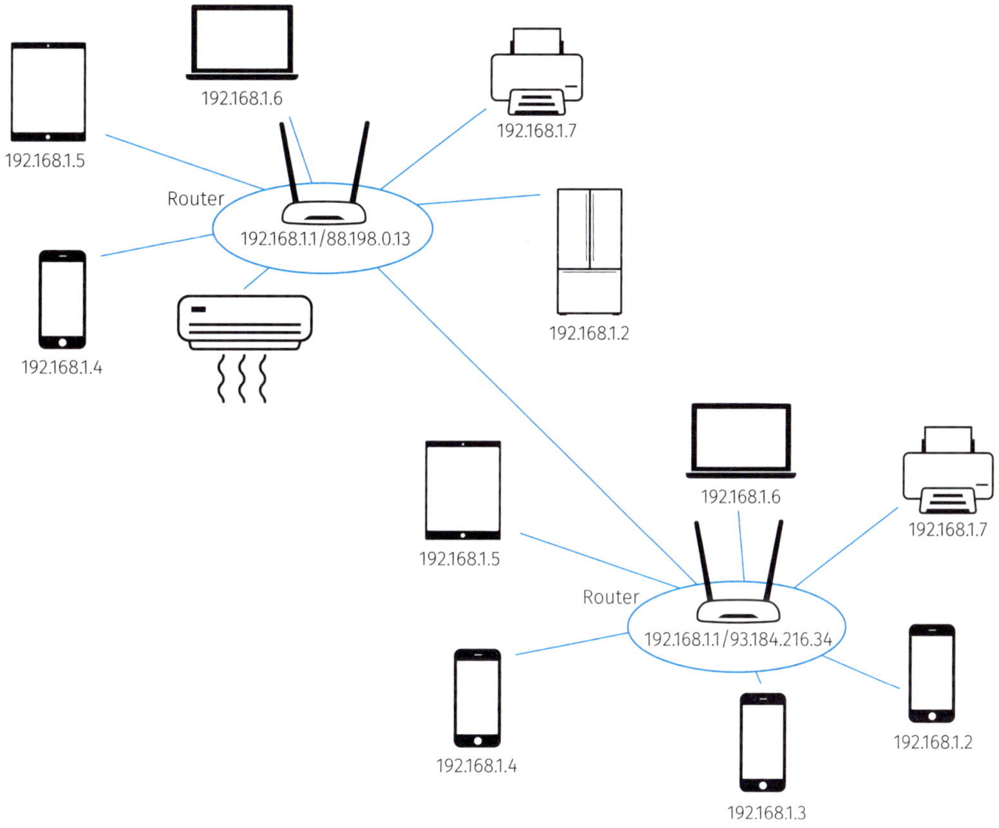

a) Beschreibe Auffälligkeiten in Bezug auf die IPs.

b) Es sollen Nachrichten zwischen den beiden Heimnetzwerken ausgetauscht werden. Dazu kommunizieren die beiden Router miteinander. Nenne die externen IPs der beiden Router.

c) Erkläre, warum die internen IPs nicht dazu geeignet sind, Nachrichten vom einen Netzwerk zum anderen zu verschicken.

d) Spielt ein Rollenspiel wie in Aufgabe 9c. Versendet dazu auch Nachrichten von einem zum anderen Heimnetzwerk.

12 In einem Heimnetzwerk treten Probleme auf.

a) Ein Smartphone kann den Netzwerkdrucker erreichen, aber keine Webseite öffnen. Erkläre, woran das liegen könnte.

b) Ein Laptop kann weder den Drucker noch das Internet erreichen. Nenne zwei mögliche Ursachen.

c) Begründe, warum Geräte in einem Heimnetzwerk manchmal noch miteinander kommunizieren können, obwohl die Internetverbindung ausgefallen ist.

8.8 Alles im Blick

Internetnutzung ➥ 8.1

Das Internet stellt sogenannte Internetdienste (E-Mail, Internettelefonie, FTP usw.) bereit. Einer der wichtigsten Dienste ist das World Wide Web, das Webseiten mit Multimediainhalten zur Verfügung stellt.

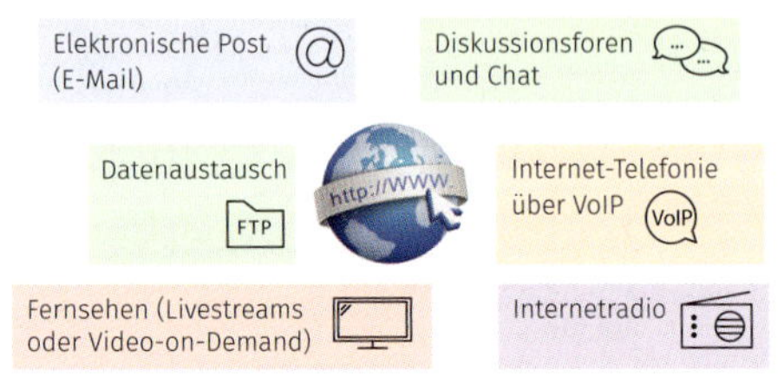

Netzwerke ➥ 8.2

Netzwerke verbinden Smartphones, Computer, Server u.v.m. Die wichtigsten der sogenannten Netztopologien sind die Stern- und die vermaschte Topologie.

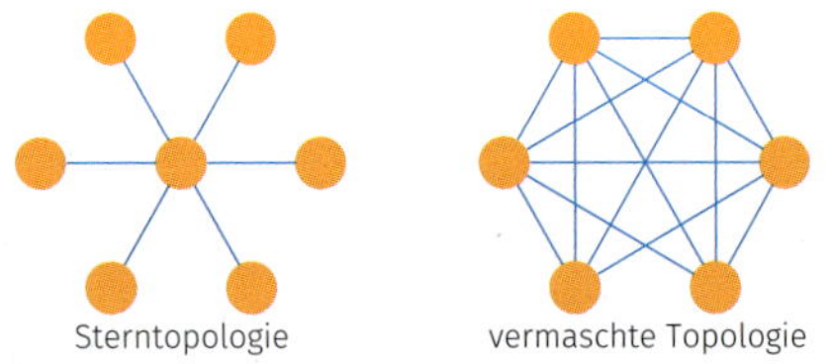

Internet – Netz der Netze ➥ 8.3

Das Internet ist ein stark vermaschtes Netz aus Leitungen und Knotenpunkten. Knotenpunkte leiten Informationen weiter. So finden sie einen passenden Weg zum Empfänger. Fällt eine Verbindung aus, so gibt es viele Ausweichverbindungen.

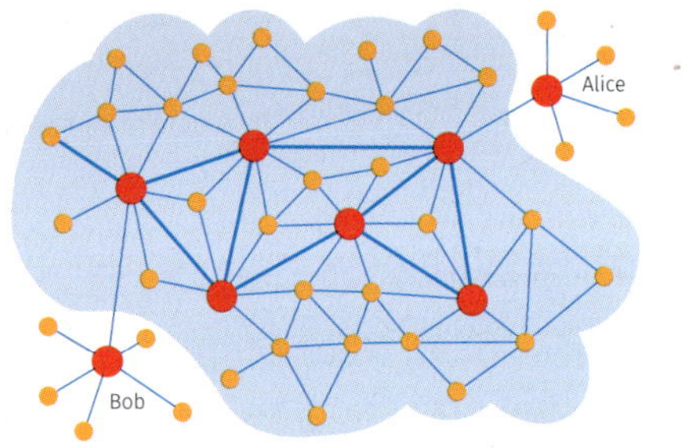

Kabel ➥ 8.4

Knotenpunkte werden häufig durch unterirdische Kabel verbunden. Unterseekabel verbinden Kontinente miteinander. Auch Satelliten tragen zur Datenübertragung bei.

Client-Server-Prinzip ➥ 8.5

Das Client-Server-Prinzip ist ein wichtiges Prinzip vieler Internetanwendungen. Clients stellen dabei eine Anfrage an einen Server. Der Server reagiert darauf mit einer Antwort.

IP-Adressen ➥ 8.6

Damit ein Brief ankommt, benötigt man die Postadresse. Damit Daten im Internet ankommen, wird die IP-Adresse benötigt.

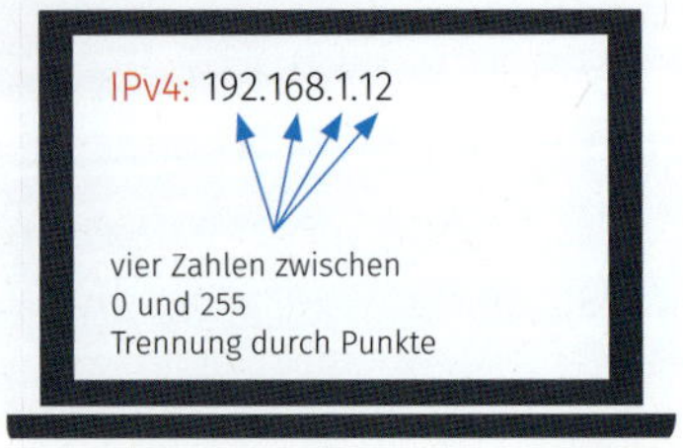

FACHBEGRIFFE

38315-109
Test zu den Begriffen

Hier findest du die wichtigsten Begriffe aus diesem Kapitel:

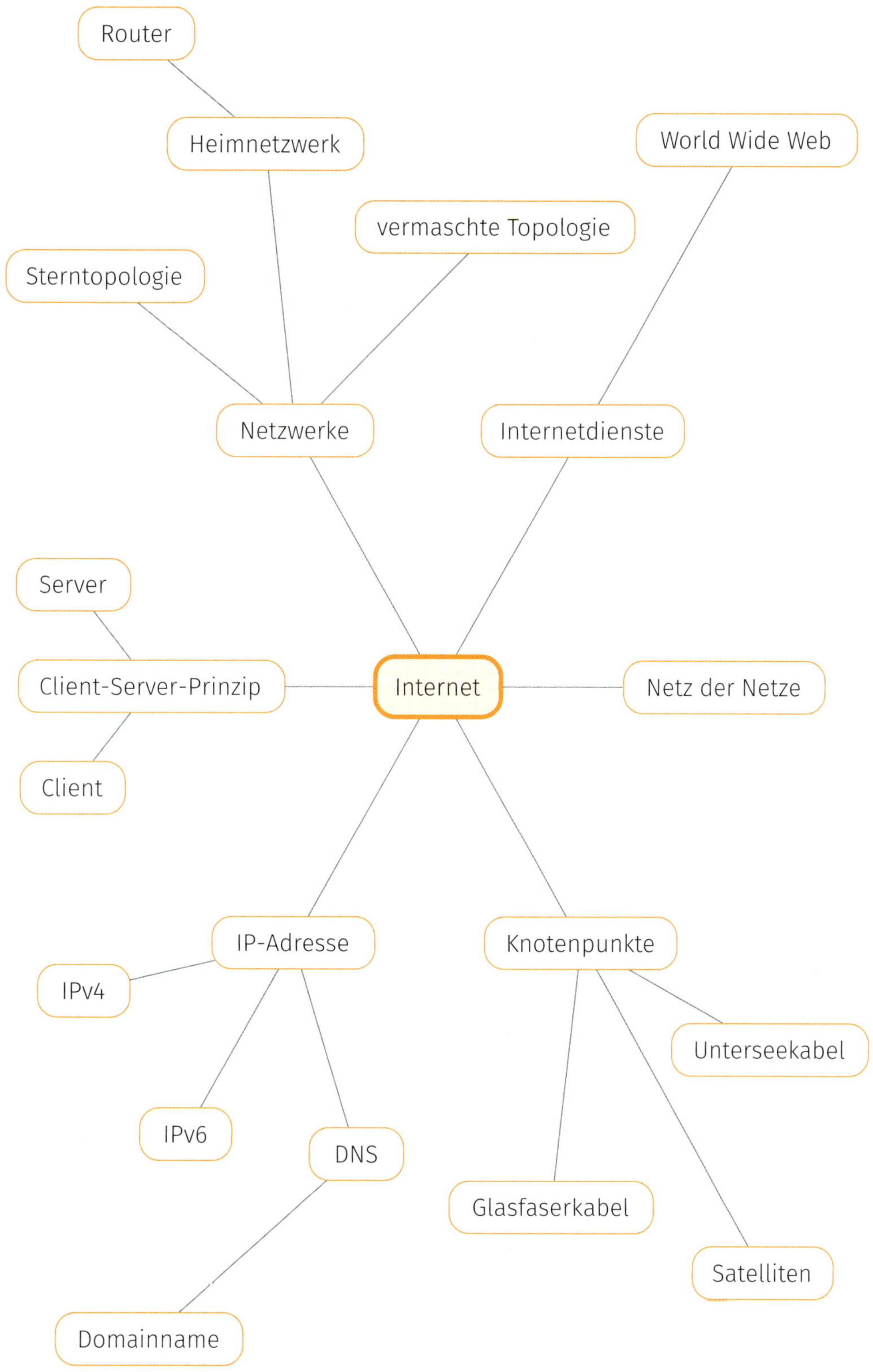

TESTE DICH

Bist du fit und beherrschst die wichtigsten Inhalte dieses Kapitels? Teste dich! Öffne dazu den hinterlegten **Abschlusstest** und beantworte die Fragen. Wenn du merkst, dass du dir bei einem Thema unsicher bist, lies auf der jeweiligen Seite nach.

38315-110
Test und Diagnosebogen

Ablauf
eine Folge von Anweisungen mit einer bestimmten Reihenfolge

Algorithmus
eindeutige Beschreibung eines Ablaufs zur Verarbeitung einer Eingabe, meist zur Lösung eines Problems

Allgemeingültigkeit
fordert, dass ein Algorithmus nicht nur Spezialfälle löst

Alternative
Ausführen einer Anweisung, falls eine bestimmte Bedingung nicht erfüllt ist

alternative Anweisung
wird bei einer Verzweigung ausgeführt, falls die Bedingung nicht eintritt

Anweisung
einzelnes Kommando, einzelner Befehl

Arbeitsspeicher
kurzfristiger Datenspeicher eines Informatiksystems

ASCII-Code
Standard-Code zur Textcodierung für englische Texte; Erweiterung: ANSI-Code, Unicode

Auflösung
beschreibt die Detailgenauigkeit von Bildern (Gesamtzahl oder Breite × Höhe in Pixeln)

Ausführbarkeit
Regel für gute Algorithmen; Anweisungen müssen für die Person oder den Computer machbar sein.

Ausgabe
Ergebnis, das durch die Verarbeitung von Daten erzeugt wird

Automatisierung
Durchführung von Abläufen in einer Weise, dass der Mensch für ihren Ablauf nicht unmittelbar tätig werden muss

Backup
Vorgang, bei dem Daten gegen Verlust oder Beschädigung gesichert werden

bedingte Anweisung
Kontrollstruktur, bei der eine Anweisung/Sequenz ausgeführt wird, falls eine Bedingung erfüllt ist

bedingte Schleife
Kontrollstruktur, bei der Anweisungen abhängig von einer Bedingung wiederholt werden

bedingte Wiederholung
Wiederholung, bei der die Anweisung/Sequenz wiederholt wird, solange eine bestimmte Bedingung erfüllt ist

Betriebssystem
Software, welche die Bauteile eines Computers steuert und Hard- und Software erst miteinander funktionsfähig macht

Binärcode
Darstellung von Daten mit den Zeichen 0 und 1

Binärsystem
Zahlensystem mit der Basis 2

Binärzahl
Zahl, die binär dargestellt ist und daher nur aus Nullen und Einsen besteht

Bit
kleinste digitale Informationseinheit (kann die Zustände 0 oder 1 haben)

Brailleschrift
Blindenschrift

Browser
Programm zum Abrufen und Anzeigen von Webseiten

Brute-Force-Methode
Knacken einer Verschlüsselung durch Ausprobieren aller möglichen Schlüssel

Byte
Bitfolge aus 8 Bits

Cäsar-Verschlüsselung
einfaches Verschlüsselungsverfahren, bei dem jeder Buchstabe im Klartext um eine feste Anzahl von Positionen im Alphabet verschoben wird

Chatbot
Programm, das automatisiert mit Menschen in natürlicher Sprache kommuniziert

Client
Computer, der als „Kunde" einen Dienst von einem Server anfordert

Client-Server-Prinzip
Verteilung von Aufgaben in einem Netzwerk mit verschiedenen Rollen der Computer

Cloud
Speichermöglichkeit auf einem externen Server, erreichbar üblicherweise über das Internet

Codierung
Umwandlung von Daten in eine andere Form, um sie für Übertragung, Speicherung oder Verarbeitung geeignet zu machen

Codierungsart
Art und Weise, in welcher eine Nachricht codiert wird

Codierungsvorschrift
Regeln zur (De-)Codierung

Cookies
Textinformation, die von einer besuchten Website über den Browser auf einem Endgerät platziert wird

Cyber-Mobbing
Mobbing im Internet

Cybergrooming
gezieltes Ansprechen Minderjähriger im Internet, um Vertrauen aufzubauen und sie auszunutzen

Dateimanager
Verwaltungsprogramm zur Organisation von Laufwerken, Ordnern und Dateien

Daten
Darstellung von Information in formalisierter Art

Datenschutz
Schutz vor missbräuchlicher Verarbeitung personenbezogener Daten

Datensicherheit
Ziel, Daten jeglicher Art gegen Bedrohung, Manipulation, unberechtigten Zugriff oder Kenntnisnahme technisch zu schützen

Datenvolumen
Datenmenge, die übertragen oder gespeichert wird

Decodierung
Rückumwandlung in die ursprüngliche Zeichenfolge

Dezimalsystem
Zahlensystem mit Basis 10

digitaler Fußabdruck
Spur, die man hinterlässt, wenn man sich im Internet bewegt

Digitalisierung
Umwandlung oder Verarbeitung von Informationen mit digitaler Technik

DNS
Domain Name System

Dokument
elektronische Ansammlung meist von Schrift-, Musik- oder Bildinformationen

Domainname
lesbarer Name einer Internetadresse

DSGVO
Datenschutzgrundverordnung

Echokammer
Filterblase, in der nur Informationen mit gleicher Meinung oder ähnlichen Ansichten aufgenommen werden, was die Wahrnehmung verzerrt und Diskussionen einschränkt

Eingabe
Vorgang, bei dem einem Computer Daten oder Informationen zugeführt werden

Empfänger
Person, welche eine Nachricht erhält

Endlichkeit
fordert, dass eine Sequenz ein klares Ende haben muss

Entschlüsselung
Umwandlung eines Geheimtextes in den zugehörigen Klartext unter Verwendung eines üblicherweise geheimen Schlüssels

EVA-Prinzip
Datenverarbeitungsprinzip „Eingabe – Verarbeitung – Ausgabe"

Face-ID
Gesichtserkennungstechnologie (z. B. zum Entsperren von Smartphones)

Fake News
absichtliche Verbreitung falscher Nachrichten, meist über das Internet

Farbcodierung
Zuordnung von Zahlenwerten zu Farben, zum Beispiel bei Pixelgrafiken

Filterblase
Bereich, in dem nur ausgewählte Informationen an eine Person herangelassen werden, basierend auf bisherigen Interaktionen oder Vorlieben

Fingerabdruckscanner
Sensor zum Scannen eines Fingerabdrucks (z. B. um ein Smartphone zu entsperren)

Gartenzaun-Verschlüsselung
Verschlüsselungsverfahren, bei dem Zeichen in mehreren Zeilen versetzt geschrieben und zeilenweise gelesen werden

Geheimtext
Zeichenfolge, die aus einem Klartext unter Verwendung eines Verschlüsselungsverfahrens entsteht

Gigabyte
Maßeinheit für Datenmengen oder Speicherplatz, 1000 Megabyte

Glasfaserkabel
Kabel zur schnellen Datenübertragung mit Lichtsignalen

Hacker
Person, die Sicherheitslücken in Informatiksystemen sucht oder ausnutzt

Hardware
alle Teile eines Computers oder anderen Informatiksystems, die man anfassen kann

Häufigkeitsanalyse
erleichtert mithilfe der Buchstabenhäufigkeit die Entschlüsselung monoalphabetisch verschlüsselter Texte

Heimnetzwerk
Netzwerk in privaten Haushalten, in dem die einzelnen Geräte meist sternförmig über den Router ans Internet angebunden sind

Identitätsdiebstahl
Missbrauch persönlicher Daten, um sich als andere Person auszugeben

Implementieren
Umsetzung eines Algorithmus zu einem Programm mithilfe einer Programmiersprache

Impressum
enthält Angaben zum Betreiber einer Website

In-App-Käufe
Käufe innerhalb einer App, zum Beispiel für Zusatzfunktionen oder Spielinhalte

Index
Datenbestand einer Suchmaschine mit erfassten Webseiten und Informationen dazu

Informatiksystem
System, das Informationen überträgt, verarbeitet und speichert

Information
Deutung von Daten in einem bestimmten Kontext

Integrität
Sicherheitsziel, das sicherstellt, dass Informationen während der Übertragung oder Speicherung nicht verändert oder manipuliert wurden

Internet
globales Netzwerk von miteinander verbundenen Computern, das den Austausch von Informationen und Diensten ermöglicht

Internetdienst
spezifische Funktion erfüllende, über Internet angebotene Dienstleistung (z. B. E-Mail, World Wide Web, Telefonie)

Internetquellen
Informationen aus dem Internet, zum Beispiel Webseiten, Onlineartikel oder Videos

IP-Adresse
Adresse von Rechnern in einem Netzwerk

IPv4
Version des Internetprotokolls mit Adressen aus vier Zahlenblöcken

IPv6
neuere Version des Internetprotokolls mit deutlich mehr möglichen Adressen

Kennwort
Passwort

Kilobyte
Maßeinheit für Datenmengen oder Speicherplatz, 1000 Byte

Klartext
ursprünglicher, unverschlüsselter und lesbarer Text

Knotenpunkt
Stelle in einem Netzwerk, an der Verbindungen zusammenlaufen oder Daten weitergeleitet werden

Kommunikation
Verständigung durch Zeichen und Sprache

Komprimierung
Zusammenfassen von Daten, um Speicherplatz zu sparen

Kryptologie
Wissenschaft von der sicheren Übertragung und Analyse geheimer Nachrichten

Künstliche Intelligenz
Teilgebiet der Informatik, das Systeme mit lernendem oder problemlösendem Verhalten entwickelt

Link
ein Verweis auf ein HTML-Dokument von einer Webseite oder auf eine andere Stelle der Webseite, wird auch als Hyperlink bezeichnet

Megabyte
Maßeinheit für Datenmengen oder Speicherplatz, 1000 Kilobyte

Mobbing
geplanter Vorgang, bei dem Menschen über einen längeren Zeitraum hinweg durch Beleidigungen, Bedrohungen oder Belästigungen gequält werden

Morsecode
Codierung von Zeichen durch Folgen kurzer und langer Signale

Netiquette
Verhaltensregeln für einen respektvollen Umgang im Internet

Netzwerk
Zusammenschluss von Computern und anderen Geräten, die miteinander kommunizieren, um Daten auszutauschen

offline
ohne Internet

online
im Internet

Ordner
Aufbewahrungsmöglichkeit von digitalen Inhalten

Ordnerstruktur
Anordnung und Strukturierung von Ordnern in Überordner und Unterordner

Passwort
Zeichenfolge aus Buchstaben, Zahlen und Sonderzeichen, mit der Inhalte vor fremdem Zugriff geschützt werden

Passwortmanager
sichert Zugangsdaten, d. h. Kombinationen aus Benutzernamen und Passwörtern

personenbezogene Daten
Informationen, die sich auf eine identifizierte oder identifizierbare natürliche Person beziehen

Persönlichkeitsrecht
Recht einer Person auf Schutz ihrer Persönlichkeit und Privatsphäre

Petabyte
Maßeinheit für Datenmengen oder Speicherplatz, 1000 Terabyte

Phishing-Mail
E-Mail, die darauf abzielt, sensible Daten wie Passwörter oder Bankinformationen zu stehlen

Pixel
Kunstwort für Bildpunkt

Pixelgrafik
Grafik, die aus einzelnen Pixeln zusammengesetzt wird

Programmiersprache
spezielle Sprache für Anweisungen und Algorithmen, die ein Computer verstehen kann

Prozessor
zentrale Rechen- und Steuereinheit eines Computers (CPU)

QR-Code
zweidimensionaler Barcode, der Informationen in Form von quadratischen Modulen darstellt

Quelle
Ursprung einer Information, zum Beispiel Webseite, Buch, Video oder Person

Quellenangabe
Angabe, woher fremde Werke stammen

Recht am eigenen Bild
Recht einer Person, darüber zu bestimmen, ob das eigene Foto veröffentlicht werden darf

RGB-Modell
Additives Farbsystem, um verschiedene Farben durch Mischen der Farben Rot, Grün und Blau darzustellen. Wird hauptsächlich bei Bildschirmen verwendet.

Router
Vermittlungsrechner, der Datenpakete zwischen verschiedenen Netzwerken weiterleiten kann

Schachtelung
Einbetten von Anweisungen/Sequenzen/Wiederholungen innerhalb anderer Anweisungen/Sequenzen/Wiederholungen

Schadsoftware
Software mit der Absicht, digitalen Endgeräten zu schaden oder sie unbrauchbar zu machen

Schlüssel
konkreter Wert, der bei einem Verschlüsselungsverfahren zum Ver-/Entschlüsseln verwendet wird

Scratch
frei verfügbare, grafische Programmierumgebung

Sender
Person, welche eine Nachricht verschickt

Server
Computer oder System zur Bereitstellung von Diensten oder Ressourcen auf Anfragen von Clients

Social Media
Soziale Medien

Software
nicht anfassbare Funktionsbestandteile eines Computers, insbesondere Computerprogramme und Apps

Soziale Medien
Plattformen im Internet zur Vernetzung und zum Austausch von Personen untereinander oder in Gruppen

Spam-Mail
ungefragt verschickte E-Mails, oft mit Werbeinhalten oder betrügerischen Absichten

Speicherbedarf
benötigte Speichermenge für Daten, Dateien oder Programme

Speichermedium
Gegenstand oder Gerät zur Speicherung von Daten

Speicherplatz
verfügbare oder belegte Speicherkapazität

Sterntopologie
Anordnungsart von Netzwerken mit einem zentralen Knoten

Streaming
fortlaufende Übertragung von Medien über das Internet während der Wiedergabe

Strichcodes
maschinenlesbare Codierung von Daten durch Striche und Lücken

Suchalgorithmus
Algorithmus zum Finden gesuchter Daten oder Elemente

Suchanfrage
Eingabe in eine Suchmaschine, um Informationen zu finden

Suchergebnis
Treffer, den eine Suchmaschine zu einer Eingabe anzeigt

Suchfilter
Einschränkung von Treffern nach bestimmten Kriterien, zum Beispiel Datum oder Dateityp

Suchmaschine
Programm, das Webseiten gezielt nach Informationen durchsucht

Suchoperator
AND, OR und NOT sind Operatoren zur Einschränkung einer Suche in Suchmaschinen.

Tabellenkalkulationsprogramm
Software zur Bearbeitung und Analyse von Daten in Tabellenform

Terabyte
Maßeinheit für Datenmengen oder Speicherplatz, 1000 Gigabyte

Touchscreen
Bildschirm, der durch Berührung bedient werden kann

Unterseekabel
Kabel auf dem Meeresboden zur Datenübertragung zwischen Ländern oder Kontinenten

Urheberrecht
Recht am geistigen Eigentum

URL
Uniform Resource Locator

USB-Stick
Speicherstick, der per USB mit einem Computer verbunden wird

Variable
benannter Speicherort in einem Programm, der einen Wert enthält und während der Programmausführung geändert werden kann

Verarbeitung
Rechenvorgang eines Computers

Verfügbarkeit
Sicherstellung, dass Daten bei Bedarf zugänglich sind

vermaschte Topologie
Anordnungsart von Netzwerken ohne zentralen Knoten, bei der jedes Gerät mit jedem bzw. mit vielen anderen direkt verbunden ist.

Verschlüsselung
Prozess der Umwandlung von Klartext in Geheimtext unter Verwendung eines Verschlüsselungsalgorithmus

Verschlüsselungsverfahren
spezifischer Algorithmus oder spezifische Methode zur Verschlüsselung von Daten

Vertraulichkeit
Sicherheitsziel, das angibt, dass Informationen vor unbefugtem Zugriff geschützt und geheim gehalten werden sollen

Verzweigung
Kontrollstruktur, bei der Anweisungen/Sequenzen in Abhängigkeit von Bedingungen ausgeführt werden

Virenscanner
Programm, um Schadsoftware zu erkennen und zu entfernen

virtuelle Identität
Summe aller möglichen digitalen Daten, die zu einer Person gehören

Webcrawler
Computerprogramm, welches das Internet automatisch nach bestimmten Informationen durchsucht

Wiederholung
mehrfaches Auftreten der gleichen (Folge von) Anweisungen

WLAN
Draht- bzw. kabellose Verbindung in einem Netzwerk

World Wide Web
Teil des Internets (Webseiten u.a. zum Aufrufen von Informationen, Musik, Videos oder zum Spielen)

WWW
World Wide Web

Zwei-Faktoren-Authentifizierung
Identitätsnachweis mit 2 unabhängigen Faktoren

Zwischenablage
temporärer Speicherbereich für kopierte oder ausgeschnittene Daten

AdobeStock / asantosg – S. 108; - / Bormann Markus – S. 176, 186; - / BO-stockphoto – S. 115; - / DOC RABE Media – S. 25; - / esvetleishaya – S. 69; - / forma82 – S. 90; - / Gorodenkoff – S. 62; - / humbak – S. 144; - / Kenishirotie – S. 139; - / Nora – S. 90; - / norimoto – S. 177, 186; - / ribkhan – S. 132; - / ThomBal – S. 176, 186; - / WoGi – S. 115; Alamy Stock Photo / ronstik – S. 158; C.C.Buchner Verlag 2026 (mit KI generiert) – S. 30, 34, 45, 46 (2), 126, 143; Calliope gGmbH / Jörn Alraun, CC BY-SA 4.0 – S. 138, 139;
Getty Images Plus / E+, StockPlanets – S. 28; - / iStock Editorial, frantic00 – S. 146; - / iStockphoto / Gearstd – S. 154; - / iStockphoto, 3DSculptor – S. 177, 186; - / iStockphoto, Abscent84 – S. 88, 110; - / iStockphoto, adrian825 – S. 12; - / iStockphoto, Agorohov – S. 130; - / iStockphoto, Alexander Reshnya – S. 80; - / iStockphoto, AlexRaths – S. 135; - / iStockphoto, Alleksander – S. 142; - / iStockphoto, AndreyPopov – S. 63 (2), 135; - / iStockphoto, AntonioFrancois – S. 174; - / iStockphoto, Anze Furlan / psgtproductions – S. 142; - / iStockphoto, Arthit Pornpikanet – S. 81; - / iStockphoto, artisteer – S. 74; - / iStockphoto, asiandelight – S. 67; - / iStockphoto, bari paramarta – S. 149; - / iStockphoto, Bet_Noire – S. 183; - / iStockphoto, Bibigon – S. 76; - / iStockphoto, bor-zebra – S. 88, 110; - / iStockphoto, BrianAJackson – S. 25; - / iStockphoto, Cebas – S. 72; - / iStockphoto, Christoforos Avramidis – S. 114; - / iStockphoto, Coprid – S. 60; - / iStockphoto, CreativeNature_nl – S. 83; - / iStockphoto, D3signAllTheThings – S. 70, 84; - / iStockphoto, Daisy-Daisy – S. 58; - / iStockphoto, DoctorVector – S. 87; - / iStockphoto, drawing world – S. 24/25; - / iStockphoto, Eivaisla – S. 165; - / iStockphoto, ewg3D – S. 145; - / iStockphoto, eyewave – S. 114, 132; - / iStockphoto, farakos – S. 159; - / iStockphoto, frantic00 – S. 147; - / iStockphoto, franz12 – S. 170; - / iStockphoto, GeorgeRudy – S. 49; - / iStockphoto, GlobalStock – S. 150; - / iStockphoto, GOCMEN – S. 149; - / iStockphoto, grafvision – S. 50; - / iStockphoto, Halfpoint – S. 42 (2), 12; - / iStockphoto, Hammad Khan – S. 183; - / iStockphoto, helivideo – S. 42; - / iStockphoto, HREDASOVA OLHA – S. 124; - / iStockphoto, ia_64 – S. 40; - / iStockphoto, ijeab – S. 180; - / iStockphoto, Inside Creative House – S. 48; - / iStockphoto, IvelinRadkov – S. 73, 84; - / iStockphoto, Jezperklauzen – S. 145; - / iStockphoto, JoyImages – S. 67, 68, 84, 170, 182; - / iStockphoto, Julia Savko – S. 88; - / iStockphoto, KatarzynaBialasiewicz – S. 36; - / iStockphoto, kiankhoon – S. 142; - / iStockphoto, Kirshal – S. 169; - / iStockphoto, kprojekt – S. 149; - / iStockphoto, kvsan – S. 75; - / iStockphoto, kynny – S. 169; - / iStockphoto, leolintang – S. 42; - / iStockphoto, Ljupco – S. 82; - / iStockphoto, mapo – S. 12; - / iStockphoto, marchmeena29 – S. 67, 135; - / iStockphoto, MariuszBlach – S. 32; - / iStockphoto, master1305 – S. 52; - / iStockphoto, MdMoniruzzaman – S. 165; - / iStockphoto, Michael Burrell – S. 119; - / iStockphoto, MichaelNivelet – S. 113; - / iStockphoto, -M-I-S-H-A- – S. 93; - / iStockphoto, monkeybusinessimages – S. 12, 158; - / iStockphoto, mountainbrothers – S. 117; - / iStockphoto, Natalia Duryagina – S. 49; - / iStockphoto, Nerthuz – S. 124; - / iStockphoto, nortonrsx – S. 86/87; - / iStockphoto, Olena Lishchyshyna – S. 168/169; - / iStockphoto, OvsiankaStudio – S. 48; - / iStockphoto, Pakin Jarerndee – S. 63; - / iStockphoto, Paolo Cordani – S. 156; - / iStockphoto, Pavlo Stavnichuk – S. 48; - / iStockphoto, peerapong muangjan – S. 149; - / iStockphoto, PhonlamaiPhoto – S. 57, 81, 146; - / iStockphoto, portokalis – S. 116; - / iStockphoto, Prostock-Studio – S. 81; - / iStockphoto, PytyCzech – S. 176; - / iStockphoto, RaStudio, Andrei Krauchuk – S. 142; - / iStockphoto, Rawpixel – S. 87; - / iStockphoto, Roman Valiev – S. 32; - / iStockphoto, RomoloTavani – S. 144; - / iStockphoto, sabelskaya – S. 124; - / iStockphoto, santypan – S. 178; - / iStockphoto, scanrail – S. 48, 60, 68, 183; - / iStockphoto, Sergei Dolgov – S. 139; - / iStockphoto, sergeyryzhov – S. 113; - / iStockphoto, SeventyFour – S. 172; - / iStockphoto, shark_749 – S. 100; - / iStockphoto, shironosov – S. 49; - / iStockphoto, simpson33 – S. 169; - / iStockphoto, SonerCdem – S. 116; - / iStockphoto, stephevans – S. 42; - / iStockphoto, SteveGreen1953 – S. 142; - / iStockphoto, Susann Law Cain – S. 62; - / iStockphoto, Talaj – S. 143; - / iStockphoto, the-lightwriter – S. 48; - / iStockphoto, therry – S. 134/135; - / iStockphoto, Thitima Uthaiburom – S. 56; - / iStockphoto, tomertu – S. 98; - / iStockphoto, Tpopova – S. 146; - / iStockphoto, Traitov – S. 66/67, 148/149; - / iStockphoto, undefined undefined – S. 149; - / iStockphoto, vencavolrab – S. 82; - / iStockphoto, Veronika Zimina – S. 48; - / iStockphoto, vicnt – S. 83; - / iStockphoto, Viktor_Gladkov – S. 42; - / iStockphoto, Vitalii Stamat – S. 51; - / iStockphoto, VTT Studio – S. 130; - / iStockphoto, wedmoscow – S. 51; - / iStockphoto, zentilia – S. 183; - / OJO Images RF, Merton Tom – S. 71; - / Photodisc, Ryan McVay – S. 48; - / Prostock-Studio – S. 25;
iStockphoto / amriphoto – S. 118; - / AntonioGuillem – S. 113; - / Global_Pics – S. 112/113; - / J J Osuna Caballero – S. 143; - / RichVintage – S. 74;
mauritius images / SuperStock, Fine Art Images – S. 80;
picture-alliance / Westend61, Sandra Roesch – S. 50;
Scratch ist ein Projekt der Scratch Foundation und der Lifelong Kindergarten Group am MIT Media Lab. Es steht kostenlos unter https://scratch.mit.edu zur Verfügung – S. 91ff.; Tim Schülein, Bamberg – S. 96 (2).